黄埔军校时期的左权

1930年，左权从苏联留学回国在上海留影

1940年8月，在山西武乡县砖壁村，左权和夫人刘志兰及女儿左太北照的惟一一张全家福。

1982年5月25日，左权夫人刘志兰（右三）、女儿左太北（右一）、妻弟刘志林（左二）、原警卫员郭树保（左一）、左太北丈夫沙志强（右二）及子沙峰、女左湘在左权墓前。

2002年5月25日，左权殉国60周年，左太北、沙志强（左太北爱人）携子沙峰、裴雷（儿媳）、女儿左湘、王澍（女婿），全家为父亲扫墓。

1982年，左太北、沙志强（左太北爱人）携子女左湘（女儿）、沙峰（儿子），在父殉国40周年之际向父献花环，后中刘志兰、后右一刘志林。

左权后代：左太北（左权女儿左五）、沙志强（婿左四）、左湘（左太北女儿右四）、王澍（左太北女婿右三）、沙峰（左太北儿子右二）、裴雷（左太北儿媳右一）、左北红（左权继孙左三）、邓宁（左权继孙媳左二）、左吟捷（左权继重孙女左一）在左权诞辰100周年座谈会上。

红色年轮

我的父亲
左权

MY FATHER
ZUO QUAN

一个抗日英雄的成长史

左太北 ◎ 著

中国书籍出版社
China Book Press

"红色年轮"丛书编委会名单

主　　编：郝振省　胡石英
副 主 编：王　平　狄晓红　李新星
执行主编：余　伟　庞　元
顾　　问：裴周玉

左权同志简历

左权（1905～1942），原名左纪权，幼名自林，号叔仁，湖南省醴陵市人。中国工农红军和八路军高级指挥员，著名军事家。他是八路军在抗日战场上牺牲的最高指挥员，周恩来称他"足以为党之模范"。

他幼年丧父，家境贫寒，深受母亲坚强和勤劳的品质影响，形成了刚毅倔强的性格。他自幼聪慧过人，8岁读私塾，10岁便能写诗作对，14岁转入"北联高小"学习，成绩名列前茅。袁世凯签订丧权辱国的"二十一条"时，他身背"毋忘五·九国耻"标语，在村里谴责其卖国罪行。升入醴陵中学后，他参加了社会科学研究社，受到五四运动影响，决心外出追求进步。

1924年入黄埔军校第1期学习。1925年2月加入中国共产党。同年12月赴苏联，先后在莫斯科中山大学、伏龙芝军事学院学习。1930年回国后到中央苏区工作，先后任中国工农红军学校第1分校教育长、新12军军长、第5军团第15军军长兼政治委员、中革军委第一局副局长和红1军团参谋长等职，参加了中央苏区历次反"围剿"作战和长征。1936年5月，任红1军团代理军团长。

全国抗战爆发后，担任八路军副参谋长、八路军前方总部参谋长，后兼八路军第2纵队司令员，协助朱德、叶剑英指挥八路军开赴华北抗日前线,开展敌后游击战争,粉碎日军多次残酷"扫荡",威震敌后。其高超的指挥艺术,严密细致的参谋业务,扎实的工作作风,深受朱、彭的赞扬。1940年秋,协助彭德怀指挥著名的百团大战。1941年11月指挥八路军总部特务团进行黄崖洞保卫战,经8昼夜激战,以较小的代价歼敌千余人,被中央军委称为"反扫荡"的模范战斗"。他还"是一个有理论修养同时有实践经验的军事家",从1939年至1941年,他撰写了《论坚持华北抗战》《埋伏战术》《袭击战术》《战术问题》《论军事思想的原理》等文章40余篇。左权为创建并巩固华北抗日根据地,发展壮大人民抗日武装,为八路军的全面建设,建立了不朽的功勋。1942年5月,日军对太行抗日根据地进行铁壁合围大扫荡。5月25日,他在山西省辽县麻田附近指挥部队掩护中共中央北方局和八路军总部等机关突围转移时,在十字岭战斗中壮烈殉国,年仅37岁。

左权是八路军在抗日战场上牺牲的最高指挥员(国民革命军作战序列中其军衔为少将)。名将阵亡,太行山为之低咽,全党为之悲痛。周恩来称他"足以为党之模范",朱德赞誉他是"中国军事界不可多得的人才"。为纪念左权,晋冀鲁豫边区政府决定将辽县改名为左权县,湖南醴陵市将城区几条大道分别命名为左权东路、左权西路、左权南路、左权北路。

大事年表

1905年3月15日出生

1924年　入黄埔军校第1期学习

1925年2月　加入中国共产党

1925年12月　在莫斯科中山大学、伏龙芝军事学院学习

1930年　任中国工农红军学校第1分校教育长、新12军军长

1931年12月　任红15军政治委员、军长兼政治委员

1933年　任中革军委作战局参谋、副局长

1933年12月　任红一军团参谋长

1934年10月　参加长征

1936年5月　任红1军团代理军团长

1937年国共合作后，被任命为国民革命军第十八集团军副参谋长

1940年8月　参与指挥百团大战

1941年11月　抗击日军第36师团一部的疯狂进犯

1942年5月25日　于十字岭战斗中壮烈殉国

Foreword

序

思 念

　　70年前父亲在给母亲的每一封信中都曾满怀亲情并无限希望地写下了对女儿的思念,今天每每读起这些信仍能感受到父亲当年对我炽热的爱。

　　"太北身体好吗?没有病吧?长大些了没有?更活泼了没有?方便时请一一告我。"

　　"聪明活泼的太北小家伙很长时间的离开,长久的不能看到她,当然更增加我的思念。"

　　"记得太北小家伙是很怕冷的,当心些,不要冷着这个小宝贝,我俩的小宝贝。"

　　"看到太北的相片及你对太北的描写,那样活泼可爱的孩子,更增加了我的想念。时刻想着如果有你及太北和我在一块,能够听到太北叫爸爸妈妈的亲切声音,能够牵着她走走,抱着她玩玩,闹着她笑,打着她哭一哭,真是太快乐了……"

　　父亲的信,充满了对妻子和女儿的思念与深爱。读着这些家书,父亲对女儿的爱穿越历史扑面而来……

　　"不要忘记教育小太北学会喊爸爸,慢慢地让她懂得,她的爸爸在遥远的华北与日寇战斗着。"

序

"来信希多报道太北的一切。在闲游与独坐中，有时仿佛总有你及北北与我在一块玩着，谈着。特别是北北非常调皮，一时在地上，一时爬到妈妈的怀里，又由妈妈怀里转到爸爸怀里来，闹个不休，真是快乐。可惜三个人分别着不在一起，假如在一块的话，真痛快极了。"

……

信中充满了对妻子和女儿的思念之情，饱含着深厚的爱和对一家人团聚的渴望。捧读父亲的家书，就如同用心灵去感受父爱。

10年前我给父亲写了第一封信……桌前灯下，追思往事，心潮起伏，百感交集，满肚子的话不知从何说起。

爸爸，1940年8月，您为我们娘俩赴延安送行，特地抱着我合影留念。那张照片我一直珍藏着。看，在爸爸怀里的我笑得有多开心、多快活。

Foreword

　　出生不满一百天的小孩，哪里知道这竟是和您的生离死别呢！1942年5月25日，十字岭上日军一发罪恶的炮弹，夺走了您的生命。您的壮烈牺牲，震动了整个华北大地。太行山为您低头致哀，漳水河为您鸣咽哭泣。而对我们娘儿俩来说，失去您，则是无法弥补的最大不幸。妈妈在其后很长的一段时间里，陷入了深深的悲哀之中。当时我这个年幼无知的小丫头，又怎能体会这种折柱塌天般的痛心呢！后来我长大成人，才渐渐懂得，这是给我一生留下的巨大空白和缺憾。养儿方知父母恩。我结婚成家并生儿育女后，才更加深刻地体会到，当初在战火纷飞的年代里，您和妈妈为我所付出的心血和艰辛！伴随我终身的，是对您和妈妈永远的怀念。

　　爸爸，您走了以后，党组织和妈妈对我非常关心。我在延安保育院长大。新中国成立后被送进北京八一小学、北京师大女附中读书，1960年被保送入哈尔滨军事工程学院学习。1952年6月1日，我曾和八一小学的同学代表少先队员到中南海向毛主席敬献鲜花，并和毛主席一起照了相。周恩来伯伯在北京初次见我时勉励说："你是左权将军的女儿北北吗？长得挺像你爸

序

爸，一定要向你爸爸学习！"有一段时间，我住在彭德怀伯伯家里，他和浦安修阿姨待我可好呢！政府发给每月20元抚养费，他们都替我存着，直到1962年才亲手交给了我。有一次，彭伯伯回忆起您，深情地对我说："你爸爸一定知道，那次敌人打的第一颗炮弹是试探性的，第二颗炮弹准会跟着来，躲避一下还是来得及的。可你爸爸为什么没有躲避呢？要知道，当时的十字岭上正集合着无数的同志和马匹，你爸爸不可能丢下部下，自己先冲出去。他是死于自己的职守，死于自己的岗位，死于对革命队伍的无限忠诚啊！"这些年来，每当我在生活、学习和工作中遇到困难的时候，只要一想起您在那频繁战斗的环境里，仍然刻苦顽强地学习、不知疲倦地工作和英勇沉着地指挥作战的情形，我就有了克服困难的信心与力量。1965年我从哈军工毕业，先后在国家经委、国家计委、航空航天部等单位从事国防工业建设工作。如今我已退休。您的外孙和外孙女都已成家立业，生活幸福美满。我们深深懂得，今天的幸福日子，都是您和那个时代的先驱者们用鲜血和生命换来的呀！

1982年5月，妈妈把3份历史珍宝慎重地传交给了我，其中有您写给妈妈的11封信。多少次我泪流满面地看着这些信，多少回我在睡梦中高兴地见到了您。从信中我真切地体味到您对我们娘儿俩的挚爱，真是催人泪下！……您在敌后十分艰苦的战争环境下，最大努力地尽到了做父亲的责任。在您牺牲前3天的最后一封信中，放心不下的还是我们娘儿俩："我担心着你及北北，你入学后望能好好地恢复身体，有暇时多去看看太北，小孩子极须人照顾的。"真是河深海深，比不过父母亲的

Foreword

恩情深！爸爸，您的这11封信，是我今生今世最最珍贵的宝物。

您的这些信穿过历史的风雨烟云，字里行间充满了对日本侵略军罪行的揭露和控诉。爸爸，您一定记得您写的这些话："敌人的政策是企图变我根据地为一片焦土，见人便杀，见屋便烧，见粮食便毁，见牲畜便打，虽僻野山沟都遭受了损失，整个太北除冀西一角较好外，统均烧毁，其状极惨。""敌人新的花样就是放毒，在军队指挥机关驻地，在某些政权机关及某些群众家里布满糜烂性毒质。""因为毒伤老百姓死了一些人，伤的很多。"大章同志的孩子寄养在群众家中，亦不幸遭万恶的鬼子连同奶妈一齐枪杀了。听说该小孩被鬼子打了一枪后，痛苦了好几个钟头才死，真是可怜。……一封封信，一桩桩事，都是日本侵华战争给中国人民造成空前浩劫的铮铮铁证。然而，近些年来，在和平与发展的时代大势下，日本国内右翼社会思潮却逐步蔓延，企图通过参拜靖国神社、修改历史教科书、否定南京大屠杀等行径，掩盖给中国和亚洲其他各国人民带来深重灾难的侵略历史。历史不容歪曲，警钟必须长鸣！

爸爸作为功勋卓著的抗日名将，周恩来伯伯称您是"有理论修养同时有实践经验的军事家"；朱德伯伯赞誉您"在军事理论、战略战术、军事建设、参谋工作、后勤工作等方面，有极其丰富与辉煌的建树，是中国军事界不可多得的人才。"您忠于民族和人民的解放事业，不管如何困难复杂的任务，也不管如何艰苦险恶的环境，对于工作夜以继日，兢兢业业，从不推辞，勇往直前。您在生活上艰苦朴实，同士兵一样吃穿，抗战时期每月领5块钱的津贴，没有一点私积，没有任何财产，从不为

序

私人作任何打算，直到 34 岁才结婚。这些家书从一个侧面反映了您的高贵品质。正如您信中所写，"我牺牲了我的一切幸福为我的事业来奋斗，请你相信这一道路是光明的，伟大的"。您对理想如此坚定，对家庭这样负责，又常以不能更多地帮助妈妈而难过不安。您的革命精神和道德情操，足以成为后人之楷模。正如著名哲学家培根所说："一切真正伟大的人物（无论是古人、今人，只要是其英名永铭于人类记忆中的），没有一个是因爱情而发狂的人。因为伟大的事业抑制了这种软弱的感情。"

爸爸，您为之奋斗并献身的事业，已经取得了根本性的胜利。21 世纪之初的中国，正迈步在社会主义现代化建设的大道上。科学发展，铸就辉煌，取得了翻天覆地的变化。您的家书，对于弘扬民族精神和革命精神，形成良好的社会道德风尚，促进祖国的现代化建设，教育后人无疑是很有意义的。

为了永远的思念，为了缅怀敬爱的父亲母亲，为了激励子孙后代，我在《红色年轮》系列丛书编辑部的支持下，写了《我的父亲左权——一个抗日英雄的成长史》一书。着重书写了父亲的青少年时代，生存、学习发展，逐步走向革命的经历。父亲的青少年时代，正处于中国近代史上最黑暗、最动荡的时期。残酷的阶级压迫、深重的民族灾难、帝国主义的疯狂掠夺，在他们一旦面对中国共产党掀起的为人民求解放、为民族求生存、为国家求富强的革命大潮时，便义无反顾地投身其中。用鲜血和生命写就了中华民族历史上最辉煌的篇章。

愿以此寄托我对你们深深的思念！

Contents

目　录

第一章　英雄少年　1

　　出身佃农 // 2

　　清贫励志 // 3

　　读书识理 // 14

　　莫忘国耻 // 26

　　练就文武 // 41

　　逆境攻读 // 49

　　如饥似渴 // 63

　　走向光明 // 73

第二章　投身革命　93

　　广州陆军讲武学校 // 94

　　投奔黄埔军校 // 101

　　党旗下的誓言 // 110

　　战斗在东征的战场上 // 117

　　平叛"杨、刘"受嘉奖 // 126

　　二次东征忠于职守 // 131

第三章　留学苏联的岁月　139

　　肩负使命出国深造 // 140

目录

体验全新的学习生活 // 145

与国民党右派学生的斗争 // 152

在中国革命的紧要关头 // 160

伏龙芝军事学院的学生 // 170

第四章　进入中央苏区　181

奉命回国 // 182

醴陵老乡的推荐 // 184

人生第一职 // 189

"我的湖南小老乡" // 191

"托派嫌疑"抹不去的黑尾巴 // 194

第五章　长征之路　199

被迫远征 // 200

长征中的先锋 // 203

第六章　长征路上的特殊贡献　211

二万五千里长征的由来 // 212

特殊的贡献《红军第一军团经过地点及里程一览表》// 213

第七章　迟开的爱情之花　217

朱老总的心事 // 218

爱,来得突然,来得疼痛 // 224

永别后的记忆 // 230

Contents

第八章　战斗在抗日最前线　235

　　指挥长乐之战 // 236

　　百团大战中的副总参谋长 // 242

　　黄崖洞保卫战 // 256

　　热血铸太行 // 261

　　日军下达："C 号作战"命令 // 262

　　向外转移 // 264

　　陷入重围 // 267

　　分路突围 // 270

　　十字岭将军殉国 // 276

　　"舍生取义，尽忠职守" // 279

　　毛泽东和朱德默然良久 // 281

　　朱德《吊左权同志在太行山与日寇作战
　　　　战死于清漳河畔》// 285

　　彭德怀《左权同志碑志》// 287

　　悼左权同志（凌霄）// 287

　　称职的辅佐者 // 292

第九章　最后一个贡献　295

　　《开展反对敌人"蚕食"政策的斗争》// 296

第十章　百年只是一瞬间　301

　　文韬武略功勋著　赤胆忠心英名长——纪念左权同志诞辰 100 周年（军事科学院）// 302

附　左权同志碑志（彭德怀敬撰）　322

第一章
英雄少年

■ 出身佃农

■ 清贫励志

■ 读书识理

■ 莫忘国耻

■ 练就文武

■ 逆境攻读

■ 如饥似渴

■ 走向光明

出身佃农

　　20世纪初的中国，正是清末民初，中华民族灾难深重的时代，清朝政权摇摇欲坠，腐朽堕落。1894年的甲午战争，中国一败涂地，帝国主义列强加紧了对中国的经济侵略，向腐败的清政府勒索巨额赔款。地方官吏以各种名目榨取百姓钱财，苛捐杂税种类繁多，贪官污吏营私舞弊，地主、土豪劣绅和大资本家对广大劳动者残酷剥削。加上战乱频繁，天灾疫病肆虐，工农劳苦大众食不果腹，衣不蔽体，生活极端困苦，妻离子散，甚至家破人亡。哪里有压迫，哪里就有反抗。劳苦民众在逆境中不断反抗，在斗争中寻求出路。

　　1905年3月15日（清光绪三十一年二月初十），左权，又名左纪权，号叔仁，乳名自林，就出生在这样一个大动荡大变革的年代。生在湖南省醴陵县平桥乡黄猫岭村（今醴陵市新阳乡）一个贫苦的佃农家庭里。祖父左凤裘，父亲左兆新，母亲张氏，乳名良（始终没有大名）。

　　当时的醴陵县有人口50余万，全县总面，2100多平方公里，但由于丘陵遍布，其中平原仅占16％。山谷中凡是有水的地方，几乎都开成了稻田，片片点点，一方面说明了这里的农民勤劳，一方面也说明这里人多地少，可耕种的土地严重不足。从土中刨食的农民，常年得不到温饱，一旦遇到天灾，更是饿殍遍地。

　　祖父左凤裘全家从祖辈起就以租佃地主土地为生。从1857

年春起，长期佃种地主匡印澄的13亩多田地，全家每年耕播打下的稻谷、杂粮除交租外，还要应付苛捐杂税、兵丁粮饷，一家人吃不上几顿饱饭。红薯是半年的养命粮，遭遇歉收年或遇到大灾年那就只有挨饿逃荒了。为了养家糊口，在种田的同时，左凤裘不得不将左兆新送到青泥湾的窖厂去烧土碗。就在左权出生前后的那几年，左兆新没日没夜地在窖上苦干，每天泥一身，水一身，汗一身，像是瓷泥捏成的，拼命以保全家人不挨饿吃苦。那年月在中国像左权家一样的穷苦农民何止千万。

年幼的左权本该在父母的怀抱中撒娇，但因家境贫寒，刚一出生就饱尝了旧社会带给农民的苦与难。从6岁那年开始，他就在黄猫岭、大王山、桃子坡一带拾柴、放牛、打猪草、干农活，尽可能地用稚嫩的肩膀替母亲分担起生活的重担。过着劳累和时常挨饿受冻的苦难生活，使得正处在发育中的左权身材又瘦又小，可他幼小的心灵却在苦难中得到了磨炼，比一般同龄的孩子显得沉稳早熟。

清贫励志

左权的家乡黄猫岭地处醴陵北乡，是境内千山万岭中的一座土岭。深秋时节，这高高的山岭层林尽染，万木飘金，远远望去，其形酷似一只欲腾、欲扑的巨大黄猫，巍然横卧在湖南省醴陵县的崇山峻岭中，岭脚下小小的村庄因此得名黄猫岭。

黄猫岭村周围有小溪、泥塘、涩田和梯田。村左边的桃子坡，相传古时候仙桃老人住在坡上，栽了满坡桃树。桃花开的时候，满坡艳红芬芳，招惹得蜂飞蝶舞来采花蜜，嗡嗡嘤嘤地绕着仙桃老人唱得十分欢快好听；桃子熟了，粉白的大桃有拳头大，密密层层压弯了桃枝，散放着甜蜜的桃香。仙桃老人便叫来许多顽童和苦伢子，让他们喜欢哪个，摘哪个吃，吃饱了还要给家里的老人带上些。那桃子啊，一咬一兜甜香的汁水，香如花，甜如蜜，吃了还想吃，永远也忘不了它。

后来，来了个妖精，砍光了桃树，气死了仙桃老人。仙桃老人变成了一颗枫树，挺拔地站在桃子坡顶上。妖精变成一颗猪婆藤，缠在枫树身上。枫树长成六七尺粗，枝叶繁茂，雾气萦绕，迷信的人们说是妖精显灵作怪哩！很少有人到那里去。

1914年夏天的一个傍晚，却有一个胆大的伢子，拿着镰刀和草绳，来到老枫树附近，割起青草来。他，又黑又瘦又小，紧闭的嘴唇厚厚的，聪慧的大眼睛黑亮黑亮的，爬山、割草的举动敏捷利索，显出一副淳朴、忠厚、明慧、顽强的神情。他，瘦得皮包骨头，细胳膊像麻秆儿，小手又黑又瘦，吃力地攥紧镰刀柄，奋力地割草，沙沙沙，割了一把又一把，腰累疼了，胳膊快累折了，汗水顺脑门儿流下来，蜇疼了双眼，用手背揉一揉，又继续割起来。肚子瘪瘪的，一个劲儿地咕咕叫，一阵头晕眼黑，打了个趔趄，忙扶山石坐下来，顺手捋了几把竹花草，塞嘴里嚼嚼咽下肚去，强打起精神，向黄猫岭肚子底下的左家屋场望去，只见一间泥墙草顶、破旧欲倾的小屋和一片打谷场，烟囱还没冒烟，母亲给财主做针线活还没回来，心里不平地想：穷人累死累活地干活儿，吃糠咽菜；财主什么活也不干，反倒吃香的喝辣的，穿戴绸缎，这是怎么回事呢？妈妈说，从1875年春天起，左家就租种了匡家地主的十亩田，年租四十石稻谷，还得左家祖祖辈辈以野菜树叶糠皮充饥。叔叔说，种谷的吃糠皮，种棉的没衣穿，世道不公平啊！必须改造改造。可是，怎么改造呢？叔叔可没往下说。"对，等叔叔来了，好好问问他！"想着，有了心劲儿，又割起草来……

天黑了，左家屋场的茅屋里，用碗改装的油灯被拨亮了，映照着一张中年妇女清秀的面庞。她那聪慧的双眼，不时地隔窗向外张望。绣花针一次次扎到手指肚上，冒出小米粒大的血珠儿，险些把洁白的枕头套染上血点儿。这又使她心惊后怕：弄脏了刺绣的枕套，一升白米的工钱就没有了。她把手指放嘴里吮去血，再也无心为财主家刺绣，心全被小儿子自林占据了：天黑了，他怎么还不回来？派三儿应林去找，也不见回转。往事一股脑儿向心头用来：

小儿子左自林是1905年农历二月初十生，那时节，帝国主义加紧了对中国的侵略，向腐败的反动政府勒索巨赔款，是中国陷入了半殖民地半封建社会深渊，苦难的四万万同胞，过着水深火热而极端困苦的生活。醴陵一带流传这样的民谣：

　　租种二亩田，

　　要交十道捐；

　　衣服不遮体，

　　烟囱不冒烟；

　　清鬼和洋鬼，

　　要命又要钱，

　　逼得穷人路三条：

　　逃荒上吊坐监牢。

真是祸不单行啊！偏偏在 1906 年，醴陵一带闹灾荒，野菜、草根、树叶、树皮全被吃光了，饿死的叫花子躺在路旁，常常被饥饿的人抢着分吃了。地主逼租，官府抢粮要捐，左自林家已经三天不冒炊烟，把锅吊起来了。她，左家张氏，被逼迫的抱起自林沿街乞讨去了。

有一天，讨到学馆门口，清贫的匡宜民先生送给她一碗米饭。她千恩万谢，让自林给匡先生鞠躬。谢过恩人，她高兴地想：自林他爸爸吃了这碗米饭，病会好些的。她三步并作两步，急急忙忙端着米饭赶回家去。没料想，她刚刚迈进家门槛儿，历尽贫病折磨的丈夫左兆新，已经断了气，那年才 34 岁。

真如晴天响霹雳，天塌地陷一般，她晕倒在丈夫身边。四儿一女围着父母哭得死去活来；公爹左凤裘捶胸顿足哭诉："自林他妈，心量要宽些，伢子们不能没有你呀！你要有个好歹，这一家子就散架了！"悲伤过度的老人，禁不住丧子的沉重打击，当场病倒，不久也离开了人世。

从此母亲张氏独自承担了全家的生活重担，携带着儿女们，起五更，睡半夜，披星戴月，在租田里劳作。当黄猫岭所有的人都已进入梦乡时，她仍坐在油灯前，纺织、绩麻、刺绣、缝衣。不久，只有三十来岁的她，已累得挺不起腰来了，背驼了，两鬓头发也花白了。就是这样累死累活地干，一年到头，缴完重租税，只剩下糠皮和谷草了。左权从 6 岁那年开始，他就在黄猫岭、大王山、桃子坡一带拾柴、放牛、打猪草、干农活。过着清贫劳累和时常挨饿受冻的苦难生活。因此，靠吃野菜、树叶、橡实生长的小自林又瘦又小，想到这里，她不由得掉下泪来。

她再也坐不住了，放下活儿，正要出门去找自林，三儿应林哭进屋来："没有，没有，哪里也没有自林的影子。"这真像当头一棒，把她打晕了，天旋地转，心如刀绞箭穿，想哭也哭不出声来，憋闷的难受难忍。她一眼看见应林手里的镰刀，一把夺过去，细细地端详着："这是自林用的镰刀。在哪里找到的？"

"桃子坡上。"

"快跟妈去找！"

她连门都忘了上锁，简直是跑着向桃子坡奔去。

已经夜深人静了，许多人家都入睡了，黄猫岭更显得暗淡凄凉。

不知什么时候起雾了。好大的迷雾啊！猪婆藤在翻腾的迷雾里若隐若现，似有似无，看来真有点慎人哩。

"天呐！我从未做过亏心事，没坑害过谁，该不会把灾难降到我头上来吧！"

"妈妈，我就在这里捡到的镰刀！"应林指着一片矮松茅草对母亲说。

母亲拨开矮松丛，细心地寻觅着，仿佛她的自林就藏在松草丛中，就会欢快地向她扑来。突然，在洪水冲刷的低凹处，发现了两捆青草！她像找到自林一样扑过去，搬开草捆，露出一个只能容一人爬进去的洞口，而且洞里还有匀称的熟悉的呼吸声，喃喃地自语道："我就不相信有妖精作怪！"

"自林，自林，我的小自林啊！"她喊叫着爬进洞去，摸着熟睡的儿子，紧紧地搂在怀里，仿佛怕被什么人抢走似的串串喜泪砸在儿子热乎乎的小脸儿上。

儿子醒了，觉得脸上湿漉漉的；摸摸母亲的脸，更湿："妈妈，你怎么哭了？"

母亲哪里说上话来呀，只是把儿子抱得更紧，更紧。她的心肝宝贝总算安全地回到自己怀抱里了。

儿子完全清醒过来了，他安慰母亲道："妈妈，不要担心，我是来锻炼胆量的。"

母亲责怪地问："你怎么不对妈说一声？"

儿子亲昵地回答："妈要知道了不会让我来的。其实妈不用担心，根本没有妖精作怪！这里好安静啊！以后我要常来这里歇晌，又凉快又好睡。"

母亲似喜似责地说："我看你用草捆挡住洞口，胆量还不算大。"

儿子急了，说："那是挡毒蛇野狼的。毒蛇伤人，野狼叼了小猪崽儿是真事，我信！"

"你怎么不怕妖精？"

"有一天，我问匡先生，到底又没有妖精？匡先生回答：'信则有也；不信则无也'。我要证实一下，这话是真是假。"自林顽皮地学着匡先生的口气说，"妖精也，无也！勿受骗上当也！"

母亲想起抱自林乞讨，匡先生慷慨舍饭之事，感动地说："匡先生可是好人，妈妈给他做一件长布衫，他给一斗白米，是五件长衫的工钱啊。他的话错不了。"

左权的母亲是一位很有德行的劳动妇女，其贤淑和善良在黄猫岭一带是有口皆碑的。邻里乡亲尊称她为四婆婆。她沉默寡言，多做少说，虽然家境贫寒，但仍然乐于帮助和周济穷人。母亲的言传身教和坚毅、勤奋、善良的品格，给了左权以潜移默化的影响，使得左权从小具有同情劳苦人民的情感和助人为乐、敬老怜幼的品德。

第一章 英雄少年

自从应林向自林叙述寻找他的经过以后，自林更知道心疼母亲了。他把为地主匡家放牛的活全部揽了起来。

清晨，母亲还没起床，自林已经扛上放牛竹棍，赶上两头黄牛，到黄猫岭和桃子坡之间，让黄牛吃起露水草来。

自林绝不贪玩，挥舞着锋利的镰刀，为母亲割茅柴、打猪草、挖野菜。他的眼前，总是闪现着母亲艰苦劳作的身影。他幼小的心田里总是思谋着如何为母亲分担忧愁。他手脚轻快利索，不一会儿，就在田边田背上，挖了满满一篮野菜。仿佛看见母亲在水米草、竹花草里掺上一半白薯面，做成菜粑粑。母亲做的菜粑粑可好吃哩！

小小的自林，有一种惊人的毅力。他咬紧牙关持久不停地劳作着。实在累的挥不动镰刀了，便挺起腰歇会儿，喘喘气，看看安然吃草的牛，在向四处望望。当他的目光停在长满茅草矮松丛的桃子坡时，就想起仙桃老人的故事来。他想：要是仙桃老人还活着，桃子坡上的仙桃树又该长上好多好多的仙桃了，他仿佛闻到了桃香。可恨那妖精把仙桃老人气死了，把桃树全砍光了，变成了猪婆藤，死死地缠住老枫树。自林愤愤不平："猪婆藤，有朝一日，我非把你砍断不可！"

高高的老枫树，树干又高又直又粗，树冠拱圆如盖，仿佛有一双巧夺天工的妙手，精心修剪过似的，十分威武壮观："若把猪婆藤砍掉，你会长得更好啊！"

忽然，有人大喊："牛掉进泥塘了！"自林吓了一身冷汗：卖光全部家产，也赔不起匡家的牛啊！他定神一看，两头黄牛正安然地吃着草，不时互相舔着脊背。他释然自语："我的妈呀！我还以为你们掉泥塘里了呢！"

泥塘深处，确有一头牛，那是一位老爷爷的小牛。只见那头小牛越挣扎越往下沉，最后只剩下脑壳了，还挣扎不上来。

原来，那泥塘中间有一个长满芳草的小岛，小牛是为吃那"岛"上的嫩草而陷进去的。人们远远地站在泥塘边，急得大喊，都不敢进去救牛。自林扔掉镰刀正要下去，被那位老爷爷拦住了。老汉说："那泥塘水深泥深，陷进去就再也上不来了。"那无情的稀泥黄水，很快淹没了小牛的头顶和犄角。老爷爷拍着双膝哭嚎："我的牛，我的命啊……"

从此，泥塘成了危险境地，谁也不准进去。尤其是伢子们，连泥塘边也不准接近。因此每次放牛打猪草前，自林的母亲总要不厌其烦地千叮咛万嘱咐，绝对禁止他到那里去。

自林很听母亲的话。但他总想：小牛是怎么走过去的呢？有没有通到"小岛"的路呢？"小岛"上的鲜草多绿多馋人呀！传说割了一茬又一茬，总也割不完，牛吃猪吃，卖掉还能换回白米，帮妈解决生活困难。他真想到"小岛"去割草呀！

两头黄牛吃饱了，尽情地撒起欢来。它们蹦跳着到溪水里喝起水来。弯弯曲曲的溪水绕着黄猫岭潺潺地流着，水平如镜，清澈见底，这时被饮水的黄牛激起了阵阵涟漪，鱼儿摇头摆尾地游来游去。

自林挽起补丁摞补丁的长裤腿，伸出瘦瘦的小脚丫，走进溪流里，捧起溪水洗净脸上的汗，然后去追赶着游鱼游虾，捉呀，逮呀，一会儿就逮一大捧，然后，又把它们放回溪水里去。他望着欢欢地游玩的鱼虾，心猛然一动：我要像鱼儿一样游水到小岛上去该有多好呀！他情不自禁看看泥塘里几汪黄水，眼睛一下子就亮了，打定了主意。

"活着要有志向，做事要有毅力，不达目的，不能甘休啊！"母亲常常这样教导自林。自林一丝不苟地遵从。他从6

岁起，就学会了凫水、扎猛子，寒冬腊月也从不间断，练出一身好水性，捉鱼捞虾的本领也渐渐大起来。他还常常到河潭里用小鱼网捉鱼。他撒了一网又一网，捉到了好多鱼。他把鱼送到潭边大哥玉林手里，让大哥把大点的鱼卖了换些米和油盐。自林把剩下的鱼带回家去，母亲总按照自林的口味用辣椒炖，就白米饭，过年过节解解馋。

一个深秋的凌晨，自林一觉醒来，轻轻地拉了三哥应林的细胳膊，兄弟俩便悄悄地相随着走出屋门，赶上牛，背上篓，扛起木板，拿上镰刀和草绳，到泥塘附近的漫坡上放牛。

应林虽比自林大3岁，但和自林一般高，一个模样，真想一对孪生兄弟。到姥姥家去，谁见了谁都说他俩是一对双生；母亲的巧手，给他们穿戴全一样，不知底细的人，谁也分不清哪个是自林，哪个是应林。应林是个"小大人儿"，处处表现出哥哥样儿。自林与他早就商量好了，瞒着母亲和大哥，他看牛，自林去闯泥塘割鲜草。来到塘边，应林犹豫了："自林，还是不去吧?!"

自林毫不动摇："三哥，不要担心，我会水，小心些，不会出危险的。"说着把镰刀插进腰间的草绳里，扛起木板，挂上袒露的竹篙，试探着进入泥塘。黄水，在晨曦照耀下闪烁着红亮的光，把"小岛"上的芳草也给映红了。陷进小牛的地方闪光最红最亮，怪吓人的。

"小心呀！"应林的声音有点颤抖。

"不要担心！"自林只顾安慰三哥，一只脚陷进泥里去，立刻被泥咬住，拔呀、拔呀，拔了好半天才拔出来，可是鞋被泥吞吃了，黄泥象米粥，稠糊糊，颤悠悠，一处动，牵动得四周也跟着颤动起来。

第一章 英雄少年

"自林，不要去了，快回来吧！"应林胆怯了。

自林向身后的三哥摇了摇手，闭紧了厚厚的双唇，咬紧了牙关，黑亮的眼睛一眨不眨地盯着泥水，小心翼翼地踏上木板，试探着前进，从稠泥塘到汪水地方，他便开始了凫水。清晨的秋水已经冰凉刺骨，浑身打起冷颤来，可他毫不在意。他穿着紧身短衣裤，像游鱼一样轻捷自如，专找水深的地方游，游过一汪又一汪，终于游上长满鲜草的小岛，跳着高儿向远远的三哥挥手欢呼。应林也高兴地蹦跳着向他呼喊："莫发狂！小心呀——！"

小岛有五十来亩大，长满了老鼠尾巴草、蔓根草、拴马鬃、竹花草，尤其是芦茅草，又高又密，茎又粗又壮，割也割不透，简直不知从哪里下镰刀。他既高兴有为难，思索一会儿，先挥镰开出一道窄胡同，嚓嚓嚓嚓，镰刀的割草声，惊飞了野鸽，惊跑了野兔和秋虫，越割越上劲，越割越飞快，恨不得一口气把小岛上肥美的鲜草全割净。他想，若把这些草运到集市上卖掉，换些钱，交上学费，复学读书，那该多美啊！

一想到复学，他心里快活极了，好像他又坐在私塾里，听匡先生讲"学而时习之"；好像又面对匡先生，恭敬地站好，背诵"三人行，必有我师焉"；又好像看见匡先生在记分册上左纪权名下写上个鲜红鲜红的"甲"字；又感到匡先生温暖的大手抚摩在肩膀上，双目放光，沉吟道："他日继吾志者，为此生耳。"

想着，想着，自林兴奋极了，浑身都是劲。他挺直腰杆儿，擦擦额头上细密的汗珠，回头望望那一大片草茬上摆好的一抱又一抱割倒的鲜草，却又发起愁来；这么多，怎么运回家去呢？再往远远的泥塘边望去，只见三哥双膝跪在母亲面前，象是在求饶。母亲却不看他，径直地向小岛眺望着，寻觅着。

自林又急又怕，出了一身冷汗：母亲为我担心，三哥把一切"过错"都担在自己身上了。好三哥呀，我的好三哥呀！主意是我出的，事情是我做的，让妈妈骂我，打我吧！他赶紧抱了几抱鲜草，结结实实地捆了一大捆，扛起来下了水。自林的游水本领确实高，在深水里直立着身子踩水前进，大捆鲜草就像栽在小船上似的，稳稳当当地向前漂去。

"莫慌呵！稳住架呵！"应林蹦起来向自林扬着手喊。

好细心的三哥！使心急如焚的自林镇静下来，集中全力对付黄水和稀泥。竹篙成了好向导，木板成了泥上的独木桥，一篙又一篙地在泥里探路。他迈着沉重的步子，艰难地向前移动。

当自林刚刚接近塘边时，三哥接过他肩上的草捆，母亲双手把他拉上塘边，紧紧抱住，流着泪哭着说："自林，答应妈，以后再也不去割草了，妈害怕……"

这与自林的想法正好相反。可是，他是个懂事而又体贴母亲的孝子啊，见母亲这样为自己担惊操心，就违心地点头答应了。

左自林闯泥塘割鲜草的消息，一下子传遍了黄猫岭，大人们夸他是个勇敢聪明的伢子；伢子们把他当成了小英雄，围上他，让他说说怎么闯过泥塘的；母亲把伢子们赶开，并且严厉地警告伢子们，从今往后，谁也不许再提起这件事。

自林虽然只有9岁，但他是个有心人，下了狠心要办的事，决不动摇，非办成不可。只是母亲爱子心切，生怕儿子背着自己去闯泥塘，便把他留在身边，一刻也不让离开。把放牛的活路完全交给应林了。

桃子坡下的稻子熟了，一块块金黄耀眼，稻穗沉甸甸地低垂着头，随风摇摆着，真是难得的丰收时节呀！

自林家开镰割稻这一天，天气十分晴朗，太阳红红的亮亮的，照得稻浪闪耀着金光，把清亮亮的溪水照得金灿灿的。洁白的天鹅，凫游在溪水里，不时伸直长脖，冲着蓝天欢叫，多么快活，多么自在啊！跟着妈妈、大哥身后拾稻穗的自林，心却在小岛上，他真想随着天鹅凫游过汪汪黄水，再到小岛上去割草呀。

因为家境贫困，二哥纪棠过继给叔叔左铭三门下，姐姐玉春也早早许配了人家。家里只有母亲、大哥、三哥和他四口人。这十亩稻田全是租匡家地主的，没有一垄是自家的。

下地时，自林抓起他那割草的镰刀要割稻。母亲错以为他又要去小岛割草，忙夺下镰刀，把布口袋塞给他，说："拾稻穗去！"自林理解母亲的心，不再坚持。母亲和大哥在前面割，他在后面拾，哪怕落下几颗稻粒儿，他也要一粒粒拾起来，装进口袋里。

苦难的生活教育了他，使他知道每粒稻谷的价值；叔叔左铭三给他讲过的唐诗，回响在他的耳际："锄禾日当午，汗滴禾下土。谁知盘中餐，粒粒皆辛苦。"他知道稻粒来得不易。

读书识理

在纪权幼年成长的过程中，除了自己的母亲，还有一位对他帮助和影响很大的亲人，那就是叔叔左铭三。叔叔左铭三是个非常刻苦好学的人。他为人正直，富有爱国思想，后来是醴陵学界名流所倚重的学者。

当年爷爷穷得无钱供叔叔念书，就去托生活稍微宽裕的堂兄，帮助叔叔上学。他学习成绩好，总是名列前茅。他后来毕业于长沙师范学校，是平桥乡左家第一个知识分子。孙中山倡导革命时，叔叔左铭三是在黄猫岭一带第一个敢于剪去头上辫子、拥护共和的人。成为那个时代勇敢站出来支持孙中山的优秀知识分子。在共和的旗帜下，他出任县立模范小学校长。

辛亥革命爆发后，叔叔毅然地剪去盘在头上的又粗又长的辫子，成为黄猫岭第一个留"革命头"的革命人。在家里，除了母亲，叔叔在自林心目中的威信最高。他对叔叔非常敬仰，从小就爱听他讲故事，谈做人的道理，论天下大事。

他见叔叔留了"革命头"，便也剪掉了自己头上的粗黑的辫子。接着便闹着要上学读书，纪权从小知道只有读书，长大才能有出息。叔叔知道他家穷，交不上学费，就替他交了学费，送他到私塾里去念书。他高兴得坐卧不安，自己动手做了个"书包"。母亲见自林有心劲，便鼓励他好好做人、立志成才，并给他起学名叫左纪权。

1913年初春，8岁的左纪权进入黄猫岭下的东冲铺磐中私塾，开始发蒙读书。从那时起，母亲在劳动之余，也常向他讲古人匡衡凿壁偷光、车胤以萤为灯和孙康雪地刻苦读书的故事。这些故事给幼年的纪权留下了深刻影响，他时时以这些故事勉励自己刻苦读书。

"该插秧了！"

"该拔草了！"

"该收稻了！"

只要母亲这样念叨一句，自林便请假，帮助母亲下地干活儿。所以他读书时读时停，但因他刻苦用功，一直没丢下功课。

……

那年春节后的一天，自林身披温暖的阳光，兴致勃勃地跑回家来，对母亲说："我到匡先生家去了。匡先生说，咱们黄猫岭要办新学了，叫第八国民小学校，过了元宵节就开学，学费比学馆少一半，匡先生答应我插班，上二年级。"

母亲似喜似嗔地问："上二年级，跟得上吗？"

"跟得上。私塾里学过的功课我全记得。匡先生说，我努努力，能越级上三年级。"

"越说你越能了。老老实实地给我上二年级，一级一级地往上念，学一级是一级的，实实在在，要学到真学问、真本领。"

"嗯！"自林听从地答应了。

母亲指着那兜好东西，嗔怪地说："耍狮子为的是让大伙喜庆高兴，谁叫你要人家的东西？"

自林回答："这是乡亲们给的压岁钱，能不收吗？"然后亲昵地伏在母亲耳边悄声说："这样一来，复学要交的学费，就有了！"

母亲一听，差点笑出眼泪来：这些天来，自林忙的连饭都顾不上吃，原来是为凑齐学费啊！

过了元宵节，第八国民小学果然开学了。

左纪权背着"书包"，挎着小板凳，第一个来到"学校"。学校没有固定的教室，是借用同学家的屋子。小小的屋子里坐着四十多位学生，而且是一、二年级在一起上课。桌椅也是同学们自己带来的。左纪权这些穷学生，就随身带着小板凳、蒲团，或找块石头、砖头坐上。匡先生问左纪权怕不怕苦？他知足地回答："只要能坐在先生面前上课，什么苦我也不怕。"

在少年纪权的学习生活中，这位小学老师给他以重要影响，匡宜民匡先生是一个有识之士。他早年曾经追随孙中山、黄兴参加过辛亥革命，具有旧民主主义革命思想。1904 年 2 月匡宜民参加了黄兴宋教仁等组织的华兴会。之后他以教育救国为宗旨，隐身乡间，希望造就一批经邦治国的人才。他坚持新的教学方法，反对闭门读书，主张结合课本内容，密切联系社会现实，并常以辛亥革命为例，积极传播爱国思想。

每天放学回家，纪权照例去放牛割草。走在路上照例背诵学过的课文，有时撞在樟树上，有时踩进水窝里。

> 待到秋来九月八，
> 我花开后百花杀。
> 冲天香阵透长安，
> 满城尽带黄金甲。

"多好的诗啊！"匡先生在讲黄巢这首《菊花》诗时，特别介绍了黄巢领导农民起义的功绩。在王仙芝被害后，他不畏强暴艰险，挺身而出，勇敢地统领起义军继续斗争，从山东出发，途经八省，行程几千里，还打到湖南了呢！所到的地方，杀富济贫，纪律严明，深受百姓的称赞，百姓送他个美好而又英雄的称号："冲天大将军"。

吟着《菊花》诗，左纪权非常希望再有这样的"冲天大将军"，带着起义军，再到湖南来，把这个吃人的鬼世道打个稀巴烂。他更盼望自己快长大，当个起义军，杀富济贫，为穷人出口气，谋幸福。

"念书真好！长这么多的见识！"纪权太激动太兴奋了。他把牛赶在桃子坡下吃草，自己却用镰刀当笔，在地上默写起《菊花》诗来。

他默写一遍，检查两遍，连标点也没错，顽皮地说："现在，上第二节自习：珠算！"

左纪权学习语文毫不费劲，学得很好；学习算术，到有点吃力，尤其是学珠算，更不容易。他皱着眉头，背诵起来："一上一，二上二，三下五去二，四下五去一……怎么下？怎么去呢？"急得他直搓手顿脚，几乎要哭了。他的脑壳里仿佛塞满了烂草乱麻，没有丁点儿灵敏劲儿，怎么也转不过弯来。

这时，纪权抬头一看，见黄牛到溪水里喝水去了，他灵机一动，也一头扎在溪水里让凉凉的溪水浸泡着全身，并不住地用冷水拍打额头，让头脑清醒清醒。他凫着水，继续背诵珠算口诀。

"哈哈哈！真够用功的！"一个高大健壮的农民已突然来到了溪水边。秋伢子从他身后窜出来，乐呵呵地说："他就是我爸爸，是昨天夜里回来的！我妈妈说，爸爸是从天上掉下来的！我们一家快活极了！"

自林也跟着快活起来了，跳到李万庆面前，仰起惊喜的面孔说："李大叔好！听说你不怕妖精，是真的吗？"

木匠朗声回答："是真的。妖精有什么可怕?!从前有个叫陈鹏年的人，独自在黑夜里走路，遇见个吊死鬼，吐着长长的舌头，拦住他的去路，直立在他面前，张着血盆大口用力吹他。他想：'鬼有气，难道我没有气吗？'于是他鼓起气来使劲吹鬼，竟然把鬼吹成轻烟，随着一阵风儿散尽了。我想，人只要气壮精神好，什么妖魔鬼怪都能降服。其实，那有什么妖魔鬼怪啊！全是恶人搞鬼。清政府这个鬼恶不恶？孙中山就能把他的皇帝拉下马。洋鬼子也不可怕，中国人多，只要心齐，宁一股劲儿，每人吹上一口气，也能把他们吹成轻烟随风飘散。"

"嘿嘿嘿，太对我的心思了！李大叔，砍猪婆藤去呀！"

秋伢子赶紧拦阻："我妈不让砍，怕砍了猪婆藤，惹怒了妖精，病更重了。"

木匠说："你妈胃口不好，是吃野菜苦栗子（橡果）吃坏的，跟妖精没关系。"

纪权说："我敢砍，砍断猪婆藤，让老枫树长得更好。"

木匠一下子喜欢上纪权这个勇敢的伢子了，感到秋伢子交上这样一个好朋友很称他的心："听秋伢子说，你复学了，上的是二年级。秋伢子也要上学，我打算找匡先生，给秋伢子补上个名儿，你看行吗？"

"匡先生对穷学生可好呢，准行！"

"你已经学珠算了？"木匠满有兴趣地问，"好学吗？"

"不好学。"

"不好学就不要学了吧？"

"不，我非学会它不可！"

"有志气！"木匠赞许道，"有算盘吗？"

"没有。"

"想不想要算盘呢？"

"做梦都想，可买不起呀！"

"别着急，晚上在家等我！"木匠说完，带秋伢子到学校报名去了。

晚上，却刮起了大黄风。

纪权望着黄天暗地飞旋的尘土和院边被吹弯的茶树，皱眉发愁：秋伢子和李大叔不会来了！无奈，又仰起脖子背起珠算口诀来："六去四进一，七去三进一……哎呀！这可怎么去怎么进呀？"他想象着眼前有盘算盘，比划着去呀进呀的，一时把他给弄糊涂了，眉头又紧皱了，脑门又疼起来。"找匠先生去！"他自语着打开门，一股旋风把秋伢子卷进们来，身后跟着李万庆。乐得自林赶紧给他们扫土送湿毛巾擦脸，母亲递上两杯热茶。

纪权喜出望外："我以为你们不会来了呢！"

秋伢子笑嘻嘻地说的轻快："我爸爸说，答应做的事，下刀子也要做成。"

李万庆递给自林一盘算盘。秋伢子赶紧介绍说："这是爷爷做的，跟买的一个样，爷爷用了爸爸用，可光滑呢，你试试呀！"

这是竹框、桃核做珠的算盘，用红油漆漆过，光滑好看，和真的一样。自林噼哩叭啦打一阵，太好用了。可是，一碰到进呀去呀的，就又卡壳儿了。

"来，我教你！"木匠说。纪权母子愣住了：他还会打算盘呀？！他不但算盘打得非常熟练，讲解的也十分清楚。

左纪权心灵、聪慧、好学、认真，在木匠耐心教导下，认真学起来。直到学熟练了，木匠才微微一笑："你是个用功的好伢子！这算盘送给你了！"

"不，秋伢子还得用哩！"

"我再给他做。"

纪权听了眼一亮："秋伢子，你家有桃核吗？"

"有，有啊！我家门前有棵大桃树，结的桃子可好吃啰！

妈妈说，是仙桃老人留下的桃核长出来的桃树。"

"是真的？"

"好多老爷爷老奶奶也这么说。"

"快领我去看看！"

"风这么大，沙土迷眼睛，上桃子坡可不容易。"木匠说，"你要桃核做么子用？"

"做算盘，和你们送我的算盘一样。"

"好吧，你等着。"木匠话音还没落地，已经冲进大风中，消失在黄天沙土里了。可纪权还是瞪着眼睛凝望着，凝望着，他的心被李大叔的热情深深地感动了，感染了。

"别发楞，快把火筷子找出来！"秋伢子下命令似地说。纪权找到火筷子，秋伢子熟练地把它烧进灶火里。当木匠风尘仆仆背着木工箱进屋时，秋伢子说："爸爸做框，我和纪权做珠，一会儿就把算盘做成了。"

"好，好，秋伢子当指挥官！"木匠满眼都是疼爱地看了儿子一眼，忙活起来。

秋伢子让纪权在铁砧上把桃核上的尖尖棱角统统磨掉，磨光滑。他用烧红的火筷子在每个磨得光溜的桃核肚子中间穿上一个透眼儿，分别穿在一把圆圆的细细的竹棍上。李大叔巧妙地把串串"珠子"装进做好的竹框里，这样，一盘算盘就做成了。两个伢子快乐地抱在一起，跳呀叫呀，从来没有这么狂喜过。

夜阑人静，只有左纪权家还亮着灯。一年三百六十多天，夜夜如此。乡亲们说："左家的这盏灯熄了，穷苦的日子就到头了，生活也就好过了！"

这桐油灯，灯芯细细的，灯光昏暗朦胧。母亲在灯下做女红,纪权在灯下做作业,一直到夜半更深,还舍不得去睡。上眼皮和下眼皮打起架来,他使劲儿把它们拉开。他用凉水洗脸洗头,打起精神来,写啊,算啊,打算盘啊!他太喜欢这盘算盘了。李大叔给油漆的又红又亮,光溜得象红珠子,一点儿也不刺手。他终于有了一盘算盘,比穿上一件新衣裳还高兴,真象得真了一件宝贝似的。每天躺下去,心里还甜滋滋的,又爬起来,抱起算盘抚摸来扶摸去,爱不释手,干脆搂着它进入了梦乡。他十分感激李大叔,和秋伢子也更亲近了。

母亲把灯苗拨大,他又把灯苗拨小:"妈妈,灯苗大了费油,哪有钱买灯油呀!"他揉揉困乏的双眼,给母亲讲起故事来。

"从前有个叫匡衡的穷伢子,没钱念书,跟一个穷亲戚学认字。白天给财主做工,晚上读书。买不起灯油怎么办?他发现邻居的灯光从壁缝透过来,于是用小刀把壁缝挖大,透过来的灯光更大了。他高兴得凑近壁缝,借光读书,读哇读,读了好多书,后来成了很有学问的人。"

"古时候,有两个穷伢子,一个叫车胤,一个叫孙康,都十分喜欢读书。可都读不起书,只好给财主当佣人。于是他们就白天给财主去干活儿,晚上偷空读书,买不起灯油怎么办呢?车胤发现萤火虫在黑夜里飞来飞去闪着亮光,就用薄薄的白夏布缝个小口袋,把许多萤火虫装进去,把萤火虫的亮光当'灯'用。孙康晚上看雪景,觉得雪的反光很亮,便翻开书,真的能看见书上的字,他不怕冷地在雪地里看起书来。以后他也成了很有学问的人。"

"妈妈,现在,咱们有了这盏小油灯,我能不发奋读书吗?我学珠算吃力,我要笨鸟先飞,下苦功夫,非把珠算学好不可！"

妈妈深深地叹了口气，感到儿子太懂事太苦了。

纪权安慰妈妈说："妈妈，不要发愁，石头也有翻身的时候。"

"石头也有翻身的时候！小小的年纪，口气真不小！真要有那么一天，可就熬到头了！"母亲看着刚强有志的儿子，愁眉舒展了。

半月以后，纪权把珠算的加减乘除全学会了，考试得了个"110分"，因为他把一道选做的难题也做出来了。匡先生表扬了他。

一天深夜，纪权做完作业，翻开小楷本写起小楷来。上面红色的圈圈点点，透露出匡先生的赞扬和鼓励，那鲜红的"甲"，是最好的评价。一月前，匡先生曾举着这个小楷本，在全班同学面前批评道："全班以左纪权同学写的最差！"他脸红，他痛心。他没钱买纸练习，只好收集旧书和同学写过小楷的本子，一页一页翻过来，重新订本子，在空白格儿里练习小楷，然后练习中楷和大楷。他不相信自己写不好。终于在前天，匡先生在全班同学面前，高高举起这个小楷本，热情表扬道："全班以左纪权同学写的最好！要学习他锲而不舍的顽强精神！"

母亲望着纪权专心致志在写小楷，想起去年盛夏的一天，下着连阴雨，后半晌了，纪权挖野菜还没回家。她便披上蓑衣，戴了斗笠，去寻找她。路过学馆，见窗外站着纪权，从头到脚淋成了落汤鸡，露在外面的细胳膊瘦腿儿，全都起了鸡皮疙瘩，紧闭的双唇白一阵紫一阵，浑身都在打哆嗦。可他已经忘了冷，正聚精会神地听匡先生讲课，还在手心上写着什么，轻声跟先生一起念诵，声音越来越高。匡先生把门打开，让他进屋里去学，他却倔强地摇摇头："我没交学费，我不进去！谢谢匡先生！"转身跨起满筐野菜，看见母亲，兴奋地说："妈妈，他们学的是黄巢写的诗，我学会了。'飒飒西风满院栽，蕊寒香冷蝶难来。他年我若为青帝，报与桃花一处开'。我还会默写呢！不信，我默给你看看。"说着就要写。母亲捉住了他的手，心疼地嗔怪道："满院子水，往哪里写啊！快回家去，小心淋病了。"

走着，走着，母亲问："你背的诗里花呀，帝呀的，是么子意思呵？"

纪权回答："那是黄巢的志向。青帝，是专管花草、美化春天的神。黄巢敢想敢写也敢做，很有气魄。我很喜欢他的诗，更喜欢他的气魄和志向。"说他咏写斗秋霜的菊花盛开起来了，黄的花，红的花，放着浓郁的香味儿，找来许许多多的花蝶、蜜蜂，嗡嗡嘤嘤地叫着，翩翩起舞，采食着花蜜，多么甜香，多么繁忙！这样美好的日子何时才能来到呢？他盼望着，向往着……

困魔又来缠磨纪权了，他使劲睁了睁眼睛，拿着毛笔的手一颤，在纸上点了一个墨疙瘩，算盘也从腿上滑到母亲的身边。

母亲轻轻地从儿子手中抽掉毛笔，把算盘安放在一边，儿子已伏在她温暖的膝盖上睡熟了。听儿子匀称的呼吸，望着儿子熟睡的小脸，轻抽线，轻拉线，飞针走线为儿子缝补已经满是补丁的小褂儿。她看得出纪权有出息，她下狠心要供他念书。

爱好读书的纪权，凭着一股好学精神和较强的记忆力，读完了当时他所能找到的书，并且一有所得，还用笔抄录下来。乡下没有图书馆、藏书楼，寻得一本书不容易。因为书少，纪权每一本书都读得非常仔细，记得烂熟。他的悟性好，常常学着原来私塾中老师的样子，把书中文章读得抑扬顿挫，趣味盎然，引得家人也不由地侧耳细听。

由于聪慧好学，不到10岁的纪权，这时已会写诗作对，被老师誉为"神童"。1915年除夕，他看到有些人不勤奋，办事无计划，花钱不节俭，便有感而发地写了两副春联，贴在自家门口。一副是"处世须知艰难，居家莫想快活"，另一副是"须要勤俭谨慎，多栽杉茶棉麻"。这是纪权入学识字后第一次写春联，含义既中肯，又通俗。此后，每逢过大年，纪权都要写些富有新意的春联，自己家里贴用，也帮邻居们写。邻居们读到这些对联，都会竖起大拇指，称他是一个有出息的孩子。叔叔左铭三发现这个侄子的天赋后更是从心里高兴，于是加强了对纪权的培养。

看看身边熟睡的大儿、三儿，能帮母亲干活儿了，母亲的负担轻多了，这给她心里增添了许多喜悦和向前奔的力量。三十来岁的寡妇，在贫困中抚养儿子，不是件容易的事。因此，得到黄猫岭乡亲们的尊敬和同情，不少在逆境中挣扎的乡亲一想到她，就振作起来了。

"咯儿咯儿咯儿！"纪权笑出声来。把母亲的心也给笑乐了。

纪权睡得正香，母亲才知道他正在做好梦呢！

母亲轻轻地推儿子一下，儿子睁眼一看，母亲已经把小褂儿补好了，压得平平展展，给他穿上了。虽然瘦小的紧裹在身上，但他仍很满意，安慰妈妈说："我做了好梦，当上了起义军。这是我的战服,明天上体育课,穿上它,拔河一定能取胜!"

母亲轻轻地点了他额头一下:"你呀,最会宽慰妈妈的心啰!"

莫忘国耻

5月中旬,小学校里空前热闹起来。传单、漫画满天飞,可不知是谁撒的。门缝里、书桌里、蒲团下也发现了传单。上面画着丧权辱国的袁世凯像,旁边写着民谣:

　　杀了袁鼋蛋,
　　我们好吃饭。

有的传单上画一个头戴红顶花翎的乌龟,趴在洋人屁股后面,旁边写一行小字:"杀袁世凯的头,悬之国门,以谢天下。"

左纪权、左纪凤、左纪重、左纪环、李秋伢这些穷伢子,很容易被爱国热情感染,爱憎十分分明,高高举着传单和漫画,大声嚷嚷起来:

"袁世凯是个大乌龟!"

"袁世凯趴在洋人屁股后面捡屁吃啰!"

"袁世凯是个洋奴才!想当儿皇帝啰!"

"么子叫鼋呢?鼋就是王八!"

"哈哈哈!杀了袁世凯这个王八蛋!"

同学们拍着掌捧腹大笑,多么开心,解气!

秋伢子指着漫画上的洋人说："洋鬼子，太可恶！我跟爸爸在湘江边上看见洋人军舰上吊着花花旗、膏药旗，横冲直撞，撞翻打渔船，渔人落水呼救，他们却狂笑取乐，真气死人啰！"

同学们愤怒地挥起拳头，咒骂洋人和袁世凯，恨不得把这帮坏蛋统统打倒，消灭掉。

左纪权幼小的心灵被深深地刺疼了：就是因为袁世凯这样的卖国贼，给了洋人许多特权，洋鬼子才敢在中国横行霸道，中国人受了洋人的欺侮才没人敢管。他咬了咬牙下了狠心：长志气，好好读书，好好学本领。

上课了。

同学们蜂拥跑进教室，端正地坐好，静等着匡先生来上国文课。

往日，匡先生总是用粉笔在黑板中央画一条竖线，一边给一年级用，一边给二年级用。

今天，匡先生拖着沉重的脚步走上讲台。却没有画分界线，而是用整个黑板写了几行大字：

"袁世凯为做皇帝，出卖中国主权！"

"二十一条"是灭亡中国的条件！"

"勿忘五·九国耻！"

原来，1915年5月9日，日本以武力做后盾，以最后通牒的形式，逼迫袁世凯接受灭亡中国的"二十一条"。日本虽然是一个岛国，但是一个新兴的帝国主义国家。它在中日甲午战争中从中国攫取了台湾，试图进一步向中国内陆扩张势力。

匡先生没有给学生上国文课，而把日本帝国主义提出的灭亡中国的"二十一条"，逐条地念给同学们听，然后详细讲解。

他的声音由低而高，渐渐怒吼起来："卖国贼袁世凯，为了做儿皇帝，几乎是全部接受了'二十一条'！"拳头捶得桌子嘭嘭响，眼瞪圆，脸涨红，脖子涨粗，像头怒狮子。如果袁世凯在眼前，一定会把他撕成碎片。匡宜民老师在课堂上向学生们讲述帝国主义列强侵略中国的事实，讲述卖国贼袁世凯策划当洪宪皇帝，为了取得日本帝国主义的"支持"，竟秘密接受日本帝国主义灭亡中国的"二十一条"卖国条约。他指着中国的版图，对同学们沉痛地说："我们中国好比一片又肥又嫩又绿的桑叶，帝国主义好比贪婪的蚕子，蚕子从四面八方来吃桑叶了。同学们，这样下去，中国就会灭亡！"他声泪俱下，深深地打动了同学们的心。同学们鼓着嘴巴，瞪大燃烧着的红眼睛，握紧铁锤般的小拳头，真要跟着匡先生向袁世凯打去！

匡先生开始念传单了："从长沙，从醴陵，纷纷传来消息：袁世凯出卖国家主权的滔天罪行，激起了全中国同胞的愤怒，表现了高度的爱国热情。长沙日商工厂和商店里的中国人集会、罢工，对群众宣传不买日货；上海码头工人举行罢工，散发传单，反对日帝侵略和袁世凯卖国；海外侨胞和中国留日学生向国内发来通电，呼吁全中国同胞团结一致，抵抗侵略；菲律宾的华侨踊跃捐款，组织敢死队，准备回国对日作战；北京以南十几个县的农民，成千上万地起来了，进行抗捐抗租斗争……"

只有10岁的左纪权被这慷慨激昂的讲演感动了。他义愤填膺，嗖一下站起来，怒声喝道："我们也应该组织敢死队！"

"对，组织敢死队！对日作战！"秋伢子第一个响应。紧接着，左纪重、左纪凤、左纪环等纷纷赞同，一时屋里充满了愤怒和激奋的呼喊，几乎把屋顶抬起来。

匡先生见学生们积极响应，激情满怀地挥拳高声呐喊："要让乡亲们也愤慨起来，共同讨伐袁世凯！"他看着同学们一张张气红了的面孔，问左纪权："小小的伢子组织敢死队？我赞成你们的爱国行动！如果全国同胞都有你们这骨气，中国不会被灭亡！"他流下了激动的热泪，"同学们，你们要做你们力所能及的事，到村里去宣传！"

左纪权接着说："我们去写些标语，画漫画，讲演！宣传抗日。"

"很好！谁参加？"

先生的话音还没落地，一只只小拳头像雨后春笋般地高高举了起来。

匡先生把他自己备课用的报纸拿出来。左纪权不敢接。他说："没有国，哪有我？用吧！左纪权带头写起来吧！"

左纪权等铺开纸，按照匡先生写的口号，甩开毛笔大书特书起来：

"莫忘'五·九'国耻！"

"杀袁世凯的头，杀日寇的头！"

"打倒卖国贼，打倒日寇！"

"坚决废除'二十一条'！"

字，虽有几分稚气，但工整有力，每一笔每一划都表现出强烈的爱国热忱和仇恨日寇、卖国贼的骨劲。匡先生感到很称心。

这时，左纪重、左纪环、左纪凤、秋伢子也写了同样的标语口号；左纪环还画了好几张漫画。别看他整天不言不语，只是笑哈哈地跟在纪权他们身边转，但手巧得很，画的袁大头，活像个大乌龟。纪权和同学们都拍手叫好！

纪权把大伙写的标语口号、画的漫画收集在一起，摞起来足有一尺多高。他太兴奋了，参加这样的反袁爱国运动，干这样的大事，还是头一回啊！老师们同学们，哪个都和他一样义愤填膺，表现出高度的爱国热情和斗争精神来。他多么希望能唤起更多的民众反袁爱国啊！他皱起浓眉思考起来。他的目光落在贴满了纸条的墙壁上，走了过去，翻看着，阅读着，有生字，有解词，有诗词，有难解的算术题，有"二十一条"的详细内容，是匡先生的学习园地，左纪权不止全把它们学会，也学着在自家的墙壁上贴了不少纸条，经常背诵，经常复习，学过的功课，理解得深，记忆扎实。

左纪权眼睛发亮，脑壳开窍，终于想了个妙办法来，又捉住毛笔，在白纸上写了六个大人巴掌大的方方正正的字："莫忘'五·九'国耻！"然后把小褂儿脱下来，铺展在讲台桌上，贴在脊背上，再穿在身上，背着这条标语，第一个冲出"教室"。

大家一看，立刻震惊了，把情绪激发的更加高涨，也纷纷想办法使宣传效果更好。有的把标语的一头糊在小竹棍儿上，有的把漫画挑在竹竿儿上，欢叫着抱上写好的标语和漫画，提上浆糊桶，跑出学校，到村里去了。

登时，"坚决反对袁世凯卖国！""坚决废除'二十一条'！""拚着一身剐，敢把皇帝拉下马！""反对日寇侵略中国主权！"等口号响遍了黄猫岭，震动了每个人的心。不一会儿，大街小巷到处贴满了标语、漫画。

"快来看啰！"

"纪权脊背上贴的什么呀！"

"大标语呗！莫忘'五·九'国耻！"

乡亲们围住他，指点着大声问："快讲讲吧，'五·九'国耻是么子事情啊？"

纪权人小个儿矮，跳上高高的台阶，看着乡亲们，用响亮的声音，讲起了"二十一条"，越讲越激情，越讲越带劲，声音越发高昂嘹亮，清清楚楚，有条有理，讲到最后脸色发白，满头大汗，简直是在呐喊了。不少长辈，被感动得流下两行热泪来。

乡亲们的爱国热情被激发起来，挥起拳头高呼起口号来，喊得最响的是李万庆。

胖伢子不喊口号，是来看热闹的。他背着的书包被几位同学夺了过去，举在头顶上呼喊："看，这是东洋鬼子的洋货！左纪权，怎么办？"

"烧了！"不等左纪权开口，李万庆喊着擦亮火柴，点着松枝，把书包烧了。

大街十字路口，火光熊熊，照红了许多人的脸，日造的牙刷、牙粉、脸盆、香皂、洋布、绸料、成衣、书包什么的，不断地被扔进火中燃烧，学生们高喊着："亡国奴！""洋奴才！""大汉奸！"向不交出日货的秃头大肚子老板围上去讲演，并且宣誓："病死也不买日本的仁丹和清快丸，饿死也不买日本的洋米洋面。"

匡先生跳上台阶，用宏亮的声音说："咱们也来个抵制日货活动好不好？"

"好！"大伙儿齐声回答。

"那咱们就从自己做起，先看看自己身边和家里有没有日货？有，就自告奋勇地交出来烧掉。"

这时胖伢子直往人堆外面躲，原来他一身穿的都是日货，立刻被学生们围了个水泄不通，冲他挥着小拳头："脱下来！一身东洋货！洋奴才，快脱！"

"把帽子摘下来！"

"帽子上还有'日本制造'金字呢？"

"扔火里去烧掉！"

众目睽睽，胖伢子无奈，乖乖地摘掉帽子，脱掉衣裳，扔火里变成灰烬，被风吹跑了。大伙儿从心眼里感到解气，痛快！

黄猫岭师生的宣传得到附近十几个小学的响应，先生们到黄猫岭来开会，决定举行一次更大的反袁爱国活动。要求每个小学出一个节目，用通俗的语言和民众喜闻乐见的形式，把乡亲们也发动起来。同学们围着匡先生，听左纪权要求组织敢死队的发言。他的理由单纯而深刻：我们年纪小，我们会长大的；现在不能像大人那样同日寇作战，从小加强锻炼，学好本领，长大就可以对日作战，保卫祖国！

"好！赤子之心，长远打算，我第一个赞同！"

匡先生话音还没落地，"赞成！""同意！"……同学们像群小鸟似地唧唧喳喳欢叫起来。匡先生立刻答应了组织敢死队的要求，并决定经常进行军事训练。

可敢死队要演出文艺节目，拿出什么节目呢？有的说演湖南花鼓戏，又嫌气势不够。左纪权胸有成竹地说：把'二十一条'编成"三句半"的形式，逐条向乡亲们介绍"二十一条"的内容，把袁世凯和东洋鬼子的丑恶形象也编进去。说着掏出两个纸糊的小人儿来：一个头戴红顶花翎，屁股上安个打气筒；另一个穿军服给他打气。

"东洋鬼子给袁世凯打气哩！"

嘿嘿嘿，太有意思了，同学们来了兴趣，都说这个节目好。可让谁来装扮袁世凯和东洋鬼子呢？他们的形象太丑恶了！大家全低下头去，谁也不愿扮演，又怕匡先生点到自己头上来。

"演好这两个角色也不容易，我愿试一试！"左纪权的发言出乎同学们的意料，都把目光转向他。秋伢子说："我不同意左纪权的意见，因为他太瘦了太小了。人家袁大头和东洋鬼子吃得肥头大耳，我建议让胖伢子扮演。"

大家的目光转向胖伢子。

胖伢子忽地一下站起来。他的发言也出乎意料："你以为我不敢吗？左纪权敢演我就敢演。我还有一个问题，袁世凯和东洋鬼子有台词吗？"

"没有。"

"我就怕当众念台词儿。"

"你再考虑一下。左纪权、左纪重、左纪凤、李秋伢、胖伢子留下编台词儿，其他同学由左纪环负责准备鼓、锣、钹，准备排练节目。"匡先生说。

同学们都为没被选当那俩角色而庆幸，放心地长出一口气，轻松愉快地跑出校门。

左纪权能参加这么大的爱国活动，仿佛一下长大了许多，对匡先生的感情也更深了。12个小学小文艺大军，走遍醴陵北村村镇镇，把袁世凯卖国罪状宣传得家喻户晓，最受欢迎和赞扬的是黄猫岭敢死队的活报剧《处死袁世凯和东洋鬼子》。演袁世凯和东洋鬼子的潘宝玺和左纪中得了演员奖，因为他们演得太像了。

这个剧得到了"独出心裁，效果极好"的好评。编剧也得了奖。当主席宣布编剧上台领奖时，同学们都看着匡先生。

匡先生激动地含着喜泪说："这个剧的编剧不是我，而是左纪权！"

主席喊道："左纪权同学上台领奖！"

左纪权站起来，流着感激的泪，说："没有匡先生的指导，就没有这个剧，编剧应该是匡先生！"

"多好的学生啊！如果我们大家都像他一样，我们做老师的就是累死也心甘情愿！中华民族的后代子孙都像他这样，中国就不会亡！中国的前景无限！"匡先生说不下去了，流下了欣喜的热泪。在肃静的会场上，他用响亮的声音宣布："编剧是左纪权同学，我只做了老师批改作文时应做的那点工作！"

"哗——！"一片热烈的鼓掌声震动着会场，震动着师生们的心……

这天，风和日丽，正是到野外活动的好时机。匡先生把学生分成甲乙两队，甲队由队长左纪权带上先走，他带乙队稍后出发。

左纪权吹响哨子，整理好队伍，立正、稍息、向右看齐，动作都非常整齐。然后，"向右转，齐步走！"他一声令下，同学们出了校门，沿着鲜花芳草掩盖着的小路，向翠绿的山峦奔去。

山峦上樟、杉、苦楝、苦竹高大，一棵接一棵；矮松丛、芦茅草有一人高，密密层层，看不见地皮儿。左纪权命令队伍停下，眉头一皱，眼睛一亮，计上心来，在同学们耳边如此这般地低语几句，大伙儿全部拍手赞成。于是他把队伍有分成甲乙两组迅速隐蔽在矮松草丛中，谁也不出声，静静地等待着匡先生带着乙队到来。左纪权他们兴致勃勃，精神振奋，充满了神秘感，一对对黑溜溜的小眼睛，一眨不眨地盯着走在溪边小路上匡先生带来的队伍。近了，更近了，沙沙沙沙，脚步声到了跟前，从眼前弯曲的羊肠小路走过去了。左纪权一扬手，同学们悄悄地站起身来，拨开草丛，小心翼翼地汇到他身边。他们追上匡先生的队尾，等到了桃子坡脚下时，只听他喊了声"包围！"他的甲乙两组前后夹攻，把匡先生的队伍紧紧包围起来了。

"出其不意，攻其不备，必胜也！真乃谋士也！"匡先生高声赞美。他想：左纪权不得了，长大带兵打仗一定是个"常胜将军"。联系他编的活报剧，感到他将来必是中华民族的栋梁之材。"哪怕只出一个栋梁之材，教书的苦心总算有个好报偿了。"

匡先生无限喜欢地抚摸着左纪权的头问："你这一队，我这一队，那队都不愿当敌人，你说怎么办？"

左纪权眉头一皱，想了想，说："这好办，谁败了谁是敌人。"

"真是独出心裁，好！"匡先生发出命令："打沙仗开始！"

于是，双方的沙包立刻凌空飞舞，"杀啊，冲啊"的喊声震动了山谷。左纪权像头小狮子奋不顾身，勇敢地用脊梁、胸脯挡住对方投过来的沙包，准确地把沙包投中对方的堡垒——一个天然的石坑。最后由于左纪权队投中对方堡垒的沙包数量多而取得胜利。

正当大家欢呼雀跃庆祝胜利时，匡先生吹响了哨子，宣布："现在开始'打江山'！谁先爬上桃子坡顶谁得江山！"

顿时，两队一字排开，各就各位站好了。

哨声一响，同学们一齐向桃子坡顶爬去。你看纪权的小腿儿轻快有劲，身子轻捷如猴，飞快地跑到前头去了，第一个冲上桃子坡顶，占领了"江山"。紧接着他的队伍全都上了"江山"。他把他们布置在四面八方，对冲上来的乙队奋力左拦右挡，前抵后防，个个都像守"江山"的猛士，斗了三十几个回合，"敌人"没有一个打上"江山"的。

匡先生满意地宣布："打江山，以左纪权队胜利而告终！"同学们围着左纪权欢呼！秋伢子、纪重、纪凤、纪环狂喜地把纪权抬起来，扔向半空："嗷、嗷、嗷！胜利了！胜利了！"

到了青黄不接的六月，还没下过一滴雨星星。空气焦躁，田土龟裂，禾苗打蔫儿枯黄了，小草野菜卷了叶儿，整个山川、长空，像被大火烤干了一样，连一丝云彩也见不着。饥饿的人们七孔冒火，闷热难耐，头晕眼黑躺在炕上就再也爬不起来了，死在路旁村头的叫花子被狼吃了。所以，经常有成群的吃红眼了的野狼在村里转悠，叫起来，像女人拉长声音哭泣一样，难听而又瘆人。

左纪权家已经吊起锅来，三天没吃一粒粮食了。这天晌午，左纪权顶着烈日从叔叔家往黄猫岭走，难过得真想哭一场。

叔叔是模范校长，累成肺病，还带病教书。这月病重没法去教书，就没得到薪水。家里只有二斤白米了，分成两份，一家一斤。纪权不忍心收，叔叔流泪了："伢子呵，你不要，叔叔不安心；你拿去，叔叔的病就轻了。哎！我这是心病！这年月，中国教员不如洋教员值钱。中国教员的月薪顶多二十元，洋教员二三百元。洋鬼子在中国领土上奴化中国青少年，反倒拿高薪，真是岂有此理！这是袁世凯卖国的恶果！记住吧！永远不要忘记！"

"我不会忘记的!"左纪权愤愤不平,不禁加快了脚步。他想:难道我们中国教员就无能和低劣吗?难道你洋教员就万能和高贵吗?你凭什么拿那么多的薪水?凭什么?你们在中国造孽,还拿高薪,真不讲理。

左纪权走着,想念起匡先生来。因为饥饿,他已经三天没到校了。于是他先奔小学校去看望匡先生。可是,校门紧关着。他还以为先生在备课呢,他轻轻推开门,扑棱棱,吓他一大跳,满院子麻雀飞起来,飞到院角大枫树上,冲他惊怪地乱叫起来,没完没了。他又急又烦又吃惊:匡先生哪里去了?他只好闷闷不乐地回家。

刚一迈门槛,母亲一把拉他到里间屋去,低声说:"匡先生让一个小叫花子叫走了。匡先生让纪凤给你送信,叫你也躲一躲,胖伢子向团防局告发了,说你们唱反歌,讲不满袁大头卖国都是有罪的,要抓人了。"

左纪权十分震惊,忙问:"匡先生呢?"

母亲把声音压得低低的,只有他母子俩才能听到:"快去吧,去找你匡先生,跟他在一起,妈才放心。"

左纪权真有点恋恋不舍,一头扎进母亲怀里哭了。大哥从床上吃力地抬起头来督促说:"快走吧,免得出事!"三哥挣扎着下了床,一个劲往弟弟衣兜里装萝卜干:"路上多加小心,不要把尾巴带了去!"

"谢谢三哥,你总是想得挺周到的。哪来的萝卜干儿?"

"匡先生让纪凤送来的!"母亲说着,推着小儿子上路,不禁掉下泪来。

左纪权挥泪上路。他机灵有胆识,专捡有松柏丛、枫、茶、竹林的山峦钻,一兜萝卜干儿进肚,再喝上一些甘泉水,浑身立刻来了精神，神不知鬼不觉地走了十几里，来到母亲指点的螺头山上的包公庙前，向身后左右看看没有可疑的"尾巴"跟踪，便放心地喘了口气。

包公庙里香雾萦绕，给包公烧香的人你来我往，络绎不绝。包公庙周围长满高大的枫树，这时栗子树正开花，象毛毛虫一样的淡黄的花一嘟噜一嘟噜挂满了栗枝，放着浓郁的香味儿。他非常怀疑，是不是听错了母亲的话，找错了地点。正要往回返，被一位少年拉住了胳膊，定神观看：那少年浓眉大眼黑脸蛋，又结实又健壮，穿一身白粗布衣服，合身合体。

"你是谁？"

少年一咧大嘴，粗声粗气地回答："我是奉匡宜民先生之命来接你的！"

"这里人这么多，怎么能在这里呢？"

少年见纪权有几分疑虑，咧大嘴笑笑："嘿嘿嘿，人越多越好呗！"

纪权听了，感到少年出言不凡，再没做声。可心里却迷惑不解：怎么会人越多越好呢？他闷闷不乐而又警惕地跟着少年往包公庙走去。

他们很快来到后院。这时，东北角小庙屋门开了，从中走出匡先生。

左纪权扑过去，不知是想念还是委屈，竟然哭出声来。

匡先生抓住他的手，把他拉进小庙屋里，端一大杯江米酒放在他跟前的桌子上："清凉解渴又解热！"

纪权还是在外婆家吃过一次江米酒，已经好久没吃到这样的好东西了。他舍不得吃，他只喝了一小口，可是当他喝第二口时，那少年使劲瞪了他一眼，爽快地说："那是爷爷送给匡

第一章 英雄少年

先生的。"纪权难为情地红了脸，仿佛做下了天大的错事似的，怅然，内疚。

匡先生硬把杯递给左纪权，劝他喝下去，他说什么也不喝了。匡先生嗔怪地看着少年，少年还委屈地噘起嘴来。

匡先生把米酒倒在四个花碗里，稍微加些凉开水。让那少年把宋爷爷叫来，坐了上座，纪权和他分坐左右，那少年坐在爷爷的对面。

匡先生怀着尊敬的心情，像儿子对待父亲一样地深情地看着宋爷爷开了腔："宋大叔，你是看着我长大的。"

老人眼睛湿润了，说："看见你想起宋伢子他爸爸。你俩一道追随孙中山闹革命。就回来你一个，他八成是没有了。"

"不，他活着。"

"那怎么不写信来？"

"怕连累你老人家啊！你老看看我，这不是也得东藏西躲的吗？"

"唉！什么时候把袁大头个狗养的拉下马来就好了！"

"快了！"匡先生端起碗来，"来，先敬你老一杯！"

纪权和宋伢子全都跟宋爷爷、匡先生碰了碗，每人只抿了一小口。匡先生把碗放在桌上，说："近日反袁声势越来越大。在蔡锷将军带动下，云南首先起义，宣布独立。接着贵州、广东、广西、浙江、陕西、四川、湖南相继独立！"

"还有咱湖南？"两个伢子同时惊叫起来。

"小声点儿！以防墙外有耳朵！"老人机警地朝外看看，两个伢子互相看了一眼，知错地伸了伸小舌头，缩了缩脖子。

匡先生从抽屉里拿出个薄薄的小书来，上面写着《讨袁宣言》。他翻到最后念到："袁氏未去，当与国民共任讨贼之事；

·39·

袁氏既去，当与国民共荷监督之责，绝不肯使谋危民国者，复生于国内。"先生合上书页，想了一会儿说，"这次讨袁宣言指出，'不图以去袁为毕事'，而是要不使'谋危民国者，复生于国内。'想得深远矣！"

"想得好，还要做得好。平均地权的主张好不好？好！可没有田的人没有从这主张里得到什么好处。到了这青黄不接时节，不饿死就算命大。所以我说，闹革命是你们自己的事。与咱老百姓有什么相干？"

两个伢子听着不顺耳。匡先生却含笑聆听着。宋伢子要说什么，被爷爷也堵了回去："乳毛没满，敢跟爷爷争辩！我过的桥比你走过的路还多，我吃过的盐比你吃过的白米还要多。"匡先生站在宋爷爷一边，说："伢子们从小能从实效中去考虑问题。他们能要你老谈了个非常重大的问题。"宋爷爷捋着花白胡子乐哈哈地，望着孙子们。

纪权难为情地低下头去，为刚才那一闪念的不满情绪而脸红。从此，"实效"两字，牢牢地记在他的心上。

匡宜民老师和左纪权等同学们的宣传，在黄猫岭地区唤醒了群众的爱国热情，推动了这一地区迅速开展抵制日货的爱国行动。

这一时期，反对日本帝国主义，推翻封建帝制的群众性爱国运动，在整个中国大地上掀起了高潮。素有反抗精神的醴陵人民，为改变中国半殖民地半封建社会的悲惨命运，进行了不屈不挠的英勇斗争。年少的左权，也加入到这汹涌澎湃的斗争洪流中。他那时虽然仅有10岁，但是，在他幼小的心灵中已经奠基了热爱祖国、热爱人民、反对强权的爱憎分明的品格。

练就文武

湖南近代历史上出了曾国藩、左宗棠等领兵打仗的著名人物，他们的治军方法使得"湘军"名声显赫，也影响了此后的三湘子弟，乡间男子也多尚武习拳。当时的醴陵，民风强悍，远近闻名。辛亥革命中，这里的农民揭竿而起，从军和以军功发迹的人在湖南列各县之冠。

生长在这片土地上的左权在刚刚能拿动棍棒时，就在和乡童们打仗的游戏中锻炼身手，少年左权，嘴唇厚厚的，脸晒得黑黑的，个子不高却很精干，浑身散发出一股刚毅的气息。他从上小学开始就喜欢上体育课，爱好体育活动，经常锻炼身体。

一天清晨，纪权被唧唧喳喳的鸟叫声吵醒，出门一看，院角大槐树上集合了无数只鸟，几乎每个枝头都站满了。哪来的这么多鸟呢？宋伢子拿出弹弓，嗖！一弹子飞出去，一只麻雀中弹坠落到地上。嗖！又一弹子，又有一只家雀丧命。嗖！嗖！嗖！一连三颗弹子，掉下三只。这时鸟儿开始警惕了，有的飞跑了，有的争着往高枝飞。

左纪权放牛练出了飞石的本领，一打一个准儿，弹不虚发。看见那么多鸟儿，他手痒了，捡起三块小石子儿，瞄了一下准，朝最高处的一堆麻雀连掷三石，三只鸟儿落地；再发三石，又有三只鸟儿落地。宋伢子见左纪权的准头这么好，便从短墙后面跳出来："嗬！没想到你的飞石本领这么大！比我的弹子还准呢！"说着把弹弓递给左纪权。左纪权把它还给宋伢子，说："还是用石子有准！你的弹弓功夫比我深！"

"那好，还是捡麻雀吧！让爷爷油炸麻雀，简直太好吃了！"宋伢子说，"你走的时候，给妈妈带上些。"

"不知家里人怎么样？一夜总作恶梦，想妈妈，想三哥，也想大哥。"左纪权眼泪汪汪地说。

宋伢子的心"格登"一下，知道自己说漏了嘴，后悔极了，赶紧拾麻雀。他见爷爷背朝他们正做气功，便伏在纪权耳边说："你悄悄地过去，碰爷爷一下，看他晓得不？"

"干嘛要妨碍爷爷练气功呵？！"

"我是让你去试一试爷爷的功夫深不深。"

"原来如此。"纪权悄悄地走过去，跟猫儿走路一样没有丁点声响，然而当他的手背刚刚挨近宋爷爷的手背时，只觉得有千钧重力弹来，把他弹了尺把远，跟跟跄跄好一会儿才站定。看看宋爷爷，他纹丝不动，宛如铁柱钉进地里，又像大树长在地里。他又上去，手背刚挨爷爷的手背，又被弹了回来。这时，纪权扑腾跪下："宋爷爷，收我做个徒弟吧！"

宋爷爷依旧纹丝不动地练完了他的气功。纪权的诚心感动了老人，老人亲手把他扶起，答应了他的恳求。当即给他讲了习武的目的，为的是抑恶扬善，健身强体，并以民间流传的钟馗的故事讲给他，说的是落第的武举人钟馗会十八般武艺，生前没有做到元帅将校，死后却专门以鬼为食，安民济世。

因而在中国民间，每逢端午节，钟馗和屈原一样受到百姓的敬重，各家将他们的木刻拓印像和艾叶、菖蒲一起张挂在门楣上，用来驱魔鬼，除邪祟。而左权家的堂屋神牌上供奉的正是钟馗，尤其是母亲特别敬重这神牌，一日三拜，这对少年时代的左权影响很大。从此，左权在习武的同时，又想当专职"驱除魔鬼"的钟馗。

从此，纪权清晨跟宋爷爷学气功，晚上跟宋爷爷学练拳，白天跟匡先生学文化，和宋伢子一起谈天说地和玩耍，生活的志趣更浓，劲头也更足了。

真是光阴似箭，日月如梭，不觉过了半个月。一天傍晚，宋爷爷把后门的狮头大锁旋开，宋伢子带纪权出了后门，钻进一个被柏丛掩护着的山洞，七拐八弯，摸着黑爬了好半天才爬出洞口。洞口就在山顶一棵盘龙松下，树的四周都是长满绿草矮松丛的陡坡，人不容易爬上来。"真够隐蔽的！"纪权感叹说。

"那当然，万一坏人来搜捕，就可以藏进洞里，谁也找不到！"

"想的真周到哇！"纪权很自然地想起桃子坡那个密洞来，真想回家看看呀！

忽然，包公庙前灯火辉煌，鞭炮齐鸣，人声鼎沸，吸引了盘龙松下的两个伢子。他们赶紧缩进洞去，把挡洞口的大石头按原样搬回来堵严洞口，顺原路出洞，把压倒的草、松扶好，修整得像没人来过一个样，才放心地从后门进院，正碰上宋爷爷来锁门。宋伢子问："爷爷，包公庙前怎么那么热闹？"

宋爷爷一扬手，高声回答："袁世凯死了！"

"袁世凯死了？死了好！"两个伢子又蹦又跳。

伢子们谁也没去看热闹，而是围着匡先生听他讲形势："不要以为袁世凯死了，一切都好了。日、英、美等帝国主义正在加紧扶植各自的军阀混战。军阀混战，遭殃的还是老百姓，因为袁世凯死了，大权还掌握在袁世凯一类的卖国贼手中。有血气有志气的中国人，应该为独立富强的中国而献身。"随手把《詹天佑》油印小册子，递给了左纪权，深情地说："好好读，我还要考你呢！"

纪权接过书，就着油灯如饥似渴地阅读着，阅读着。读到使他兴奋的地方，便不自禁地出声吟诵起来：

1909年，中国出现一条不借外债，不用"洋匠"，由詹天佑任总工程师，修好了京（北京）张（张家口）铁路，通路那天是9月24日。

詹天佑从小喜欢摆弄机器零件，有时把家里自鸣钟的零件拆下来再装上，有时用泥土做各种机器模型。1873年考取了第一批幼童赴美国留学生，在美国读完了中学，又在耶鲁大学学习土木工程和铁路专业。由于他刻苦学习，努力钻研，开动脑筋，实地操作，以优异的成绩毕业，回国担任中国铁路公司的工程师。

纪权琢磨着，回味着，沉吟着："刻苦学习，努力钻研，开动脑筋，实地操作。真够有志气有毅力有恒心的！他离开中国去留学才12岁，比他，我可差远了！"

纪权猛抬头，目光正与匡先生期待的目光相遇，又低下头去，感叹不已："匡先生，詹天佑真不容易！本事也够大的！"

"你的本事也不小！我希望你将来在兵法上，能有大作为！"

"先生希望太大，学生本领太小了，只怕让先生失望！"

"你不是说过吗？黄巢敢想敢为，是位真英雄。你若连想都不敢，能敢为吗？你不会让我失望的！我相信你能做到。"

纪权感激地点点头。

匡先生思索一会儿，语重心长地说："理想、抱负的实现，绝不是轻而易举，一蹴而就的，而是要克服许多困难和险阻才能达到的。詹天佑有伟大的抱负、志气、信念、决心，勇敢地承担了中国历史上中国人自己修建的头一条重要铁路的重任，使中国同胞扬眉吐气，克服了多大困难啊！"

纪权赶紧在书中寻找答案，然后在头脑里归纳、系统起来，有条有理地说："我看有两大困难和阻力。第一，俄、英帝国主义总想插手，夺取修建这条铁路的权利。我们不给，他们就嘲笑我们，讥讽我们，建筑这条的工程师恐怕还没有出世呢！中国的洋奴才们也不相信中国人离开洋人能建成这条铁路。第二，资金不足，技术难度大，缺乏机器，用铁锹、铁镐、铁锤、铁钎开山凿隧道。可詹天佑和中国铁路工人们不怕，完全不怕，斗酷暑抗严寒，顶风雨冒霜雪，硬把高山峻岭，凿成共长1645米的四条隧洞，还提前两年修成了全程长达201公里的京张铁路。"

"回答得准确、扼要、简明、全面。很好！"匡先生像在课堂上给学生下评语一样恰如其分地表扬了左纪权，心里很为他的阅读理解和表达能力惊讶，但他没有完全表露出来，他若有所思地发问："如果詹天佑和中国铁路工人在这两大困难和阻力面前低头呢？"

"不低头，绝不低头！"声音是坚定的、果断的。匡先生见纪权紧握拳头，仿佛此刻就迎接了这考验似的。他追问一句："为什么绝不低头呢？"

"为中国独立富强，为中国人民长志气，争光彩，再大的困难和阻力也决不会低头！"

"好！"匡先生不禁喊出声来，"如果你也遇到这样大的困难和阻力呢？"

"我想，我不会低头的，我能胜利！"

匡先生一下抓住他的手，攥得紧紧的，把手指都攥疼了。他感到匡先生双手在颤抖，眼泪在双目里打转闪亮。他心里害怕起来，预感到有什么不幸的事情要发生，他不敢问，可又不能不问。匡先生忍了忍泪，用哭声说：

"半月前，你三哥到丁家坊外婆家去借粮，天气热得头晕脑胀，肚里无食，浑身无力，眼冒金花，口渴的要命，嗓眼直冒烟儿。恰巧路边有一汪黄绿水的大池塘，他便打着趔趄到塘边，扶石阶下到水边，捧水洗洗脸和脖子上的泥汗，又伏身下去喝了几口，忽然一阵目眩，一头栽进不见底的池塘里去了……"

纪权全身都凉了，抱住匡先生放声哭起来。

匡先生一直紧抓着纪权的双手，两双手抓得紧紧的，全都攥出了汗水。匡先生忍住悲痛劝说道："人死了是哭不活的。你哭病了，你母亲怎么受得了?！为你母亲着想，你也不要再这么伤心了。你身体壮壮实实的，更多地体贴母亲些，也是对她老人家的安慰。你是有理想有抱负的少年，我相信你不会在这不幸面前低头的！决不会低头的！这是你刚才说过的话。"

这时，左纪权才知道这些天来匡先生特别关照他，开导他，宋爷爷和宋伢子特别体贴他，宽慰他的真正原因所在。他太感激匡先生、宋爷爷和宋伢子了，他们的关怀，他重重地领情了。他擦干了眼泪，振作起来了。

纪权几乎是跑着回到家的，见母亲一个人正对着三哥的破衣服掉泪，便一头扑进她怀里，伤心地哭了。

母亲把小儿子紧紧搂住，哭不成声地说："答应妈一件事，以后再也不去闯泥塘了，妈害怕！"

纪权能理解母亲担惊受怕的心情，诚心诚意地回答："妈妈，我保证不再到那里去了，您老就放宽心吧！不信我给你发誓。"

"不，不用发誓，妈相信你！"母亲沉吟道，"这些天，胖伢子带着一伙子人，把黄猫岭搅了个乌烟瘴气。他说猪婆藤上的妖精显灵了啊！专拿反袁的坏人，拿不住你，把你三哥拿去了。"

"胡说，骗人！"纪权的肺都快气炸了，大吼一声站起来，"妈妈，你信吗？"

"我不信！"母亲摇摇头，"你三哥是让饥饿逼死的。可村里有人信，也有人不信。

纪权抚摸着三哥补丁摞补丁的衣服，想起与三哥一起做纸狮子耍狮子收集学费的事，想起哥儿俩瞒着母亲闯泥塘割鲜草的事……他失声哭诉起来："哥呀哥，你处处体谅我，你是苦死的，累死的，饿死的！"他喘不过气来，好象要把五脏六腑全都哭出血来似的。他抱住妈妈，母子俩抱住又哭了一场。

纪权是个大孝子，怕把妈妈哭坏了，先住了声，穿上三哥的衣服安慰母亲。这时他把满腹怨恨和愤懑，全都集中在猪婆藤上去了：我让你兴妖作怪！我让你欺骗人！我轻饶不了你。他脱开母亲紧搂着的手，找到了斧子和镰刀，在磨石上沙沙沙沙地磨起来。磨呀磨，把斧子和镰刀磨得锋利闪亮。

母亲担心地问："你，你这是要做么子去啊？！"

纪权回答："妈妈，您放心，我不杀人，不闹事，也不去闯泥塘。只为咱穷人出出这口气。"然后伏在母亲耳边，如此这般地说了几句。母亲信赖儿子，没再追问下去。

一天黄昏，纪权腰掖快斧，手握镰刀，快步登上桃子坡，正好一抹淡红色的余辉给老枫树染上了一层金黄色，显得它更加挺拔威武雄壮了。

秋伢子妈远远地看见纪权上来，赶紧把门关紧："应林还阳了！上桃子坡来了！"

"我的妈呀，真的吗？"秋伢子吃惊地说着，可又想看看真假，便把大门开开一道缝，盯着向老枫树走去的人：穿着打扮，长相走相没有一处不是应林的样子，他心里嘀咕起来：人死了真的能还阳吗？死得屈的人一准要回来讨账报仇吗？要不他怎么能向老枫树跑去呢？我可是看得真真切切，真是应林哥啊！应林哥，你死得冤呐！他眼睛一眨不眨地凝望着他，看他作什么？他看见他飞快地爬上了老枫树，举起快斧，咔！咔！咔！咔！十分有力地砍起猪婆藤来。他尽情地喊起来："砍不得！砍不得！妖精会降灾下来。"纪权根本不理会，心里还冒出一股气来：你秋伢子也相信了他们的鬼话！他使足全身的力气继续砍、砍、砍，直至把猪婆藤全部砍断，把缠在老枫树身上的枝蔓全部剥掉、扔到树底下，大声地吼叫起来："我倒要看看会有什么邪气落到我身上来！过去，我没动你猪婆藤一片叶子，你也没有给我降下福气来，我应林哥死得好惨啊！秋伢子！不该迷信！"

秋伢子从门缝里说："你是应林哥回来了？"

纪权觉得好笑，一甩手，迈开大步，雄赳赳气昂昂地跑下桃子坡。

纪权刚一进院，就听见匡先生在屋里豪爽地笑道："砍得好！砍得好！把百姓的迷信观念都给砍掉才好啊！猪婆藤被砍掉了，袁大头死了，团防局解除了对反袁爱国志士的追捕，学校复学了！"

纪权听了，心里振奋，大步垮进屋，看见匡先生把一摞小楷本、大楷本、新书和毛笔、墨什么的递给母亲，说："让纪权好好读书，他可是个有出息的好伢子呵！将来一定有大作为的！"

纪权扑到匡先生跟前，深深地鞠了一个大躬："谢谢匡先生！让我怎样报答你呵？！"

匡先生喜爱地说："实现你的诺言：为振兴中华，为中国人长志气！"

纪权真诚地点点头。同时也开始认识到，只有科学文化知识才能最终使百姓脱离愚昧，走向文明社会。此后少年的左权思考的问题越来越多，也越来越深刻。

左纪权砍了猪婆藤，过了两年，也没什么灾祸邪气降到他身上来。他反倒越活越壮实，越聪明勇敢了，而且以名列前茅的好成绩，初等小学毕业了，顺利地考入了醴陵北四区联合高等小学校（简称"北联高小"）。铁的事实教育了迷信的人。

逆境攻读

南北军阀轮番烧杀抢劫，祸害得北区人民妻离子散、家破人亡，几十里没有人烟，学生都被迫荒废了学业。

1919年，秋凉了，北联高小才发通知开学上课。说来也真太凑巧了，左纪权和宋伢子同时分配到第八班读书。挚友重逢，又要在一起读书了，实在让人称心如意。

左纪权穿着母亲纺织裁做的土布衣服、鞋袜和书包，看见宋伢子和他一样一色土布装束，开心地问："你怎么不买那些洋玩意儿穿穿？"

宋伢子大嘴一撇："谁稀罕洋玩意儿。咱这叫实际行动抵制外国货！反对洋人侵略中国！"

"太对我的心思了！"他们不住一村，不常见面，事前又没约定，心情想法却如此一致，这不能说不是太默契了吧?！就只从这点出发，他俩的友情就又深了一层："宋爷爷好吗？"

"好！你母亲好吗？"

"好！应林哥死了，她一下子就老了许多，突然头发全白了。我们终日劳作，到头来还得挨饿。可恶霸地主、军阀、官府、洋人，从来不劳作，都吃好的、穿好的，多么不合理呵！我越读书越气愤，越明白让我们挨饿，谁逼死了我三哥。"

突然，身后有人大声呵斥："叫花子，闪开路！"

回头看，走来两个人：前面的穿着学生服，挎着"日本制造"商标的书包，盛气凌人；后面的挑着一对箱子，前面的红漆箱沉重，后面的牛皮箱直往上翘，挑夫不得不把肩膀往扁担前头移移，好保持前后平衡。

宋伢子是个火性子，气炸了，拦住穿学生服的质问："你骂谁？小洋人，洋奴才，袁世凯的孙子！"

穿学生服的是胖伢子。他叉开双腿，双手叉腰，摆出个打架的架势，看了左纪权一眼，心想：老子学了拳术，今天我要掰了你的尖儿，要报稻地被打那次仇。他冲着宋伢子喊道："小叫花子，你骂谁呢？"

"我骂的就是你！小洋人！洋奴才！"

胖伢子向宋伢子扑上去。宋伢子出手只那么一推，退了他好远，摔了个屁股蹲儿。新洋布学生服脏了，屁股摔疼了，一迭连声地骂叫花子。

宋伢子蔑视地一笑,趁他肉屁股的工夫,摘掉他的书包,举得高高的,对围观的同学们说:"抵制日货!这是日货!这上面还有金子商标呢!"随手扔到院里去了。

纪权悄声告诉宋伢子:"他就是胖伢子!"

宋伢子大声说:"小汉奸,告密去吧!找你袁世凯干爷爷告状去吧!"

一个细高个儿十分英俊的学生跑过去,把书包捡起来,用竹竿儿挑着挂在当院樟树尖上,金字"日本制造"更显眼了,不少同学骂着:"洋奴才",故意追问起书包的主人来。

同学们议论纷纷:

"就是榜上那位坐红板凳的小少爷呗!"

"啊,潘宝玺啊!"

"玺字当什么讲呢?"

"当印讲,专指皇帝的印。"

"哈哈哈,皇帝早垮台了。"

"袁世凯做了八十三天皇帝。皇帝没有了,皇帝的印还有什么用!"

"要不然,宝玺怎么会吊在榜最后当倒数第一呢!"

哈哈哈哈,嘿嘿嘿嘿……

这一通奚落,比潘宝玺骂上一万遍叫花子还有力,解气。宋伢子十分惬意痛快。

潘宝玺自知无趣,在一位老师的安慰下走了。

宋伢子说:"有钱人子弟都寄宿,咱们得跑学。"

"跑学也不错。省得跟胖伢子一块儿生气。"

"我家近点,五里。你家十二里吧?"

纪权心想：每天能吃上两顿菜粥就不错了。

啫！啫……午饭铃响得清脆。胖伢子他们故意把碗筷敲得叮叮当当地响，吆吆喝喝到饭厅吃饭。

左纪权拿上匡先生借给他的《史记》，悄悄地躲出学校，到一片樟树荫下攻读起来。

当他读《鸿门宴》，正读到项庄舞剑意在沛公这段，有人在他肩膀拍了一下，吓了他一大跳。原来是宋伢子把一个新土白布缝的小口袋递到了面前。他接过来一看，里面有白米饭和辣椒炒腌干菜，还有一双截短了的竹筷子。他欣喜，他感激，他摇摇头："谢谢，好宋伢子，我吃过了。"

宋伢子咧开大嘴苦笑了一下，说："我偷偷地捏过你的书包，里面只有几本书，根本没带午饭。想骗我吗？骗不了我。你让我好找，找啊找，找遍了校里校外，还是把你找到了。吃吧！你一半，我一半，今后咱俩都在这里吃午饭。"

"不，我不能分吃你的！"

"什么你的我的，这是咱俩的！"

"瞧你这大个儿，这饭连你也吃不饱。"

"喝一肚子凉水，不就饱了吗？"

纪权吃了心里不好受，紧紧握住宋伢子的手，好半天也说不出话来。

放学了。

左纪权往家走，一路上那双眼睛到处寻猪草。他忘了带锄头或镰刀，就用手薅，手薅疼了，薅的猪草实在没地方装了，就折了几条小榆树条，拧成小绳，把猪草绑起来，扛回家去。

母亲迎出门来，帮他放下草捆，心疼地说："你要安心读书，不能再分你的心。"

"妈妈，每天早晨、晚上我动动手，打的猪草就够那两头肥猪吃了。不会耽误功课的。"

"那两头肥猪能换好多白米。咱不给人家放牛了，你安心读书吧！"

"妈妈，你必须答应我不去打猪草，要不我读书也不安心。"

"好。妈妈答应了。你不让我下地，你不让我打猪草，我只好在家呆着。"

"家务事是无底洞，永远也做不完的。妈妈给人家做针线，换工种田，够累的！"

儿子的体贴，使妈妈心里慰帖，再苦也不怕。

纪权天天打一篓猪草后跑步去上学，从没迟到过。第一次期中考试，成绩名列前茅，尤其是国文、地理、历史，都得了满分。这个少言寡语、穿着朴素破旧、长得很不出众的左纪权，威信一下子高了起来，贫苦人家的学生都喜欢和他在一起，连匡家地主的儿子也喜欢上他了，并且要他介绍学习的窍门。他总是谦虚地摇摇头说："我没什么值得说的。"

下课了。

同学们三五成群地做游戏、跳绳、踢毽子，有十几位同学围着左纪权，伸长脖子听他说笑话：一个有钱人，读了许多书，而且走到哪里还把书籍带到哪里去，显示他读的书多。可是他呀，见了蒜苗叫小葱，见了稻苗叫韭菜，五谷不分，四体不勤，长得胖头大耳大肚皮。有一天，太阳又红又亮，一位穷秀才在晒书，他看见后，就把衣服全都脱光了，鼓起大肚子仰面朝天地躺在地上晒太阳。

穷秀才问他："你为什么要这样晒太阳呢？"

他拍拍鼓鼓的肚子回答："我读了一肚子书，不晒晒太阳，肚子里的书就会发霉了。"

哄！同学们全都大笑起来。有的笑弯了腰，笑得咳嗽起来，有的笑出眼泪来。潘宝玺错以为说他呢，脸上有点挂不住，恨不得踢左纪权一脚，可他不敢，宋伢子形影不离他左右。但他非出出这口气不可，便恶狠狠地冲左纪权说着诬蔑话："先生的宠儿，打小汇报！要不然我的国文不会得零分。"

宋伢子说："拉不出屎来赖茅房。左纪权就不是那种人！像你呢，造谣，诬告！你当我不知道？！"说得胖伢子张口结舌干瞪眼。

"你考试舞弊，被老师抓了卷子，能赖左纪权吗？真不讲理！"赵春看着不公平，说话了。

"我最恨这种欺骗行为！"纪权不慌不忙地说，"知之为知之，不知为不知，何必舞弊？即使你侥幸得了一百分，也是假的。我恨这种人。"

匡宜民先生来了。他原来是第一批同盟会会员，紧紧追随孙中山，不但爱国，而且学识渊博，教高小也绰绰有余，因此，调到高小来教国文、历史和地理。他对潘宝玺说："学习好的同学，一心扑在试卷上，没有工夫东张西望，怎么会发现你作弊？你不看卷子，只盯着我，脸白一阵红一阵，你心里有鬼主意。稍一留意，你舞弊，李先生抓了你的卷子，对不对？"

胖伢子无言对答。同学们心服口服。

胖伢子表面仍不服，把脸扭向一边去。

匡先生不再理睬他，却长时间地打量着，打量着左纪权这个衣着破旧整洁而心灵美好的学生，心情激荡，沉吟地说："你不解释自己，不为自己开脱，反倒为先生讲话，维护考试制度，品德高尚，真真难能可贵啊！啊！如果中国的学生都像左纪权同学一样，中国就大有希望了……"

上课钟敲过了，同学们蜂拥进教室里坐好。

匡先生抱着一大摞作文本走到讲台上，不讲什么客套，开门见山地讲起来："这次作文的题目，是写一个你所敬爱的人。有的写父母，有的写同学好友，有的写老师。写左纪权同学的有十三篇，都写得不错，都写到他反对读死书，注重读活书这一特点。读了书，就是为了用。不会用，鼓起大肚子晒太阳，是晒不出来本领来的。"

哄！满堂大笑。大伙儿都想起左纪权讲的那个可笑而愚蠢的"晒书"故事来，把赞美的目光投向左纪权。

左纪权难为情地低下头，希望有个地缝钻进去，离开这个使他受不了的场面。

宋伢子为朋友自豪地挺胸昂首扎起耳朵来，一字不落地听得津津有味儿。当先生拿起他的作文本来，并且对全班同学念的时候，心里甭提多美气了。

……纪权是我的同窗好友，我喜欢他，热爱他，了解他。我知道他优异的学习成绩来得多么艰难和刻苦。他起早贪黑地替母亲做活，跑十二里来上学，从来没吃过一顿午饭。他是饿着肚子苦读书的啊！

匡先生充满同情，声音发颤，眼睛湿润而发红了。同学们也鼻子酸酸的，眼睛湿润了。匡先生停了好大一会儿，才接着念下去。

他上课是专心听讲的。视、听、触觉和运动感觉等通用。用眼看字形，用口念音，用耳听先生讲，用脑子想字义，用手写出来，思路紧跟先生讲课转，先生像磁石吸铁一样紧紧吸住他的心。现在讲完了，他全记住了，领会了。下课后，他先闭眼，回忆先生讲课的声音、动作、板书、挂图等，把全部内容再复习一遍，当堂巩固。他对"学而时习之""学以致用"的道理，一丝不苟地做到。还把学到的知识编成故事，讲给同学听，检验自己的不足，并且真诚地帮助同学们。

这次考试，我开了夜车，上课打呵欠，他对我说："学习靠平时用功，一点一滴积累，考试是件很平常的事，用不着紧张。平时不烧香，急时抱佛脚，要不得啊！"

匡先生环视一下全班同学："要问左纪权同学的学习窍门，这篇作文就是很好的回答！"

同学们纷纷举手，要求先生再把作文念一遍。

匡先生说："下课后再传阅吧！现在说一说左纪权同学的作文。他写的题目是《三哥应林》，别具一格。我只念最后一段：

是的，三哥应林是被淹死的。如果不是头晕目眩，他能进池塘里淹死吗？如果不是挨饿，他能忍着头晕目眩去借粮吗？如果不是为了交纳苛重的租税，他能饿着肚子在借粮路上淹死吗？踏实健康的，从来没闹过病，可是他被淹死了！是谁夺去了他的生命？是谁？是谁？？是谁？？？"

"发问有力，发人深思！"匡先生抚摸着作文本爱不释手，"如果说文章开头应该是凤头、中间是猪肚、结尾是豹尾的话，这个结尾正是豹尾。豹尾像皮鞭，能把人抽一个跟头，甚至致命，可谓有力也！"

同学们全都欣然低声重复着先生的评语，左纪权的头低得挨到了桌面，他太不适合受表扬的环境了。匡先生喜爱地叫他："左纪权同学！"

"有！"他嗖的一下站起来，望着匡先生，等待着提问。

匡先生爱他有礼貌、守纪律、文静寡语，发言朴素切实，不矜夸，不空疏，可谓"夫人不言，言必有中"也。问道："你的作文常常不是从正面论述，而是从反面去发问。为什么呢？"

纪权从容回答："我是想从先生的批改中学习更多的知识，知道哪样写是对的，哪样写是不对的。"

……

寒露到了，黄猫岭周围山峦沟坳的油茶籽熟了。油茶果密密层层，黑黑紫紫，在碧叶丛中，压得枝头直颤悠。左家屋场前后左右的斜坡上丛生着许多油茶树，是纪权的父亲生前栽下的，如今叶子油绿闪亮，如棉桃似的油茶果又饱又大又黑，密得挤成了疙瘩。纪权爬上只有一人高的油茶树，把篮子挂在树杈上，把摘下的油茶果放进篮子里，一个劲儿往里装呀，装……

"不，不，叔叔一直供我到高小毕业，不能再让他为我交学费了。"纪权这才发现因为失神，竟不知篮子已装满，忙把篮子递给母亲，又往另一个空篮里放油茶果。他优异的成绩高小毕业，又以前十名的好成绩考入了全县最高学府——醴陵县立中学。这是多少高小毕业生所日盼夜想的大喜事啊！可是他，因为交不起每年四十石稻谷的学费，被迫停学了。他不平，他愤怒，他痛心，他难过得掉下泪来。中国社会真奇怪，富家子弟有钱不愿意读书；穷家子弟想读书却没钱供他。这样的社会，非改不可！他摘着油茶果，心里如沸滚的开水上下翻腾，想起叔叔说的话：光凭热情办不成大事情，必须读书，务实。

"读书，务实。读书，务实。"占据了他的思路。他认为匡衡、车胤、孙康、司马迁，许多有志之人都会读书，会务实。

想着想着，他紧皱的双眉舒展了，脸上的愁云渐渐散去，眼睛闪烁着进取的光亮，手自然地加快了速度，摘得更快了，一会儿摘一篮，一会儿摘一篮。母亲在树下摘果接篮，渐渐为儿子担心起来：这些天来，纪权钻在帮我做事，比往日还快还好，下地挖竹草草、水米草，进涝田里为猪采水荷花草，都比往日多，而且回来得早。日日夜夜总是闷着头，更是少言寡语了。母亲仰头看看儿子，用商量的口气说："不要憋闷出病来！摘完了油茶，到外婆家去散散心。"纪权却掉下泪来。母亲的心忽的一下，都快悔死了，我不该提到外婆家去，勾起纪权想念应林。从应林死后，他没到外婆家去过。他曾经说过，他不愿路过淹死哥哥的池塘。儿子大了，心事重了，说话可得掂量掂量。母亲心疼小儿，想念三儿，也落泪了："离开学还有半个月，妈多给人家做针线，把学费凑起来。"

"不，妈妈，你老不能再多做了，我打算一面读书，一面给人家做工，挣够学费再去念中学。"

"不能再耽误了，你一定去念中学，饿死累死妈供你。"

对通情达理的母亲，纪权深深地感激亲昵地把脸贴在妈的心窝上，安慰母亲说："妈妈，我的好妈妈！只要我勤奋苦读，一面劳动也能读许多书，妈妈不要太为我操心了。省下您做针线的钱买米买盐。咱家又没吃的了！"

"唉！我儿子就是命苦，生下来就没过上好日子！"

"妈，我不信。穷人并不是天生的命苦，富人也不是天生的命好。现在中国社会不平等，富人压榨穷人，洋人还帮助富人压榨穷人。穷人应该结成团体，应该抱成团，拧成一股劲，打倒富人和洋人。"

纪权跳下树，到屋里去，从枕头下拿出《猛回头》《警世钟》两本书，让妈妈看："妈妈，你知道这两本书是谁写的吗？是陈天华写的。他是咱湖南省新化人。"

"这两本书，告诉我们'要想拒洋人，只有革命独立'。'齐把刀子磨快，子弹上足'。'万众直前'，驱除外国侵略者，恢复民族主权。"

"可是当今军阀当权卖国求荣，帝国主义加紧对中国的侵略和争夺，就像母亲的头、身子、胳膊腿儿，被强盗争抢分割砍剁一样，中国人的生活能不这样苦吗？！妈妈，你还记得咱黄猫岭遭劫难的事吗？"

"记得！前几年的事情，妈怎能忘记？要不是咱们藏得快，密洞严实，还活不到今天哩！"

"当时有新闻报道说，南北军阀，杀进醴陵县城，轮番烧杀抢劫，把城里财货钱帛掳掠一空，又将房屋渌江大桥烧毁掠尽，杀伤遍地，血肉成丘，日暗天昏，神哭鬼嚎，四处焦骨，延烧十里，火达数朝……妈妈，我们活着的中国人，就应该奋起，练武，学兵法，学军事！拿起刀枪，报仇雪恨，拯救中华，拯救人民！"

"还是读书好哇！妈妈全听懂了。"母亲打定主意，亲自到丁家坊去，求父母帮助，给纪权凑齐学费，让他如愿以偿地到中学读书去。纪权想：活人不能让尿憋死！人是最聪明的！人能想出办法、订出计划来，达到预定的目的。于是在心里他

第一章 英雄少年

· 59 ·

订了自学计划。第一步先把学过的地理复习一遍，为的是进一步加深对祖国的认识，更加热爱自己的祖国。

他画的地图既准确又逼真，经常得到先生的表扬。他画好地图，在填写地名时，总是引起振奋精神、鼓舞上进的联想。填写福建侯官（今福州）时，自然地联想禁烟有功的林则徐和他允许人民对侵略者"人人持刀痛杀"的主张，联想到支持林则徐严禁鸦片，主张用武力抵抗外国侵略，同时学习外国长处的龚自珍及其千古名句："九州生气恃风雷，万马齐暗究可哀。我劝天公重抖擞，不拘一格降人才。"填写广东花县时，洪秀全领导太平天国革命的故事就重新教育他一次。填写广东香山县（今中山市）时，孙中山的光辉形象就出现在面前，读过的有关孙中山和辛亥革命的书籍也会重新引起对孙中山的崇敬。

"妈妈，原来孙中山先生少年时代很喜欢听太平天国的故事，他家也很穷，他也喜欢读书。他说，读书十四年，学到不少自然科学和社会科学知识，激发了他的爱国思想，立志献身革命事业。"

"你一定好好读书！"母亲理解、支持儿子。

"嗯！"纪权感激地看着母亲，沉思着："读书、爱国、革命！我要走孙中山的道路！"他心里豁然开朗，追求光明前途的信心和劲头更足了，摘起油茶果来更来劲了。母亲也拉下枝条摘起来。母子俩手很快，仿佛在竞赛。他们珍惜每一颗果实，摘得很干净，还把爆裂到坡地上的黑亮的油茶籽一粒粒地拾起来。他们知道油茶籽对他们生活的实际意义了。油茶籽榨的油，虽有点发涩，但它是唯一不花一文钱便可吃到的油啊！就是榨油剩下的渣子也是宝贵的。把它们做成油渣饼，放到来年春天煮成粥，兑上水，香味扑鼻。榨油剩下的渣末儿洒进到田里作底肥。第二天清晨，田里躺了一层泥鳅和鳝鱼。原来它们闻到香味儿，从田底钻上来，贪吃油饼粥撑死了。纪权他们便挎了篮子、铁捅去捡泥鳅、鳝鱼。他最喜欢干这种事，一捡就是好几十斤。挎到溪水里，开肚子洗干净，拿回家去交给母亲。母亲把它们用锅烤干皮儿，再用稻壳烟熏干，然后装进坛里加盖封严，永不坏；什么时候想吃什么时候蒸、炒，全都好吃。尤其是纪权最喜欢吃它，还得多放辣椒。他认为又香又辣，才够滋味。有时竟辣得他直吸溜嘴，鼻尖直冒汗珠儿，他还说好吃可口，越吃越爱吃。

母子俩一直忙到天黑，再看不见油茶果了，才回屋点灯做饭。儿子便就油灯看起《海国图志》来。

他看到思想家和诗人魏源写此书的目的是"为以夷制夷"、"为师夷长技以制夷"。觉得"夷"字难解，便查起字典来。从几种解释中得到正确的答案：夷，泛指外国或外国人。这两句话的意思是：抵制外国的侵略，一定要先学习外国的长处。这与龚自珍的主张一样。

"外国侵略我们，我们还要学习外国？"纪权又想不通。

他想起叔叔左铭三来。他仍是小学校长，办校很有经验，已经桃李满湖南了。他知识渊博又富有爱国思想。纪权敬仰他，于是决定向叔叔去请教。看看天气，不好，已是阴云密布，快下雨了。可他求知心切，便抱了蓑衣，拿了斗笠正要走，被母亲拦住："天这么黑，又要下雨了，上哪里去？"

"到叔叔家去！"

"为学费的事情？"

"我是向叔叔请教功课的。"说着冲进黑暗的天幕里，踏上了去睦华村的山峦小路。黑云翻滚，聚结汇集成一口大黑锅扣在头顶上。纪权只翻过一道山坳，就下雨，而且越下越紧越猛，竟把蓑衣淋透，把斗笠沿打得耷拉下来，雨水流到身上。斗笠和蓑衣沉甸甸的，妨碍行走，他干脆把它们抱在怀里，让大雨淋浇，利利索索地向叔叔家奔跑，他跑着，跑着，眼前忽然出现了这样的情景：

暴雨骤降，狂风吹弯了桃子坡的松丛和油茶树。

"自林，你去草棚里避雨，我看牛！"三哥说着推自林去避雨，自林不去，小哥弟俩用蓑衣裹住身子，紧紧地抱在一起，心贴着心，挺立在暴风里看牛，还挺快活呢！

太痛心了，眼泪往眼眶涌，泪水和雨水混在一起，三哥音容笑貌一直在眼前，他心窝里热辣辣的不好受啊……

终于到了睦华村叔叔家了。

叔叔给他找出了干松衣衫；二哥为他脱下湿衣裳，擦干他的身体和头发，帮他穿上干松的衣衫，婶婶给他端来一大碗冒热气的红糖姜水，让他立刻喝下去，免得着凉感冒了。

一碗红糖姜水下肚，出了一身大汗，顿时感到头脑清醒，浑身轻松爽快。

还没等纪权问功课，叔叔先开了腔："考入县立中学不容易，要坚持念下去，再深造军事科学。"

纪权苦笑一下，点点头："嗯，我一定好好念书。"他心里嘱咐自己，千万别说交不起学费。他马上接着说："叔叔，我是来问功课的。我订了自学计划，我要有计划地读书……"

叔叔打断了他的话："你的计划，要问的功课，一会儿再说，你茹苦含辛逆境攻读的精神我赞佩你，你肯于学习，人小志高，爱中国，爱军事，我支持你，可你学费困难，为什么不找叔叔来？"

叔叔的关怀，使纪权的心里热呼起来："叔叔供二哥上中学就不容易了，我不能再给叔叔增加负担了。叔叔一直供我高小毕业，我已经很感恩了。"

"感恩，感恩，谁让你感恩？我资助你，是对你寄于殷切的期望，期望你成为栋梁之材，为中国的独立富强贡献力量。"

"我愿以不断的进步，来报答叔叔对我的恩情和期望！我一定加倍努力。"

叔叔潸然泪下，把纪权吓呆了。因为叔叔从来不掉泪的。"天塌下来有地接着，心量要宽，眼光要远大，我看没有解不开的难题，没有克服不了的困难。"这是叔叔劝母亲的话，这话对纪权影响也不小。今天叔叔怎么掉泪了呢？他哪里知道，叔叔是为侄儿的刚强有志所感动：知道这时纪权还没说出交学费困难的话来。看来，他是打定主意自学成才了。可做叔叔的怎忍心有才华的纪权荒废了学业，放弃上中学的良机呢？小学校长的工薪也很低微，供两个中学生实在太难，可有族人，有朋友，他要争取族人和朋友的帮助，凑足学费让纪权不误时机地继续深造……终于使左权如愿以偿地考进了向往已久的醴陵最高学府——湖南省醴陵县立中学。

如饥似渴

1922年初秋，已从北联高小毕业的左权带着亲戚们为其凑集的学费，来到了湖南省醴陵县立中学。醴陵县立中学，坐落在与醴陵县城遥遥相望的西山中段的樟、枫、栗、桂花树丛中,中间隔着一道渌江。面水靠山,水绿山青,风景优美幽雅。发源于罗霄山脉北端浏阳境内的渌江由东向西穿城而过,流经本县境内的渌口,注入湘江,与资水、沅水、澧水汇入洞庭湖。醴陵县立中学即由这条江水而得名,通常称为渌江中学。其前身为渌江书院。校门口左右对称两棵古樟树,树干有三抱那么粗,高大参天,树杈伸展很广很密,树叶常绿,茂盛婆娑,树冠拱圆如盖,仿佛被一双巧夺天工的妙手,精心修剪过似的。

  一个深秋的早晨,左纪权穿着土布衣裤鞋袜,挎着土布书包,他来到大门口,迎面影壁墙上有四个大字"渌江书院"(建于宋朝,是湖南省屈指可数的几个学府之一,现改名县立中学)赫然映入眼帘,使他肃然起敬,久久地凝望着。因为叔叔的奔走,和族人左仲文、左燕如凑够了学费,他才如愿上了中学。他想:"学习机会来的艰难,我可要奋发图强啊!一寸光阴一寸金,寸金难买寸光阴,我可要抓紧时间攻读啊!书本是获得知识的阶梯,我要一级一级地往顶点攀登,获得更多的知识,增强为中国独立富强而奋斗的本领。"想到这里,他下定决心,不管遇到多大的艰难险阻,准能克服和冲垮的。

  ……

  中学的第一天过去了,左纪权怀着兴奋和激动的心情走出校门。为了节省开支,到四里远的渌江对岸、二圣桥村的姨夫童福章家去寄宿。他快步走下西山,穿过田间小路,登上了渌江木桥。他凭栏远望,水碧峰翠,西山象太师椅上的青绿靠背,三面围护着一块素雅庄重、灰白红相间的椅座垫——渌江书院。相传朱熹曾来此讲学,左宗棠到此掌教。蔡锷入滇起义时,与其遥相策应的袁家普、肖昌炽,共产党人李立三等著名人士,都就读于此。它历史悠久,影响深远。不仅过去,而且现在,都在造就培育着为中华民族的崛起而英勇奋斗的勇士。他感到能在这样的学校里读书,十分自豪和幸运。

红艳艳的晚霞洒在清澈淡绿的渌江上,泛着红光和涟漪,太美了!使他心胸十分畅快敞亮,身上有股往前冲的力量。不知不觉地走过木桥,拐进岸边的稻田、橘林。

好大一片橘林啊!碧绿的密叶丛中,金红蜜橘挤成疙瘩,压弯了枝头,可惜啊,没有姨夫家一棵。姨夫家也很穷,靠做香生意过活,也是糠菜半年粮。

他想着想着,不觉走到橘林后面土台上的草屋前,到了姨夫家。姨父母忙迎出门来。

姨父母都不识字,对读书人十分喜爱。他们一心要供儿子上学念书。他们想,有纪权和他们的孩子在一起,日久天长地熏陶,也会把他们的孩子熏成个秀才,所以他们很欢迎纪权来家住宿。他们忙接过木脸盆和书包,把纪权引进早已收拾得十分干净的小茅屋里去。

屋里设备十分简单:一张摇摇晃晃带抽屉的书桌,书桌两头放两张床,还当凳子用。一盏油灯已添满了油,灯芯也是新搓的,刚刚放进灯碗里。看得出准备好这一切,姨父母已经是很不容易了。

小表弟水汪汪的大眼睛看看床,又看看表哥,懂事地说:"我睡觉不打呼噜,也不尿床,可安静哩,不会吵你的!妈妈说我象小猫一样乖。"

纪权一下就喜欢上小表弟了,捧着他苹果似的红脸蛋儿说:"打呼噜我也不嫌吵。"

小表弟乐得蹦了个高儿，把他用的木脸盆举起了："我也有木脸盆。我屙尿也用木盆。妈妈洗衣裳用的木盆这么大。"说着张开双臂比划着。纪权发现姨父家有个特点：一切家具都是木头的，就是盛饭的勺子也是木头做的。这朴素的设备，使纪权感到十分亲切和温暖。

姨父家也不富裕，可每天都给纪权带午饭。这使他过意不去，总在放学回家后，替姨父挑水、打猪草，帮姨母打扫卫生，把屋里屋外收拾得干干净净。晚上，便和小表弟共一盏油灯，做功课、看课外书。

小表弟刚上小学。他做过的作业，纪权都认真检查，发现错的，当时就让他改正，直至真正学会。小表弟想打瞌睡了，纪权就给小表弟讲詹天佑修建京张铁路为中国人民壮志气的故事，鼓励他刻苦学习，认真读书。表弟答应了表兄的要求。于是，每天下午，表弟盼望表兄回家给他讲故事。而纪权在回家的路上总要给表弟编一个故事。表兄弟俩虽然年龄悬殊，但竟成了不可分离的好朋友。姨父母也因为纪权的到来给他们家增加了欢愉、生机，因此，更加疼爱他了。

纪权利用了这样的好环境好机会，除学好各门功课外，把能找到的《左传》《战国策》《孟子》《晏子春秋》《礼记》《论语》《韩非子》《楚辞》《史记》《资治通鉴》《唐诗》《宋词》，又读了一遍。又找到孙中山先生的讲演集，严复译述的《天演论》，其中警句名篇，都能背诵，而且能用通俗的语言编成故事，讲给小表弟听。有时还背诵给宋伢子、蔡申熙和同学们听。大家都惊讶他的理解能力和记忆力，友好地称他道："左矮子，压倒晏子！""未来的外交家！"

转眼到了第二年夏天。书院两边由西山腰泉眼分流下来的

第一章 英雄少年

飞流，水势奔腾，潺潺有声，和着校门前古樟茂盛蓊郁枝叶发出的沙沙声，激人兴致勃发、机趣无穷。古樟树荫的左侧，有甘泉从岩洞喷泻而下，落入半间屋子大的深池中。泉水蔚蓝清凉，味甘爽利。每年盛暑时节，醴陵城里的百姓，抱瓮提罐争相来取甘泉。相传饮了此水，可消暑疫，是醴陵"第一芳润也"，名叫洗心泉。

洗心泉边有块竹床大的红石头，形似仙鹤衔桃，名仙桃石。石上坐着两位同学，正在促膝而谈，抵掌而笑。短小精悍的是左纪权；温文尔雅的是蔡申熙。他俩已成挚友，心心相印，情意相投，都已秘密地加入了由孙筱山领导的社会问题研究社，而且都是其中的骨干。他们已秘密阅读了《社会发展史》《共产党宣言》《共产主义ABC》《新青年》《湘江评论》等书刊，已经接触到社会主义科学和马列主义。有时，纪权还带申熙游水过渌江，到姨父家去探讨社会问题、阅读秘密书刊。

此刻，他俩正被一个令人振奋的好消息激动着：震撼全国的安源路矿工人大罢工胜利了！"从前是牛马，现在要做人！"是他们的战斗口号。中共湘区委员会书记毛泽东说："罢工胜利是革命的开始。""我们的目的是要推翻反动阶级的统治，建立劳动人民的政权。"他号召大家：必须扩大我们的队伍，增强我们的团结。纪权把揉皱的《萍乡安源路矿工人罢工宣言》塞给蔡申熙说："才半个月，安源路矿工人俱乐部成员已经发展到了一万二千多人。"

"真快！一下增加了十倍！"

"现在咱们醴陵、湘东、株洲都建立了分部。"

"今后的发展，真是可想而知！"

我的父亲左权
——一个抗日英雄的成长史

"你想不想参加？"

"不知要不要中学生？"

"咱们去问问孙主任。"

"他不在学校，到城里去了。"

他俩同时站起来，逆渌江向东，再蜿蜒向北远望。他们的心随渌江寻到它的支流浏阳河和萍乡河，又逆萍乡河东出醴陵，入江西省萍乡境，到了安源山。他们真想到那里去，参观路矿工人俱乐部，受受工人革命斗争的熏陶。

蔡申熙说："我的家在东乡花麦冲，离安源很近，到那里去，一天能打个来回。"

左纪权兴趣盎然地应和道："放了假，咱们一定到那里去！"

"一言为定！"

"一言为定！"

两个人紧紧地握住手，很久很久地互相对视着。纪权虽比申熙低半个头，但比申熙大一岁，以兄长的持重，很受申熙敬佩。纪权想到一个很重要的问题：毛泽东、李立三、刘少奇，将会成为很重要的人物。不禁脱口说道："李立三毕业于渌江学院，是位高材生。可有时还挺调皮。你呢？熙伢子，文雅得像个女郎，听说你小时候语讷，你就背诵诗文，冲着你们家的月形山演讲，练习了好多年，才有今日诵读朗朗上口，很有吸引力，我赞佩你的毅力。"

"你俩，我都敬佩！"英俊的叶玉龙同学来到跟前，"杨兆鹏先生说，他教了几十年书，学生成千上万，其中有三个最会读书、最会写文章。你们猜是谁？是李立三、左纪权、蔡申熙！"说着机灵地向四周看看，压低声音："听说李立三是共产党，和他连在一起有杀头的危险。你们猜杨先生怎么说？他说：'李立三是我的学生，我讲的是他的学生时代，至于现在做什么，跟我有什么相干？'"

"有骨气！"申熙感慨道。

"令人敬重啊！"纪权对杨先生充满了崇敬。

叶玉龙的父亲在军阀赵恒惕手下做事，心向孙中山的革命政府，常提醒儿子小心谨慎。申熙了解这些，与玉龙是好朋友；纪权总是对玉龙留余地，在他面前总是多说不如少说，少说不如不说。"祸从口出，不说为佳"，每每和玉龙在一起时，总是这样提醒自己，也这样提醒过申熙。此刻，他想到刚看过鲁迅先生写的《药》，深深地长叹一口气，心想：群众愚昧，革命者哀伤；革命者为群众奋斗而死，愚昧的群众却浑然不觉，竟然吃革命者的血。太深刻了！真实木入三分啊！其教训，不知说明辛亥革命脱离劳苦大众，还有敌我不分这一点，无论好人坏人，只要喊一声革命口号，就视为同盟、好友，结果上了大当。要不然，孙中山先生怎么会把大总统的位置让给窃国大盗袁世凯呢？

玉龙察言观色，很想向纪权解释一下自己的父亲"身在曹营心在汉"的处境，但想起父亲千叮万嘱：赵恒惕手毒心狠，不能让他有丁点察觉。他想：总有一天会真相大白的！眼里噙满了委屈的泪水。

天气阴郁，秋雨绵绵，气流低沉地压着大地，街道泥泞如墨盒子一般，房檐上不住地流着雨水，院里浑浊的积水打着小漩涡，冒着圈圈小水泡。坐在教室里上课的学生们，穿着长袖布衫还觉得有点儿凉。纪权伤心而又委屈，头一回上课走了神儿了，因为他和宋伢子、蔡申熙商量好中午冒雨游西山、采药材、观雨中秋景。然而他俩都变了卦，蔡申熙不知去向，宋伢子打上课钟后，才气喘吁吁地跑进教室里来。好友们失信于他，使他心情沉重、郁闷、怅然。

教室里静得掉根针都能听见响声。所有的学生都瞪着眼睛凝望着杨先生，聆听他讲祖国的大好河山。杨先生指着挂在黑板上的中国大地图，用抑扬顿挫的声音讲："我们中国地大物博、人口众多，历史悠久。中国，是我们的母亲，她太美了，太可爱了！"他眼里闪动着晶莹的泪珠，震动了每个学生的心，"我们，为了维护母亲的尊严，为了保卫母亲不受列强伤害，我们——母亲信赖的优秀的骄子和爱女们，应该奋起，应该自强，应该战斗，不惜任何代价，乃至牺牲自己的生命……"

左纪权激奋起来。为刚才的走神感到羞耻懊悔！他感到没有比为保卫母亲而战斗更神圣的事情了。他仿佛看见了祖国的崇山峻岭、长江大河、湖泊池泽、草原沙漠、肥土沃野、山路铁路……啊，如果四万万中国同胞都能象詹天佑修筑京张铁路那样为中华民族长志气，伸张正义，为中国人民扬眉吐气，中国一定会有一个光明美好的前途的……

放学时雨停了。宋伢子（即宋时轮，是思想上非常进步的青年，在中学里较早地成为中国共产党外围组织的成员，不久被秘密吸收加入中国共产党。）主动找纪权道歉，纪权装着不理他。宋伢子一点儿也不生气，把纪权拉到洗心泉边，还一个劲儿地冲他咧开大嘴笑，好像吃了喜鹊蛋。这时，纪权就是给他几拳他也会朝他笑的。"纪权，你怎么能知道呢？我宋伢子已经加入了中国共产党直接领导的社会问题研究社了！孙筱山主任原来是个共产党，领导我们社会问题研究社。"他真想对纪权说，可社里有一条纪律：严守秘密。他只好一个劲儿地冲纪权乐了。

纪权也冲他乐了。因为宋伢子入社，纪权还参加讨论了呢！他伸手抓着宋伢子的手："我衷心地祝贺你！宋时轮同志！"

"同志!?"

"对！我们是同志了！"

"你？"

纪权点点头，笑着说："孙主任给你什么好书看了？"

宋伢子拍拍鼓鼓囊囊的衣兜，一咧大嘴说："《伟大的会见》！"

纪权一下被吸引住了："我早就想看它了！"

宋伢子热情地说："我已看完了。你快点看，你看完了我再还给孙主任。"

"这实在太好了！"

宋伢子看看附近没人，掏出来，塞给纪权。纪权接过来，塞进了书包里。

纪权告别了宋时轮，怀着火烫火烫的心往姨父家走，心情象渌江水一样起伏不平，几次想掏出书来看看，怕被别人发现却不敢拿出来，只是用手抚摸着，抚摸着。这些天来，他真像鱼儿得到游水一样，爱国思想、革命志气得到进一步发展，毛泽东写的《民众的大联合》，使他明白了必须用民众的大联合，反对反动派的大联合。他想：孙中山的辛亥革命有民众的大联合，力量就雄厚了，胜利果实就不会落到袁世凯一伙军阀手里了。可他又想，历史上多次农民起义，联合起来的民众多至几万几十万，可为什么也失败了……这些问题促使他在社会现实里，在知识海洋中，努力求索，去寻找正确的答案。

早在1921年7月中国共产党在上海成立后不久，中共湘区委员会成立，醴陵县也建立了共产党的组织。从1922年起，李立三、毛泽东等先后来到醴陵传播马克思主义。醴陵进步师生组织马克思主义学习小组，创办《前进》周刊，宣传和研究马克思主义。醴陵县共产党组织的负责人孙筱山，曾任县立中学庶务主任，在学校发展了一批中共党员，并以党员为骨干，建立了社会问题研究社。这个组织开始有10多人，后来发展到30多人，表面上是一个学术研究社，实际上是党的一个外围组织。

在同窗好友宋时论的介绍下，左纪权参加了研究社，在研究社里，他阅读了《马克思主义浅说》《社会发展史》《向导》周报、《新青年》杂志以及《孙中山文集》等一大批进步书籍报刊，经常和思想进步的同学讨论各种社会问题，相互激励，决心打倒帝国主义，打到军阀，为变革中国而努力。纪权常说："创造社会，农民也有责。改造社会，农民也有责。我是农民的子弟，其责任更大。"这正是左权青年时期思想的真实写照。

这时，纪权的生活，用"如饥似渴"来形容最合适。到学校去，如饥似渴地上课，做作业、钻研各门功课，尤其物理、化学、数学，他过去没学过的新课程，他认真地学习、钻研，尤喜亲手做实验。他的实验报告是全班写得最好的，常常得到先生的表扬。放了学，他都是跑步回家，帮助做家务活，然后便钻进小屋里废寝忘食地就着小油灯看进步书刊到深夜。要不是为了省灯油，他愿意读个通宵达旦。读李大钊的《青春》，鼓舞他更勇敢为创造青春的中国、青春的世界而努力学习、努力锻炼！读《庶民的胜利》和《布尔什维克主义的胜利》，则有力地召唤他奔向美好的理想。

走向光明

走在渌江边泥泞的小路上的纪杈，在心里激情满怀地吟诵起来："试看将来的环球，必是赤旗的世界！"然后一字一句地细细琢磨，体味，被作者热情赞颂十月革命胜利的激情所感动，所感染，又低声沉吟道："1917年俄国十月社会主义革命的伟大胜利，是世界无产阶级革命的先声！"

他太振奋了！

纪杈看看四处无人，便掏出《伟大的会见》，靠在橘树干上，聚精会神地读着，琢磨着，默记着：

1917年11月7日（俄国旧历十月廿五日），俄国的广大工农群众，联合起来，在布尔什维克党和伟大导师列宁领导下，举行了十月社会主义革命，破天荒地在世界上创立了第一个社会主义国家，帮助了全世界也帮助了中国的先进分子。

屡遭挫败的孙中山先生说："世界历史上几百年之内，出现了上千的领袖和学者，只有列宁不仅讲述过、教导过，而且还把自己的言论，变成了现实，建立了新的国家。给我们指出了共同斗争的道路。我愿意走列宁的路，虽然我的敌人要反对我，但是我的人民，将要因此而尊敬我。"于是他不畏国内外反动派的阻挠，辗转托人从美洲发出贺电给列宁，诚挚地写道："中国革命党，对于你们革命党员艰苦卓绝的奋斗，表示极大的敬意，而且希望中俄两国革命党团结一致，共同奋斗。"

列宁收到此贺电，把它看作东方光明的到来！并给孙中山先生复电表示感谢，呼吁共同进行斗争。孙中山先生认为：十月社会主义革命成功，"发生了一个人类中的大希望！"

1921年7月1日，中国共产党成立，中国革命有了自己的正确的组织者和领导者。首先提出了"打倒帝国主义！""打倒军阀！"的革命口号，并决定与孙中山领导的革命党合作。

纪权感到欣喜："中国共产党与孙中山的革命党合作，到底谁能使革命成功呢？"他真像饿极了要吃饭，渴极了要喝水一样，继续读下去：

孙中山从现实中总结出来军阀背后有帝国主义操纵，因此，中国共产党"打倒帝国主义！""打倒军阀！"的口号是正确的。所以，他在桂林，会见了由中国共产党员李大钊介绍的共产国际的代表，畅谈十月革命和中国现状。他非常高兴地接受了共产国际代表的两条意见：第一，要进行中国革命，必须有好的政党，联合各界人民，特别是工农大众。第二，要有革命武装的核心，要办军官学校。

纪权忽的一下站了起来。"政党"、"工农大众"、"革命武装的核心"、"军官学校"、这些从来没听过，从来没看见过的新名词新思想，使得为寻求救国救民真理而苦恼多日的他茅塞顿开、激奋不已。他从来没有这样心花怒发、飘飘欲仙过。他恨不得一口气把这本书读完：

1922年9月，李大钊从北京到上海莫利爱路孙中山的家里，看望了孙中山。对屡遭失败的孙中山深表同情，再次提出中国革命要获得成功，必须把帝国主义和军阀一齐打倒、消灭。

孙中山对这真诚的友情感到兴奋，"畅谈不厌，几乎忘食。"十分同意并表示马上采取革命行动来打倒帝国主义和军阀。

李大钊真诚地说："我们奋斗的目标既然相同，为什么不联合起来，共同进行革命运动呢？"孙中山深表赞同："对呀！"

于是，到了今年1月，便联络广西和云南的军队，在共产国际和中国共产党人李大钊、毛泽东等帮助下，赶走了军阀陈炯明及其后台帝国主义。孙中山又回到广州，被推举为大元帅，在广州建立了大元帅府。

"成功了！终于成功了！"纪权喊出声来，觉得肩膀被人按住了，吓出一头冷汗来，抬头看，蔡申熙来到面前，递给他一本小册子，两个人便肩挨肩、头抵头地默读起来：

1922年7月，中国共产党第二次代表大会，在上海召开，代表党员一百九十五人。这次代表大会发表宣言是：正确分析了世界形势和中国革命的性质，依次制订了党的最高纲领和最低纲领。党的最高纲领，也是最终目的——铲除私有制，建立共产主义社会；党的当前任务，也就是最低纲领——打倒帝国主义和封建势力，实现民族独立和政治民主。

"这就明确地指出了受苦受难的中国同胞奋斗目标和争取解放的光明大道。真是开天辟地第一次提出了真正的革命口号，从鸦片战争到今天，80年来，从来没有任何人能提出这样的革命纲领。这个纲领，深刻地揭示了中国社会的根本矛盾，反映了中国人民多年来的根本要求和意愿。我相信，今后的革命斗争一定会有一个新的高潮到来！"

左纪权精辟的阐述，使申熙震动、赞佩，他久久地凝望着他。

……

白玉似的瑞雪，覆盖了醴陵境内的山川、水田、村庄和树木。左纪权出了姨父家门，沿田埂尺宽小路，向东北斜插过去，进了丁家坊村，路过外婆家门口，径直地向村北孙家屋场奔去。

一片绿茵茵的苦竹背后有两间泥墙草顶房，房上小院的雪已被扫净，堆了两堆，院当中一个人高的雪人，笑眯眯地迎着左纪权，仿佛在对他说，你好！欢迎你！纪权兴致更浓，朝它笑笑，向泥屋走去。

刚走到门口，屋里传出孙筱山主任的清晰亲切的声音："真是，好消息！大元帅府大本营已经着手创建军事学校了！孙中山先生把这一重任交给军政部去办。军政部长程潜，是咱们醴陵人，尤其注意招收家乡子弟。已经派人来湖南招考学生了！"

原来，这一年孙中山由上海到广州组成新政府——大元帅府大本营。他决心"以俄为师"，"建立党军"，使革命的武力成为民众的武力"。

哗哗哗，响起热烈的掌声。

左纪权像离弦箭似地窜进屋："我来迟了！"二哥左纪棠渌江书院的其他学生宋大略、蔡申熙、姐夫李人干、李隆先、邓文仪等把脸扭向左纪权，向他投递友好的目光，然后继续听孙主任讲话。他说："军阀赵恒惕统治湖南，使社会十分黑暗。

他先解散了岳北工会，又屠杀水口山工人，解散工人俱乐部，对全省人民严密控制和防范。因此孙中山大本营陆军讲武学校来湖南招生是绝密的。"

大伙儿的心紧缩了一下，但又振奋起来，争先报了名。左纪权有生以来，第一次感到实现久已盼望的意愿和理想的幸福和快慰！

原来，1923年3月孙中山回广州重设大本营，程潜被任命为军政部部长。这年冬天，程潜在广州创办大本营陆军讲武学校，亲自担任校长，李明灏担任教育长，他们两个醴陵人，（而李明灏又是左权的表哥）。担负起了为孙中山的革命培养军事人才的重任。

李明灏后来回忆："陆军讲武学校是军政部先于黄埔而办的军官学校，地点在北校场，学校设军官两队，军士两队。我的表弟左纪棠在军士队，左纪权在军官队学习"。

"去广州路费六十元，合六石稻谷，剥了皮也拿不出来呀！"蔡申熙的话，把大伙儿引到如何筹集路费的问题上来。在座的都是穷家子弟，无论如何难以凑齐六十元。左纪权想去找外公想办法；蔡申熙打算去找舅父资助；宋大略家境好些，咬咬牙能凑上。最困难的是邓文仪，他是个聪明、机灵的学生，家穷，全靠父亲卖豆腐过活，平常从没给过他零花钱，买书买纸都很困难。跟父亲要，不给；他想了个绝招：把膏药沾在一根筷子头上，从父亲装钱的钱柜的钱眼里往上沾钱，每天能沾上一毛来钱，攒到现在，也才五块多钱，还差五十多元，上哪儿找去？父亲绝对不会给他一分的，父亲若听说儿子到广州大本营军事学校去，会把他锁屋里。于是大伙儿提议设法给他凑，或当挑夫，做零工去。这使孙筱山十分感动。

孙筱山在广州参加过辛亥革命，不久前在广州加入中国共产党。现在，他以渌江书院作为公开工作地点，领导着醴陵、攸县、湘潭的工农运动，指导人民反帝反封反军阀的斗争。他对左纪权砍猪婆藤的事很赞扬，现在醴陵城内文庙里的一个大院子正要改为操场，使青年进行文体活动，急需零工帮助。他建议大家勤工俭学，解决一部分路费，大伙儿全都拍手赞同。

腊月二十八清晨，天晴如洗，无风无雪，一群喜鹊站在左家屋场油茶树枝头上蹦蹦跳跳，冲着母亲唧唧喳喳唱个不停，使母亲心花开了，脸上打满了笑容："喜鹊叫，喜事到，我的纪权快回来了！"母亲立刻操刀放案子，把五香猪肝、猪肚、腰子，切成丝、棱、方片、三尖等各种形状，在大花盘里摆成花朵，十分好看。自家泡的醋辣椒，青红分明，不走色，而且透明有光亮。自己养的鸭子生的蛋做的皮蛋和腌蛋，也是纪权半年没吃着的。清蒸干泥鳅和鳝鱼，要放醋、辣子、茶油、豆豉、盐和水。烤萝卜是必做的，纪权总爱多放辣椒末，加上糖、醋、盐，十分清口耐吃。再做盘辣子炒鱼嫩子、辣椒炒肉片、蒸碗鸡蛋羹，还有肉丝榨菜汤。"不用出门，不花一文钱，一桌丰盛席，迎我纪权回家。"母亲自语着。

身后有人笑出声来。

母亲惊喜地转身子，看见小儿子静静地站着，冲母亲微笑着。母亲十分喜欢地拍着儿子的肩膀，觉得比半年前宽了，有劲儿了："快成大人了！你真是从天上掉来的！怎么今天才回家？！"

"妈妈，我忙啊！我们学习我国有志之士在外国勤工俭学的做法，帮助修操场，解决学费问题。"然后他亲昵地抱住母亲的脖子，深情地说，"这几个月来，妈妈受累了！"

第一章　英雄少年

妈妈的心一下子热了，眼睛湿润了！只要有儿子这句体贴、关心的话语，多少苦和愁，累和饿，就会一下子全消失了，全忘了。此刻她只感到幸福和快慰，喜泪止不住，终于夺眶而出，一滴滴如断线的珍珠，砸在儿子的手上和前襟上。

纪权心里滚烫滚烫的，百感交集，心潮起伏，掏出手绢来给母亲擦泪。他自己也掉下泪来："妈妈，我这不是回来了嘛！"

"你回来得太晚，放了假就该回家来！"母亲嗔怪他说着，指着准备好的菜，"母亲心上有杆秤，能称出儿子什么时候回来。你看，都为你准备好了。"

她拉儿子进屋里去，指着一张红油漆的三个抽屉的书桌和一把红油漆椅子，说："这是秋伢子特意为你做的。"

纪权见桌椅油光明净，像玻璃一样平滑闪亮。抚摸着，爱不释手，惊讶地问："真好！是秋伢子做的？"

"他上完高小，就跟你李大叔学木工了。他说他的第一个心愿就是要给你做一套桌椅，让你好好读书、写文章、打算盘。"

"太感激他了！李大叔好吗？"纪权关心地问。

母亲立刻收敛了笑容："长沙发生过烧洋鬼子船的事吗？"

"发生过。帝国主义侵略我们，把长沙开辟成通商口岸，有个大金码头，租给日寇，由日本控制的戴生昌轮船公司独占，垄断了湖南内河航运权，任意抬高客票价钱，还规定旅客坐船前搜身检查；到了船上，还得听任他们摆布，稍有反抗，就倒吊在厕所里，受尽凌辱。咱湖南人看在眼里恨在心上。今年，长沙各界人民强烈要求收回大金码头。于是，在中共湖南省委领导下，烧掉了戴生昌趸船。什么是趸船？就是固定在岸边、码头的矩形平底船，专供船舶停靠、装卸货物、上下旅客用的。这样一烧，就掀起了反帝反军阀斗争的高潮，是反帝反军阀的一次大胜利。当时游行队伍浩浩荡荡，好几万人，高喊口号：'打倒英、日帝国主义！''打倒封建军阀！'潮水般地向大金码头涌了去，气势真大啊！"

母亲接了话头："你李大叔参加了游行，当时他正在长沙做木匠活儿。"

"李大叔总是先进的！李大叔总是正义的！我站在李大叔这一边。"纪权说着就往外走，被母亲扯住衣角："你李大叔躲避了！"

"秋伢子呢？"

"也躲避了，家里只剩秋伢子妈了！"

"接她来吃团圆饭好吗？"

"好！一会儿玉林来了让他去请。咱俩好不容易在一块说说话儿！"

于是母子俩一边拉家常，一边淘米、蒸饭、做菜，小儿子烧火、添水、抱柴，忙活起来。

母亲愤愤不平："洋鬼子太欺负人了！"

小儿子烧着火，对母亲一字一板地说：趸船被烧毁，失去了码头，来往船只没地方停靠，好长一段时间，戴生昌轮船公司开不了航，这一胜利真叫人开心啊！他还对母亲说，他们中学声援了这次行动。

"纪权！"大哥惊喜地叫了声，迈进门槛。纪权冲上去，兄弟俩紧紧地抱在一起了。"大哥，你去干什么事了？"

"我……"大哥吞吞吐吐。

母亲向玉林会意地一笑，压低了声音，用夸赞的口气对纪权说,"你大哥给你李大叔和秋伢子送饭去了!"

"送饭?"纪权的眼睛全亮了,又把大哥抱着,仰脸问,"他们在什么地方?不要说!我猜,他们一定藏在桃子坡那密洞里。"

"你真鬼!是妈妈的建议,每日送饭,送了半个月了!"

"妈妈,妈妈真好!"这意想不到的好事,使纪权欢喜若狂,扑到母亲跟前,真想说:好妈妈,我有你这样的好妈妈,走遍天涯海角闹革命,不但放心,而且感到无尚光荣。他怕失口,过早地使母亲不安,便改了话茬儿:"密洞里有毒蛇吗!有蝎子蚰蜒吗?"

"没有。我和妈妈点着火把照过两遍,干干净净,还很暖和哩!"

"冬暖夏凉,我常在里面歇晌。李大叔和秋伢子身体好吗?"

"好!你想不到秋伢子长得又高又壮,随他爸爸,挺结实哩!"母亲插进话来。

"我真想去看看他们。"

"要去,也得等到夜深人静,小心惹人注意。"

"妈妈,还记得咱们左、李两家藏在洞里躲军阀的事吗?"

"死也忘不了!"

"要打倒了军阀,打倒了帝国主义,李大叔和秋伢子就不再钻洞了!"纪权真想立刻把这次回家告别的意图告诉母亲,话到嘴边又咽了回去。"母亲能高高兴兴地放我远走高飞吗?"他只是长时间地凝视着母亲越发显得苍老的面容,审慎地思考着、思考着。

母亲见儿子不讲话,深深地叹了口长气:"纪权,你又在

· 81 ·

想么子事哟？"

纪权一咬牙，干脆把话转入了正题。他说："孙中山在广州建立了一所军事学校，培养军事干部，以适应革命形势的需求。妈妈，眼下赵恒惕的统治非常残酷，学校来醴陵招生是非常秘密的，是不能公开的。"

母亲已听出儿子话里有话。她不想过早的表态，也不想往下问，只是把红烧好的辣子鲤鱼盛进盘子里，一面用煮猪肉的白汤作着菜汤，一面打发大儿子去桃子坡请秋伢子妈。

纪权搭讪着说："大白天去请秋伢子妈来吃团圆饭，不怕吗？"

母亲不满意地瞪儿子一眼："你不是站在李大叔一边吗？"

纪权心里好痛快：我的好妈妈呀！你向来识大体，通情达理，你能不放我去闹革命吗？

秋伢子妈被玉林扶进屋，纪权奔过去扶她坐了正位，递筷子递白米饭，大家围桌坐定，美美地吃了一顿可口的午饭。纪权吃的直打饱嗝儿，心里说：这也许是最后一次家乡的丰盛宴了！他的心已经飞向广州去了。

叔叔左铭三进屋来了，黑黑的头发刚刚修剪过，黑胡子半尺长，也刚刚梳理过，浓眉亮眼，清瘦面孔，微黑；显得严肃深沉有长者的风度，灰布棉袄半新，但干净、平展，连个泥点儿也没沾。

大家让座，纪权敬给他一杯酒。他说吃过饭了，把酒一饮而尽，拉纪权进了里屋，开口便问："对母亲说了吗？"

纪权摇摇头："我担心母亲受不了！"

叔叔故意把声音放大："这是大好的事情！老嫂子听了会高兴的！我了解我那老嫂子，是个明白人，不会阻拦你进步的!"

母亲心一颤悠,预感到别离爱子的事临头了。又听见里面你推我让地说:"路费我有了。二哥也要去,六十多元路费,叔叔负担不了!"

"这样的好事,有关国家前途命运的大好事,叔叔就是倾家荡产也支持!"

母亲进屋来,纪权扑进母亲怀里,把脸贴在母亲肩膀上,心热辣辣的,泪水砸在母亲的肩头上。

"老嫂子光荣啊!你为中华民族抚育了三个好儿女!纪权、纪棠、玉春的丈夫李人干,都考去了广州陆军讲武学校。纪权是回家跟你告别的。"

真象摘心一样,母亲身子打了个晃,被纪权扶住。她镇定一下,问:"纪棠、玉春他们呢?"

"他们怕母亲难过,在我家给他们吃了一顿送行饭。其实,他们走得不远,还会经常回来看望母亲和我们的!"左铭三说着不觉眼角掉下泪珠来。

母亲闭上眼,稳定一下自己不平静的心:"铭三呐!不要宽慰我了!猛然一下子走三个,你心里也不好受。可他们的前程要紧啊!"

"咱们国家的前程要紧!"

"对!尽孝就不能尽忠,尽忠就不能尽孝,到什么时候也不能忠孝齐美的!"

"嫂子讲的是通大义的哲理。"

"这是父亲常说的一句话,我记在心里了,没想到让我给用上了。"说着扳起纪权的双肩,打量着,凝视着,嘱咐道:"学习要专心,做事要尽心,不要惦记家。"

纪权被深深感动了，扑腾一下，双腿跪在母亲面前致谢道："妈妈，我一定努力向前！"

……

纪权与叔叔说话，直到太阳西下，还没结束，他斟了一杯酒，双手捧起，敬给叔叔说："我在家时，叔叔对我的教诲和资助很大，侄儿记在心里，至死不忘！我这一走不知何时才能回来，敬请叔叔多操心费神关照母亲！"

叔叔站起身来，接酒一饮而尽："你只管放心地去吧！不要挂念，专心攻读，为国献力！"随手斟了一杯酒，递给纪权。

纪权接在手中捧着说："谨遵叔命！"举杯饮尽，"为我所奋斗的事业，我心甘情愿牺牲了我的一切——我应享受的母爱和亲人们团聚的幸福。我愿以我的事业的成功，来报答叔叔和母亲对我的恩情和教导，报答我玉林哥对我的培养。"

左铭三感到有这样的侄儿很自豪、很骄傲！假若中国的母亲和儿女，都像他们母子一样，中国前途光明无限，独立富强指日可待了！！

玉林拿来一张大红纸，请叔叔写春联。

叔叔说："纪权写上联，我写下联！"

纪权研墨，叔叔铺纸，把毛笔递给纪权。他抓住笔，皱起浓眉略想了一下，挥笔写到："处事须之艰难，居家莫想快活！"

"好！好！"左铭三接笔写了下联："勿要勤俭谨慎，多栽杉茶棉麻！"又写了横幅："持家诀要"。

"好！真好！我就照着这幅春联去做！"玉林拿了春联，贴到了大门两旁和门楣上。

叔叔问了走的时间，又问去广州的路线。

纪权铺开一张白纸，娴熟地画了湖北、湖南、广东三省简图，在粤汉铁路标上大站名称，指着图说："由于南北军阀混战，铁路被破坏，只有长沙到武汉，韶关到广州两段通车。为了确保安全，避开赵恒惕军阀政府的搜捕，我们决定从长沙小西门外坐轮船，由水路经岳阳到武汉，然后顺长江到上海，再转海船，经厦门、香港，到达革命策源地广州。"

"好艰苦的历程啊！少说十天，多说半个月才能到广州。"

"不管多么困难，非到那里去不可！叔叔等着侄儿的喜讯吧！"

"我相信，一定能早日得到你的喜讯！"叔叔按按纪权的肩膀，告别而去。

纪权看看天色将近傍晚，赶紧上路，到高小去看望匡宜民先生，感谢他的培育和教导。

第二天，天还没大亮，玉林哥就挑上东西悄悄地离开黄猫岭，走远了。

左纪权洒泪与母亲告别，刚走出屋门，又扑进屋去，抱住母亲，把头贴在母亲胸脯上，喃喃地说："妈妈多保重！我到了广州就写信来！信皮上我写'武汉火车站'。"

母亲狠狠心推开儿子："母亲记下了。走吧！"

纪权舍不得，仍抓着母亲操劳的手。母亲把他推出门外。

纪权转身小跑着下了黄猫岭，回头看，母亲手扶大门框、出神地目送着儿子。他不敢再看，猛转头往前走了十几步，又回过头去，母亲依旧手扶门框目送着他。晨光熹微，使慈祥坚强的母亲的身影清晰而鲜明，深深地印在远征的纪权心里。他鼻子一酸，又流下两行热泪来，怕母亲看见他流泪，心里难受，便向前跑了几步。母亲心上好像有条看不见的红线，紧紧地扯着征儿的心，使他忍不住又转过头去，母亲依然如故，扶门框目送着他,他往回跑去,恨不得一下扑进母亲怀里去。母亲却扬起手,向儿挥着,示意上路。纪权停步,向母亲扬扬手,忍住泪,紧咬下唇,猛回头,快步向大路奔去。他一口气走了四十多里地,到姨父家太阳刚刚升起一竿子高。小表弟在院里"放哨",看见纪权,便欢叫起来:"表哥来了!表哥来了!"屋里走出外公、外婆、姨父、姨母,外婆和姨母的双眼都红肿得象红桃。她们不知流了多少眼泪。纪权奔上前去,被外婆抱住,心肝、宝贝地叫着,又流下泪来。外公嗔怪道:"纪权长大成人了!还像从前……""他长到七十,也是我的伢子,亲不得?!"

"亲得,亲得,亲得呦!"外婆把纪权拉在身边,哪有外公的份儿呀!

到了屋里,玉林已经把纪权的薄被打成行李卷儿,一个大竹篮装得满满的。里面是母亲给儿子装的爱吃的皮蛋、醋辣椒、烤萝卜、清蒸干鳝鱼,还有姨母送的橘子、外婆亲手做的糖酥芝麻点心,足有五六十斤。"太多了!"纪权想拿出一部分,外婆按住了他的手:"路远,慢慢吃。还有纪棠、人干他们哪!听说,孙少扑也和你们一道去。"

纪权点点头。孙少扑是孙筱山的亲弟弟。他一下就想起与孙主任握手告别时的情景。

午夜,校园十分宁静,纪权悄悄走进孙主任的宿舍。孙主任拉他并排坐在床铺上,低声嘱咐道:"共产党的负责人毛泽东同志、周恩来同志,很关心军事学校,到了那里,要多和他们接近。"孙主任的重托、信赖、期望,全在这几句话里,纪权感到自己是这世界上最幸福最幸运的人,他向孙主任深深地鞠了一个大躬,手被孙主任握住了,紧紧地握住,炯炯的目光充满了慰藉和希望……

该上路了。

纪权把木脸盆递给玉林哥。玉林不接："家里有的是木盆。"纪权说："纵然有千个万个，也比不上这一个。留给母亲做纪念吧！"玉林这才意识到这个木脸盆的重要，立刻接在手里。

纪权又把身上的棉袄脱下，给大哥披在肩上："到了广州什么都会有的。那里比这里要好得多，大哥留作纪念吧！"玉林只好收下了。

纪权只穿一件灰布衫，线是母亲纺的，布是母亲织的，颜色是母亲烧的稻草灰和黑豆皮染的。一丝一缕，都出自母亲的手。就在昨天，他去告别匡先生回来，母亲刚好把它做好，对襟，蒜瓣疙瘩纽，襻儿二尺长，九对，整齐、严实。细密的针脚，针针缀上母爱之情。这是纪权最珍贵的纪念物啊！

玉林挑着担子送他一程又一程，总是默默无语。纪权想到大哥的进步，很受鼓舞："大哥，还要帮助李大叔和秋伢子，他们不是为自己。"

"是的。"

"他们为的咱们老百姓。"

"是的。"

"他们很坚定。"

"是的。"

"打倒军阀和帝国主义就好了！"

"是的，是的。"

"我这一走，家里全靠你支撑，母亲全靠你奉养了。"

"是的，你放心！"

"大哥的担子太重了!"

"是的。可你放心,我能担起来。"

又沉默了。

纪权想起昨夜与秋伢子见面的情景:

天早已黑定了,只有天上的繁星闪烁着微弱的光芒。大哥带着他悄悄地来到桃子坡,拨开茅草矮松丛,爬进密洞里,划着火柴,点着挂在洞壁上的桐油灯,秋伢子扑过来,把纪权抱起来转了三个圈儿:"快想死我啰!快想死我啰!"

纪权也很激动,亲热得不得了:"可见着嘞!可见面嘞!也快把我想死啰!"秋伢子与纪权比了比个头:"嘿嘿嘿,我比你高一头,粗一圈儿。"

"谢谢你给我做的桌椅,太合我的心啦!可惜我用不上它了,留做纪念吧!"

"怎么回事?"

"我是来和你告别的!来谢李大叔教导之恩的。大叔教我拳术、珠算,还送我那么好的算盘呵!"

"咱们左、李两家亲如骨肉,不要说客气话!你要到哪里去?"李大叔插话了。

"这是秘密行动。我要到广州去上军事学校,学好军事,打倒迫害你们的军阀,还有支持军阀干坏事的帝国主义!"

"好!这是一条光明的路,朝前奔吧!你在广州明着干,我和秋伢子在家乡暗着干,把反动家伙们砸个稀巴烂。"说着双手抓住纪权的双手,紧紧地握住。

纪权万分激奋:"我到了学校,如果联系好了,来信,让秋伢子也去军校学习学习。"

"那好!送走他,我干起来少操一份心。"

纪权猛然站住了，转身向黄猫岭和桃子坡望去，红艳艳的霞光已经给巍峨的黄猫岭和桃子坡披上一层薄薄的轻纱，显得更加壮丽啰！"黄猫"肚子底下的家，母亲，桃子坡洞里的李大叔、秋伢子，都浮现在眼前，往事一件件一桩桩活跃在脑际里……

再见了，黄猫岭！

再见了，亲爱的妈妈！

再见了，桃子坡！

再见了，李大叔、秋伢子！

再见了，哺育我成长的匡宜民先生！

再见了，关怀爱护我的好叔叔！

再见了，家乡的一切一切……

火车鸣着长笛开来了！

"左纪权！"车上有人喊，车窗里伸出蔡申熙的头。纪权向他奔去，姨父把行李和竹篮从窗口递给了他。

左纪权飞身一跃，踏上车门的踏板，再一纵身，进了车门，一下被申熙搂住，火车缓缓开动了！

左家屋场一次考走了三个青年，左权及二哥左纪棠、姐夫李人干。对此，母亲还是有点念念不舍，她嘱咐说："是你们的前程要紧啊！你们在外面学习要专心，做事要尽力，不要惦记这个家。"

1923 年 12 月，左纪权告别了母亲和他的亲人，告别了家乡，和蔡申熙肩并着肩，手挽手地奔上了革命征途。把整个身心交给了他所决心为之奋斗的崇高事业。从此，他再也没能回到家乡来，再也没能见过母亲和亲人们。

……

1937年12月3日左权在给母亲的信中,他是这样写的:

母亲:

亡国奴的确不好当!

在被日寇占领的区域里,日寇大肆屠杀,奸淫掳掠,烧房子……等等,实在心痛。有些地方全村男女老幼全被杀光,所谓集体屠杀,有的捉来活埋活烧。有些地方的青年妇女,全部捉去,供其兽行。要增加苛捐杂税,一切企业矿山,统统没收。日寇不仅要亡我之国,并要亡我之种,亡国灭种惨祸,已临到每一个中国人民的头上。

现全国抗日战争已进到一个严重的关头,华北、淞沪抗战,均遭挫败,但我们共产党主张救国良策,仍不能实现。眼见得抗战失败,不是中国军队打不得,不是我们的武器不好,不是我们的军队少,而是战略战术上指挥的错误,是政府政策上的错误,不肯开放民众运动,不肯开放民主,怕武装民众,怕改善民众的生活,军官的蠢拙,军队纪律的坏,扰害民众,脱离民众等。我们曾一再向政府建议,并提出改善政策,他们却不能接受。这确是中国抗战的危机,如不能改善上述缺点和错误,抗战的前途,是黑暗的悲惨的。

我们不管怎样,我们是要坚持到底,我们不断督促政府逐渐改变其政策,接受我们的办法,改善军队,改善指挥,改善作战方法。现在政府迁都了,湖南成了军事政治的重地,我很希望湖南的民众大大觉醒,兴奋起来,组织武装起来,成为民族解放自由战争中一支强有力的力量。因为湖南的民众,素来是很顽强的,在革命的事业上,是有光荣历史的。

我军在西北战场上,不仅取得光荣的战绩,山西民众,整个华北的民众,对我军抱有好感。他们都唤着"八路军是我们的救星！"我们也决心与华北人民共艰苦，共生死。不管敌人怎样进攻，我全军将士都有一个决心，为了民族国家的利益，以最大的艰苦斗争来与日寇周旋，因为没有坚持持久的艰苦斗争精神，抗战胜利是无保障的。我们过去没有一个铜板，现在任然没有一个铜板，准备将来也不要一个铜板；过去吃过草（指长征路上），准备将来还吃草。

妈妈，你好吗？家里的人都好吗？我时刻记念着。

敬礼

福安！

男　自林

1937年12月3日

于山西省洪洞县

左家张氏是一位伟大的母亲，这个母亲是中国无数个既平凡又伟大中的一个。在那样的一个年代，她倔强地活着就是幸福的了。丈夫去了，公爹公婆去了，三个儿子都先后去了。1916年12岁的三子去世，1933年长子去世，1942年幼子左权牺牲，次子过继出去，老年的她身边无子。左权作为她的最小的儿子，19岁离开家，就再也没有回去过。

现在能够看到的就是将军1937年12月3日在抗战前线写给母亲的那封信。

1949年夏天，人民解放军挥师南下，朱德指示所有路过左权家乡的部队都要派人看望左权的母亲。第四野战军第十二兵团第四十军军长罗舜初曾带着朱总司令的重托第一个来到左权老家，慰问了白发苍苍的左权母亲。

那时的她已瘫痪了，一见到部队，她就问："我的儿子回

来了吗?"

指战员们说:"左权没有回来,我们都是您的儿子!"

这时,老人家才知道自己26年没有见着面的儿子早已捐躯在抗日的疆场。后来,她在左纪棠为其代笔的文章中说:"吾儿抗日成仁,死得其所,不愧有志男儿。现已得着民主解放成功,牺牲一身,有何足惜,吾儿有知,地下亦瞑目矣。"

失去了自己所有的儿子,她坚强地以84岁的高龄等来了新中国的成立。五星红旗在天安门升起两个月之后,她离开了这个世界。她应该相信,天安门升起的五星红旗之所以这样红,有她儿子的血。她应该相信他的儿子左权因为有了事业的成功,将永远活在新中国的大地上!

第二章
投身革命

- 广州陆军讲武学校
- 投奔黄埔军校
- 党旗下的誓言
- 在东征的战场上
- 平叛"杨、刘"受嘉奖
- 二次东征忠于职守

广州陆军讲武学校

左权和考入讲武学校的同学们到长沙后，分批动身赴广州。当时的粤汉铁路只有长沙到武汉与韶关到广州两段通车，韶关到株洲还没有火车。从湖南去广州，一条路线是向北走，坐火车到武汉，乘轮船顺长江而下到上海，再从上海坐海船到广州；另一条路线是步行，经衡阳、郴州，到广东的韶关，从韶关再乘火车到广州。

左权一行于1924年2月中旬从长沙出发，选择的路线是从北线走。这条路虽然绕道，却比较安全，可以避开当时湖南军阀赵恒惕对革命者的搜捕。为了确保安全，左权一行没有在长沙城里坐火车，而是步行到小西门外坐轮船，由水路经岳阳到武汉，再从武汉坐船到上海，经厦门、香港到广州。与左权一道走的，有张际春、蔡申熙、宋时轮、李隆光、李人干、苏文钦等。在武汉买票时，大家计算所带的钱，路费不够。宋时轮为了让左权等能够先走，把自己的路费给了他们，返回了醴陵，不久后也去了广东。

左权一行经岳阳、武汉、上海、厦门、香港，历时12天，于3月中旬的一个夜晚到达当时的革命策源地广州。当他们乘坐的轮船驶进珠江口抵达广州城区时，见到珠江两岸灯火辉煌，矗立的高楼墙壁上写有"共产主义是三民主义的好朋友""打倒帝国主义列强！""打倒封建主义！"等新鲜字样的大幅标语，左权等人非常兴奋，激动地相互拥抱，高声欢呼起来。

第二章 投身革命

在到达广州后不久，左权即进入军校学习。他把学名"左纪权"中间的辈分"纪"字去掉，在入学表格姓名一栏中填为"左权"，决心做一个全新的革命军人。这时的左权，年龄刚满19岁。

在广州陆军讲武学校成立之前，孙中山大元帅府军政部还成立了一个教导堂。地址原在广州观音山下军械局旧址，后来迁到黄埔岛上的鱼雷学校旧址。应招的陆军讲武学校的学员们到广州后，学校尚未开学，就先集中在教导堂。左权先是在教导堂里度过了短时期的军事生活。

陆军讲武学校的校址在广州小北登峰路北较场西北边的广东陆军医院旧地，旁边还有一座古庙。原有房屋除作校本部办公外，其余课堂、饭堂、寝室、浴室都临时用棕叶、竹篾搭盖。450名学员生活在这座简陋的校舍里。这里虽然地处市郊，比较偏僻，但有数百名年轻人聚集一堂练兵习文，口号震天，却也显得十分热闹。

该校校长由军政部部长程潜兼任，周贯虹任学校监督。李明灏任教育长，实际担任教育责任。以后学校又设立了党代表，由大本营秘书长廖仲恺兼任。这所陆军讲武学校在那时是广州的高等军事学府，极受孙中山先生重视。学校里的专职教官和队级军官，基本上都是日本士官学校和保定军官学校毕业，教官和军官的军事学识和军事素质都有一定的基础。学校第一期共招新生400多人，编为四个队。文化程度较高的大多数分配在第一、第二队，文化程度较低的分配在第三、第四队。除了从湖南、湖北、上海等地招来的学员外，还有从广州政府所属军队中调来的一些优秀班长，另有一部分是从湘军、滇军中招来的下级军官和军士。

1924 年 3 月底，广州陆军讲武学校正式开学。开学典礼由程潜主持。学员入场非常庄严，一律穿着新发的绿色卡其布军服，头戴无边军帽，军容整齐，精神抖擞。程潜身着戎装，腰佩军刀，十分威严。他讲话时慷慨激昂，无比振奋，讲到沉重处，不时以刀顿地，铿锵有声，给左权和全体学员留下难忘的印象。

讲武学校以培养连、排职军官指挥能力为目标，主要教学内容是军事课程。第一、第二队学科、术科并重，以战术、筑城、兵器、地形、交通五大教程为主，学制一年；第三、第四队注重术科，以典范令小教程为主，学制半年。

左权被分在第一队第一区队。区队长林柏森，是广东梅县人，保定军官学校工科毕业的，对左权很赏识。第一队队长廖士翘对左权也十分器重。每当学员们全副武装跑步去黄花岗或瘦狗岭演习营、连、排动作时，左权常被指令做示范演习，担任排、连长。由于得到各级领导的器重，左权更加勤奋学习。在学习和操练中，他熟练掌握了步兵操典、射击教范、野外勤务以及战术、兵器、筑城、地形、军制、交通、实地测图等军事科目。

这年夏天，左权这批新生入校刚两个月，大元帅孙中山先生偕军需总监廖仲恺先生亲临陆军讲武学校视察。那天，孙中山先生身穿白色卡其布中山装，头戴白帆布帕，脚穿白色皮鞋，在明媚的阳光下显得耀眼夺目，神采奕奕。左权和同学们整装列队，扛着广东石井兵工厂新造的七九步枪，在北教场接受检阅。烈日当头，酷暑难当，可学员们在战斗演习和操练中却一丝不苟，精神百倍。孙中山先生非常高兴，在即席讲话中特别予以嘉奖。他称赞讲武学校学员们的良好作风，鼓励全体

第二章 投身革命

师生要发扬以一当十、以十当百的革命军人精神，担负起打倒帝国主义列强、打倒军阀的神圣任务。

在当时的广州，除左权所在的这所陆军讲武学校外，还有多个以各种名目办的军校。在有些学校里，饮酒骂座、打牌掷骰、寻花问柳的兵油子随处可见，吸食鸦片的双枪兵也竟然在林则徐虎门销烟的旧地堂而皇之地又吞云吐雾。这些社会坏现象虽然在陆军讲武学校没有公开出现，但也时闻有越规的学员。左权常与同学张克侠谈论国家局势，痛感时局动荡，世风日下，道途不清。当兵吃粮的要匡救时艰，更必须洁身自好。这年7月，左权与张克侠、蔡申熙、陈启科、陈明仁、左纪棠等二十余人，决定组织一个革命团体，相互约束。他们憎恨黑暗的社会，以"出淤泥而不染"相互鼓励，以求救国救民。当时正值夏季，讲武学校院内的水塘里，荷花盛开，于是左权等将这个团体定名为"莲社"。"莲社"的宗旨是实行"三民主义"、"兵工政策"。成立"莲社"时，每个成员照了一张戎装单人照片，写了简历，刊登在"莲社"杂志上。由于学校中的各种限制，"莲社"成立后没有能够很好地坚持开展活动。而左权立志要做一支"众人皆浊我独清"的"君子莲"，他的决心越来越坚定。

在讲武学校中，左权常和张克侠等一同探讨人生理想和国家的前途。在一次课余时间，两人又谈论起国家时事政治。左权对张克侠说：我敬仰中山先生的革命主张。可能因为我是农家子弟，对土豪劣绅压迫农民颇有感触。所以，我把中山先生的民生、民权、民族的旧三民主义和联俄、联共、扶助农工的新三民主义相对照，觉得新三民主义更适合中国的国情，非武装不能拯救中国。对此，张克侠也深有感触地说：我也是农家子弟，和你有同感，我愤恨帝国主义列强欺压中国，军阀混战，民不聊生，于是我就投笔从戎，到广州来了。左权充满信心地说：国民革命要靠我们来奋斗牺牲，让我们共同努力吧！未来在我们的手中将会诞生一个强大的国家。

左权等一些湖南人初到这个"三冬无雪，四季常花"的城市里，由于水土不服，很快染上流行的疫病。首先是脚气病在学员中蔓延，这种病在广州又称"香港脚"，看似不是什么大病，但奇痒难忍，越搔越痒，对每天进行军事训练的军校学员来说，这种病真是令人头痛，当时没有有效的药品，只能用盐水泡脚消炎。为了尽量减轻学员们所患的脚气病，学校每餐都供应一些花生米煮蚕豆，让学员随意添食，但效果并不明显。左权也染上了脚气病，而且很厉害，痒痛处都抠出了血，脚和鞋子有时被血迹沾到了一块，但他仍顽强地坚持学习和训练。

讲武学校的训练十分艰苦，对此，左权和其他学员毫无怨言。但是，其训练方法和管理方式的陈旧，使大家都极为反感。

军事教官仍采用旧军阀的那一套棍棒教育，训练学员的手段很粗暴，方法很野蛮。队长和区队长都挎有指挥刀，发现学员在操场上或野外训练中有违犯纪律或不合自己意图的事，便不由分说，上来不是拳打脚踢，就是用刀劈砍人。他们还常常根据自己的好恶，莫名其妙地处罚学员，罚跪、罚站、罚跑、打手板，如同家常便饭。平时不准学员同外界接触，连报纸也不准看。野外演习、战术展开、散兵教练等科目的进行，也没有一个统一的计划，随意性很大，因而不仅引不起学员的兴趣，反而激起了学员们的不满和痛恨。左权为了了解阵中勤务及技术原则，培养自己指挥小分队的能力，有一次约了同学在北教场进行营连一级的战斗教练。对此，教官自然是不能容许的。作为惩罚，在教官的监督下，左权和同学们全副武装地围着北教场跑步，直到人人跑得口干舌燥，上气不接下气，当场躺倒不能动弹为止。左权无可奈何，气得抹着头上的无边军桐，小声地说了一句："这真是朽得帽子没有边！"从此，这句话很快流行并成为学员们的口头禅。

1924年9月，孙中山决定兴师北伐军阀曹锟、吴佩孚，将大本营移至韶关。10月，孙中山任命程潜为攻鄂军总司令。陆军讲武学校第三、第四队学员奉命随程潜指挥的攻鄂军参加北伐，开往韶关。其间，第一、第二队学员仍留在广州学习。10月10日，第三、第四队学员在韶关举行毕业典礼，孙中山亲临主持，并亲手给学员颁发毕业证书。

就在孙中山到韶关给陆军讲武学校第三、第四队学员颁发毕业证书的这一天，广州汇丰银行买办陈廉伯和佛山大地主陈恭受在英帝国主义支持下，策动了商团及其反革命武装商团军发动叛乱，配合广东军阀陈炯明向广州革命政府发动进攻。广州形势十分危急。在这千钧一发的时刻，中国共产党建议孙中山采取坚决进攻的方针。广东的工农大众也坚决要求镇压商团叛乱。于是，孙中山以大元帅名义，命令滇军杨希闵所部的廖品卓师剿灭广州西关的商团武装；命令驻佛山的滇军胡思舜所部胡思清师，剿灭佛山市的商团武装。10月13日孙中山率领一部分北伐军，从韶关回师广州，并动员黄埔军校学生军，在工农革命群众的支援下，平定商团叛乱。左权所在的陆军讲武学校第一、第二队学员参加了这次平叛斗争，担任观音山地区的警戒任务，以防商团突然窜扰。

盘踞广州西关繁华商业区一带的商团武装,大约有1.2万余人。西关是广州的"金库"。滇军师长廖品卓早已被大商贾的金钱所收买,他不但不遵令进剿,反而暗中掩护商团囤积粮弹。孙中山在不得已的情况下,只好另派李福林的福军和湘军攻占西关。福军多是土匪出身,他们很高兴到西关去趁火打劫。10月15日,广州市公安局长吴铁城的警卫军、黄埔军校的学员会同湘军、福军,对西关商团武装用铁栅、木栅构成的街道堡垒实行火攻。火势蔓延,当地1000多家商店和住宅陷入火海。西关很快被攻破,商团武装残兵退入租界。福军乘机抢先进入西关,士兵横行街区,有的把军装脱下来做了包袱皮,劫夺财物。湘军、滇军和街市上的游杂分子也趁火打劫,浑水摸鱼,把西关和小市街一带的金银、珠宝、首饰店抢掠殆尽。

这是左权第一次参加实战。他肩扛钢枪,全副武装,严阵以待,在广州观音山地区担任警戒任务。随着西关的火光四起,讲武学校中的有些同学远远看着发了洋财的官兵行色匆忙,便为之心动,也去"打起发"。左权丝毫不为所动,他叫上"莲社"的同学自动上街巡视,与黄埔军校的学员们一起整肃军人风纪,制止抢掠行为。

在工农革命群众的支援下,孙中山领导的北伐军与学生军平定了这次商团的叛乱。左权和同队的学员们一起,在这次斗争中得到了实战锻炼。左权也因勇敢机智和执行任务坚决,严守纪律,受到了指挥官的表扬。

对于左权在陆军讲武学校的这段生活及其表现,周恩来后来曾评价说:"左权同志,湘人,早岁习军事于广东湘军讲武堂。时湘军在谭组庵(延闿)、程颂云(潜)两先生领导下参加国民革命，故有讲武堂的训练组织，颂云先生实为之长。讲武堂中多三湘七泽间子弟，以湖南革命前辈训练湖南的革命青年于革命策源地广东，真所谓相得益彰。左权同志的革命信念，便由此起。"

广州陆军讲武学校的学习生活锻炼了左权，但该校陈腐、专制的教规和教学方法也使左权等人感到极大的不满。他们多次提出自己的意见，但是校方并没有多大的改变。就在这时，一股新鲜的空气从近在身边的市郊黄埔长洲岛飘来，黄埔军校壮观的师资阵容、崭新的教学方法和光明前景，把陆军讲武学校学员们的目光聚焦点转移了。"人往高处走，水往低处流"。首先是同学陈赓毅然转入黄埔军校，接着，张际春、邓文仪、李汉藩、桂永清等同学也自动退出陆军讲武学校，投奔黄埔军校。自己该怎么办？左权陷入深深的思索中。

投奔黄埔军校

同其他陆军讲武学校的学员一样，左权从心里渴望转入黄埔军校。

那时的黄埔军校，是一所国共合作的学校。1924年1月，孙中山先生在中国共产党和苏联的帮助下，召开中国国民党第一次全国代表大会，通过了以反帝反封建为主要内容的宣言，在事实上确立了联俄、联共、扶助农工的三大政策，并确认了中国共产党党员、中国社会主义青年团团员可以以个人身份加入国民党的原则，选举一批共产党人参加国民党中央的领导工作。这是中国共产党实践民主革命纲领和民主联合战线政策的重大胜利，也是孙中山晚年推进中国革命的一大历史功绩。国民党第一次全国代表大会的召开，标志着国共合作的革命统一战线的建立，轰轰烈烈的国民革命从此开始。

国民党一大后，孙中山接受共产国际代表的建议，由国共两党合作创办了"中国国民党陆军军官学校"，以培养革命军队骨干，建立和发展革命武装力量。这所军校因设在广州附近的黄埔长洲岛上，通常称为"黄埔军校"。中国共产党十分重视黄埔军校的工作，从各地选派大批党员、团员和革命青年到军校学习，还派共产党员担任军校的领导和教育工作。

黄埔军校第一期学生于1924年5月5日入伍，6月16日举行开学典礼。孙中山亲临主持开学典礼并讲话。孙中山讲了辛亥革命后中国革命之所以遭受失败，在于没有革命军的教训，指出中国在这13年之中，没有一种军队是革命军"，"今天在这里开这个军官学校，独一无二的希望，就是创造革命军，来挽救中国的危亡。"他重点说明了建校的目的，就是要成立革命军，并要求学员，"从今天起立一个志愿，一生一世，都不存升官发财的心理，只知道救国救民的事业"黄埔军校建校初期开设的政治课程主要有：《三民主义》《国民革命概论》《帝国主义》《帝国主义侵略中国史》《中国政治经济状况》《世界政治经济状况》《苏联研究》《社会进化史》《各国革命史》《农民运动史》《育年运动》等，其中《三民主义》《帝国主义》和《社会进化史》等课程占教学时数最多。

黄埔军校第一期学员入伍教育为1个月，学习时间为半年。由于有中国共产党人贯彻新的政治方针，以革命精神办校，黄埔军校初期面貌生机勃勃，学员精神焕发。当时，全国的进步青年向往去黄埔军校学习，"到黄埔去!"一时成为在广大青年当中流行的口号。因此，黄埔军校创办不到两年，入校学员即达7300多人。

此时，左权所在的陆军讲武学校与黄埔军校相比，虽然名义上也属于革命政府，但学校没有设立政治部，缺乏民主作风和政治思想教育工作，政治课程也只开设三民主义一门课程。一些官长和军事教官是从旧的军事学校培养出来的，封建思想比较严重。他们对学生不是以民主的方法说服教育，而是搬来旧军队的一套军阀主义的做法和作风进行管理。当时，特别是队长和区队长的棍棒教育，引起同学们的强烈不满。

黄埔军校时期的左权

1924年9月13日，自程潜随孙中山率军北伐后，陆军讲武学校经费非常困窘，加上落后的棍棒式教育，学员们纷纷要求与黄埔军校合并。当时，教育长李明灏为此曾求见中共两广区委常委兼军事部长周恩来。周恩来帮助他分析各个方面的情况，建议把第一、第二队学员并入黄埔军校。平定商团叛乱后不久，11月，广州陆军讲武学校第一、第二队学员除一部分在广州有亲友关系投奔亲友，或有的找到工作离开军校外，大部分学员如左权、袁策夷、陈启科、李光韶、李隆光、陈明仁、李默庵、丁隆盛、萧赞育、李铁军、刘戡等158人，经与校监督周贯虹交涉，再经程潜批准，于当月19日带上枪支弹药，转入黄埔军校。

左权一行人登上黄埔岛，走入军校，立刻感到一股清新的气息扑面而来。校门口十余棵茂密的大榕树遮天蔽日，葱郁青翠的林木丛里，一幢幢红色的洋房掩映其中。军校校门上挂着写有"陆军军官学校"六个大字的校牌，校牌下有一块横匾写着"革命者来"三个有力的大字，匾额的两侧门柱上有一副对联，上联是：升官发财请往他处；下联是：贪生畏死勿入斯门。门口两侧各有一个岗亭，内有一名威武的持枪军校学员在站岗。军校内，醒目的横幅标语写着："实现三民主义！""劳兵农联合起来！""锤碎世界的锁链！"革命的先锋队！"等。先入校的黄埔军校第一期学员和教职员工排着整齐的队伍，夹道欢迎来自陆军讲武学校的同学并入黄埔军校。

左权和陆军讲武学校的学员们转入黄埔军校的这一天，黄埔军校召开了隆重的欢迎大会。校长蒋介石讲话，对新来的学员勉励一番，并带领大家宣读孙中山所写的训词。先前入黄埔军校的学员对"训词"已经熟悉，在蒋介石的带领下，朗朗上口。左权也跟着大家读起来，其实这些新转来的学员们没有几个能当场明白这"训词"的意思。欢迎仪式后，当左权看到宿舍墙壁上张贴的《总理训词》，才知道刚才跟着蒋校长读的是三民主义，吾党所宗。以建民国，以进大同……"这时期，黄埔军校由于刚刚建立，经济来源很不稳定，孙中山、廖仲恺到处化缘，仍然不能满足办学的需要，黄埔军校的生活也就十分艰苦，学员们的伙食非常简单，能够吃上饱饭就已经很不容易了。在左权他们转学来时，黄埔军校的经济状况仍然十分拮据。因此，吃的问题仍然是同学们调侃的话题和关心的事。

这时候，黄埔军校第二期学员已于三个月前入学，第一期已经临近毕业。校领导人考虑到从陆军讲武学校转来的学员的学科、术科基础较好，同时革命形势急需下级军官，因此，将他们编入黄埔军校第一期。黄埔军校第一期学员原有470人，编为四个队。依照第一期的编队序列，由陆军讲武学校转来的学员本应编为第五队。但由于第二期学员已于8月入校，先编为第五队，所以左权等陆军讲武学校转来的学员被编为第六队。黄埔军校5月份入校的第一、第二、第三、第四队学员，于11月底已经半年学习期满，很快就举行了毕业考试。刚转来的陆军讲武学校的学员还需要进行补课训练，学校决定第一期第六队学员于1925年2月毕业。

黄埔军校初创时期，由于器械的缺乏和条件的简陋，实行单纯的步科教育。所以，左权所在的第一期的军事教育内容主要是学科和术科。学科，教授以步兵操典、射击教范、野外勤务以及四大教程：《战术学》《兵器学》《筑城学》《地形学》，还有交通学、军制学、战术作业、实地测图等军事理论。术科，教授以制式教练、持枪教练、战斗教练、野外演习、夜间演习、实弹射击等军事技术。学科由军事教官在课堂上讲授，术科则由队长以上长官在课堂、操场或野外演习时讲解。左权在陆军讲武学校学习时即是优等生，在此基础上又在黄埔军校学习，因而军事理论知识和实际操作等各个方面都有很大的提高。

　　黄埔军校的学习生活和军事训练是相当紧张的。军校大操场上，即使在冬天，学员们仍练得汗流浃背。操场正前方的检阅台，是孙中山来军校检阅讲话时的主席台，平时蒋介石等军校领导也常站在台上检查学员的训练情况。用树枝搭成的三角形台顶上悬挂的横幅上写着"亲爱精诚"的校训，主席台两侧挂着一副对联"养天地正气，法古今完人"。左权和由陆军讲武学校转来的同学们一来到黄埔军校，就先在这大操场上加紧补练本期先入学的学员已经考核过的军事训练科目。由于时间紧张，新学员的课程安排也就十分紧凑，整天是出了课堂进操场，下了操场进课堂，几乎没有休息的时间。有的同学实在受不了黄埔军校这种炼狱般的生活，刚来时的豪情壮志开始动摇，几天后，有人偷偷地离开了黄埔军校。但坚持下来的学员毕竟是绝大多数，一身汗水的左权和同学们斗志昂扬地唱起《黄埔军校校歌》：

　　莘莘学子，亲爱精诚，三民主义，是我革命先声。
　　革命英雄，国民先锋，再接再厉，继续先烈成功。
　　同学同道，以学以教，始终生死，毋忘今日本校。
　　以血洒花，以校作家，卧薪尝胆，努力建设中华。

　　学员们的队列训练多数时间是在大操场上。大操场位于军校正门的东面，这里原来都是冲积沙地和水田，后来军校将其改建成专门用于军事训练的场地。每天下午，无论严寒酷暑，刮风下雨，操场上都能见到学员们摸爬滚打的身影。他们或者按照制式教练的要求，进行队列练习和持枪动作，或者以班、排、连、营、团为单位练习组织各种战术动作。训练内容注重应用，着重培养学员的实战技能。"三操两讲"是当年黄埔军校学员中的流行语，"三操"是指一天早、中、晚要出操三次，"两讲"是指白天在课堂上听教员讲课和晚自习后睡觉前听军校各级领导讲话。

为了加强体能训练，教官要求学员在训练场上超负荷地奔跑。刚来军校的学员，在开始时真是有些吃不消，不少人经常掉队。但左权凭着顽强的毅力，总是咬着牙跟上队伍，并坚持跑下来。

黄埔军校的课堂纪律很严格，对学员上课时的身体姿势有严格的要求：军帽一定要放在课桌的左上方，不抄笔记时双手放置于膝盖上，坐姿挺直，不准有半点歪斜，双目注视教官，抄写笔记时身体不准扭动。左权和刚从讲武学校转来的学员们在开始时还有点不适应，但很快也就养成了良好的课堂坐姿。

黄埔军校有一个特殊的教官群体，这就是苏联顾问团。如加伦、切列潘诺夫、波利亚克、格尔曼、捷列沙托夫、舍瓦尔金等有名可查的苏联顾问40余人，分布在政治、炮兵、步兵、工兵、军需、交通、通信、卫生、交际等各个教学岗位上。他们都是优秀的军事将领，具有深厚的理论根底和丰富的作战经验，许多人还获得过苏联政府颁发的勋章。这些杰出的教官提供建议和协助训练，所以，黄埔军校教授的是当时最新式、最先进的军事技能。在术科中，苏联顾问特别重视射击和战术演习。射击课完全按照苏联操典进行训练，每次射击时，军事总顾问加伦总要亲临靶场，教授示范。苏联顾问的教学，对左权不久之后出国学习打下了良好的基础,至少对这些高鼻子、蓝眼睛的面孔特别是他们的语言不感到陌生了。

训练场上,军校教官们站在一旁观摩,苏联步兵顾问舍瓦尔金,一身戎装,站在队列前。他讲道:单兵战术,是一门完全以复杂动作示范为主的课程,单兵战术水平的高低,可以明显地反映出单兵战斗力的水平。说完,他拿起一支苏式步枪,身姿矫健地在100多米长的训练场上运动了几个来回。泥尘扬起,他做着各种姿势的隐蔽前进,火力封锁下敏捷地翻滚、跳跃,运动中的举枪、射击等高难度动作。

教练示范后,就是学员们的反复训练。左权由于有在陆军讲武学校打下的坚实基础,规定的战术动作在练了几遍后,就已经做得相当标准,通过了教官的考评。但左权仍然还要站在操场上,为那些练了许多遍仍不能让教官满意的同学们陪练。操场上艰苦的军事训练,课堂上紧张的学习生活,已经使学员们的体能达到了极限。左权入校时只发了一件灰布军服,不能替换,衣服常常是湿了干,干了湿。大约过了半个多月后,左权和新来的同学们基本适应了黄埔军校的校规和生活,需要补习的课程也很快通过了考核。

白天紧张的学习和训练下来,学员们也顾不上休息,常在晚饭后自习,有时还要加课。一天晚上,教室里依然灯光明亮,军事教官严重正在上课,左权站起来提问,向严教官求教战术问题。严教官耐心地讲解着:民国以来,在新旧军队中,有不少结合典范令编写的,用于训练的军歌,用军歌来教士兵学习操典,可以说是别出心裁,我会陆续把一些有实用价值的介绍给大家,同时我希望以后也能看到你们带兵时编的新军歌。说完,严教官把《利用地物歌》写在黑板上:

战斗时，重射击，杀敌第一。
选择地物遮蔽身体最忌是蚊聚。
留心小排指挥，地域不可擅离。
攻击之时切莫占据难超之地，
碍邻兵发扬枪击，要注意。
战斗时，重射击，杀敌第一。
防御之时如无命令不可私觊觎。
如无地物亦须选择射击便利。
出前落后妨碍射击最为禁忌，
发扬我火器，力能歼敌。

写完后，严教官又继续讲道：这类军歌，非常实用，教练士兵时，既方便易记，又简单明了，要求我们不仅人人会唱会做，还要能讲出每句的意思来。随后，他有力地挥动着右臂，打着节拍，教同学们唱了起来。歌声驱走了困神和疲乏，左权和同学们在这歌声中又学习到了新的军事知识。

黄埔军校学员在学习的同时，还承担着繁重的作战任务。军校把战争视为学习的大课堂，在战争中边学边用、边用边学。每次战役，上自校长蒋介石、军事总顾问加伦，下至各科教官，都随队出征，利用战斗间隙教学，活学活用。术科的许多项目，如距离测量、地形识别、侦探勤务、行军警戒、行军宿营等，多是在实战中完成的。

黄埔军校实行新式军队的经济民主，伙食由军需部管理，每队学员每天派出采买2人、监厨2人，共同负责。左权进入黄埔军校时，由于军校经济窘迫，每人每月的伙食费只有6元，平均每天只有2角钱。6人一桌，对面而坐，每桌4菜1

汤,每人面前放着一个小汤碗和小菜盒子,实行"共食制"。每天吃饭时,学员们列队到饭厅集合就位。当大家都坐下来举筷时,由团值星官吹哨和发出"开动"的口令,同时快吃。时间限定在10分钟之内,刚来的同学不习惯这种吃饭方式,常常是一碗饭还没有吃完,执行官已经发出了"起立"的口令。这时就必须立即放下碗筷,列队离开饭厅。

由于学员来自全国各地,大家的饮食习惯就有差异。如北方人喜欢吃馒头,吃米饭就吃不饱,便常在早餐时悄悄地把南方同学剩下的馒头藏在军服口袋中,等出操训练回来,再津津有味地吃下去。左权这些来自湖南等省的学员喜欢吃辣椒,广东籍的学员则多不能吃辣椒。为此,学员们为辣椒常互相争吵。后来,炊事人员采取将辣味的菜单独做,不能吃辣的可吃别的,"辣椒纠纷"终于得到解决,学员皆大欢喜。

党旗下的誓言

黄埔军校建立之初,这里的政治言论比较自由。军校训令中明确规定:社会主义、共产主义、马克思主义等书籍,本校学生皆可阅读。马克思的肖像整版地印在《中国军人》等校刊上。除了政治课所学习的《三民主义浅说》《帝国主义》《国民革命概论》这些教材之外,还能读到诸如《苏联研究》《社会进化史》《社会主义原理》《经济学大纲》《中国职工运动》《中国农民运动》等不久被列入禁书范围的书籍。

黄埔军校的最大特点是把政治教育提到和军事训练同等重

要的地位，注重培养学生的爱国思想和革命精神，这是它同一切旧式军校根本不同的地方。就在左权进入黄埔军校的1924年11月，刚从欧洲归国不久、任中共广东区委委员长的周恩来出任军校政治部主任。他是应孙中山、廖仲恺的邀请，由中共中央派到黄埔军校主持政治工作的。前任政治部主任邵元冲，是一个典型的官僚，根本不懂政治工作的内容和方法，平时既不接近学生，也不接近教官。他平时住在广州，每隔一两天到军校政治部去一次，除了举办过两次政治讨论以外，没有做过什么重要的事。他所主持的政治部只有两位担任记录的书记，成为一个死气沉沉、毫无作用的空架子。26岁的周恩来到任之后，按照苏联创建红军的经验，健全政治工作制度和建立正常的工作秩序，扩大和健全了政治部的组织机构，增加部员，设置指导、编纂、秘书三股，选调共产党员到各股任职；并加强对军校学生的政治教育，制定了课程训练计划，聘请常任政治教官，开设政治训练班，组织政治讨论会，发行期刊、专刊、文集、丛书、画报，编办墙报，教唱歌曲，成立血花剧社。短时间内，在学员和教官中形成了研读政治书籍、注意社会潮流的极其活跃的校风。同时，周恩来还代表中共广东区委建立和直接领导了中共黄埔特别支部，发展党的组织，开展革命活动，扩大共产党的影响。

　　军校大操场上，左权和同学们席地而坐，听政治大课。这种大课是在室外，受条件限制，大多数同学是只听而不做记录，但左权仍把膝盖当作课桌，认真听讲和记录。一张方桌上，军校主任政治教官、共产党员恽代英站在桌子上给学员们讲课。他幽默地讲道：今天我就讲讲青年运动问题。在我们广州有三种青年类型：广东大学学生，文而雅又弱；岭南大学学生，香而艳又骄；黄埔军校学生，黑而臭又壮。但是，我说我们黄埔军校学生特别具有劳动人民的本色，都是受过锻炼的革命好汉，干革命，爱革命，拥护革命，并愿意为革命献身。听到这里，台下的学员们鼓起掌来。恽代英继续说：不过这三种类型是活的，可变的，不然要我们做革命工作干什么？黄埔军校初创时，许多广州少女，见黄埔学生都掩鼻而过，不屑一顾，听说现在都争着要嫁黄埔学生了；广东大学学生，越来越多地要投笔从戎考黄埔军校了；那么岭南大学学生也不可能是一块铁板，一定也在变化之中……恽代英的精彩演讲激起学员们心中的共鸣，使他们在欢笑中受到革命思想的教育。像恽代英这样以共产党员身份在黄埔军校中担任领导职务或教官的还有熊雄、叶剑英、聂荣臻、萧楚女等，他们的政治思想教育工作深深地影响着军校的每一位学员。

　　左权对这种气氛和环境很满意，觉得虽然生活在黄埔这个弹丸小岛上，自己的内心世界却充满了欢快的自由感。因而，他在军校中学习刻苦努力，成绩优良，常常得到教官和队干部的表扬。他学习的步兵操典、射击教范、战术学、兵器学，门门优秀。学校进行野外演习和夜间演习时，他都临场不乱，表现得很出色。他尤其注重政治学习，思想进步，作风正派，革命立场坚定，受到了中共黄埔军校特别支部的注意，并开始着重对他进行培养。在中共黄埔军校特别支部的着意培养下，左权的政治素质有了很大提高。

　　与此同时，左权在入校不久后结识了蒋先云、周逸群、许继慎等思想进步的同学，并与原陆军讲武学校的同学蔡申熙、陈赓、苏文钦有了更深的交往。后来，左权知道这些同学大多数已是中国共产党党员，内心更是羡慕不已。

第二章 投身革命

1925年1月的一天，正值休息日，当左权坐在教室里看书时，同学陈赓走到他面前，相邀到教室外面走走。两人来到山坡上，左权刚坐定，陈赓便直截了当地问道："你相信共产党吗？"左权感到突然，但还是真诚地回答："相信。"陈赓又问："你了解共产党吗？"左权直率地回答："她为工农利益奋斗，是进步的党。"陈赓说："有一个人要见你。"左权急忙问："谁？"陈赓回答："政治部的周主任。"左权惊讶地说："周恩来主任！"陈赓说："正是他，时间是今天晚上与你同去的还有苏文钦同学。"

左权兴奋极了。政治部主任周恩来在黄埔军校有极高的威望，他工作忙，军校的学员要见他，除了在操场上会操，或是在课堂里听报告，此外是很少有机会的。现在周恩来主任派人来约自己，真是出乎意料。左权此时内心的喜悦之情，是可以想见的。

傍晚，左权吃过晚饭后，着装整齐，与陈赓、苏文钦一起来到周恩来的住所。周恩来主任身穿军服，他见到陈赓与左权、苏文钦进来，连忙停住手中正在写字的毛笔，从坐着的椅子上起来，与他们一一握手，并招呼他们围着桌子坐下。

陈赓向周恩来分别介绍了左权和苏文钦。周恩来笑着说："你们两个都是湖南人。湖南多水，所谓三湘七泽，屈原大夫就到过这些地方。我也到过潇湘关，它离醴陵县十里，是潇水、湘水的合流处，也叫潇湘镇。"亲切的话语，平易近人的态度，一下子把左权和苏文钦的紧张情绪冲跑了。他们感到坐在面前的不是高高在上的军校领导，而是一位随和可亲的好友、知己。左权激动地回答："我家里穷。除了醴陵县城，来广州前，其他地方没有去过。"苏文钦回答："我也一样。"周恩来对他们说:"你们两个是醴陵小同乡,程潜也是你们的同乡。"苏文钦回答:"我和左权在醴陵中学时是同班同学,又是一同考入陆军讲武学校的。"周恩来点了点头,然后问左权家里几口人。左权回答说:"父亲在我出生后的第二年去世了,家里有母亲、哥哥、嫂子,都是种田的。一个姐姐出嫁了,姐夫李人干也在咱们军校,他现在在教导团当军官。"

周恩来又向左权和苏文钦问道:"你们在讲武学校时为什么组织莲社?"左权回答:"我们憎恨压迫人的社会,立志要奋斗,要报国,要像共产党员一样……"接着,周恩来亲切地问道:"你们愿意像个中共党员?"左权、苏文钦这时都很激动地站了起来,说:"愿意,一百个愿意!"周恩来走前一步,严肃地说:"共产党员可是吃苦在前,冲锋在前。"左权回答:"我是农家子弟,能吃苦。"周恩来又说:"共产党员要严守秘密,甚至为党的利益牺牲自己的一切。"左权、苏文钦都郑重而又认真地点了点头。

这时站立在一边的陈赓走过来说:"经过我的考察,左权、苏文钦同学符合共产党员的条件,我愿意作为他们的入党介绍人!"听到这里,左权和苏文钦激动地抓住陈赓的手,连声感谢。

当晚,周恩来这位有炽热爱国精神、卓越组织才能的年轻长官,以他渊博的学识和对革命的挚情,给左权和苏文钦上了第一堂党课。他在其中讲道,中国民众饱受列强压迫、昏官欺凌、军阀蹂躏,农工商各界的痛苦早已经不堪忍受。解除压迫与痛苦的途径就是要革命,建立革命军。革命军是实现革命主义的先锋。

第二天傍晚,左权和苏文钦又接队部领导的通知来到周恩来住处，陈赓、周逸群已经先到。左权和苏文钦各自从周恩来手里接过一份《中国共产党员申请书》，当即开始填写。左权端端正正地写着："左权，湖南省醴陵县平桥乡黄猫岭人，一九〇五年二月初十日，阳历三月十五日生，幼名自林，字叔仁……"

稍后，左权和苏文钦面对缝制有镰刀锤子图案的旗帜，在周恩来的带领下，举手庄严宣誓，为共产主义事业奋斗终生。

这样，1925年1月，左权由陈赓和周逸群介绍、周恩来批准加入了中国共产党，时年20岁。此后，成为光荣的中国共产党员的左权，以坚定的信念，炽烈的热情，为实现自己的信念而奋斗。只要是党布置的工作，他都积极去做，去完成。他学习更加努力，工作更加积极。周恩来后来说："左权同志不仅是革命军人，而且是革命党员。他加入中国共产党在黄埔时代，这成为他以后近二十年政治生活中的准绳。"为了团结在黄埔军校学习、工作的广大学员和青年军官，1924年底，以蒋先云、周逸群等共产党员、青年团员为核心，成立了秘密的革命组织火星社。左权与蒋先云、周逸群等常活跃在学员和青年军官中间。1925年2月，即在左权入党一个月后，在周恩来领导下的中共特别支部决定，黄埔军校以火星社为基础，成立中国青年军人联合会。发起人和领导者主要有蒋先云、周逸群、李之龙、徐象谦、陈赓、王一飞、左权、许继慎、傅维珏、袁策夷等，教职员中的金佛庄、鲁易、茅延桢、唐同德、郭俊、胡公冕等，也参加了青年军人联合会的组织和领导工作。

中国青年军人联合会，是黄埔军校内中国共产党对青年军人进行革命思想教育的组织，是共产党团结广大青年军人同国民党右派进行斗争的革命团体。这个团体，是以军校中的共产党员、共青团员为骨干，联合其他军校的进步军人而建立起来的左派组织。它一成立，即宣布：凡是黄埔军校的同学，都是青年军人联合会的当然会员。该会成立不久，即由黄埔军校扩展到粤军讲武学校、桂军军官学校、滇军干部学校，以及铁甲车队、福安、舞风、飞鹰兵舰，军用飞机学校，到4月间，会员迅速发展到2000多人。青年军人联合会编辑出版会刊《中国军人》杂志，主笔是共产党员王一飞，左权和蒋先云、周逸群、李之龙等为之积极撰稿。该刊以鲜明的革命性赢得了读者，在团结全国各地革命军人，宣传民众，武装群众，打击敌人等方面发挥了重要作用。左权不但积极参加青年军人联合会的活动，而且被选为联合会的负责人。身为骨干和负责人之一的左权，坚决贯彻党的指示，在青年军人联合会中做了大量的组织宣传工作。

　　青年军人联合会一成立，就遭到蒋介石的反对和限制。他暗中支持贺衷寒、缪斌、胡宗南、蒋伏生等人组织国民党右派组织孙文主义学会，以牵制青年军人联合会。左权的队长童锡坤也成了孙文主义学会的主要成员。青年军人联合会成员与孙文主义学会成员经常进行辩论，开展针锋相对的斗争，有时还发展为大打出手。从此，黄埔军校的学生中分成了两大阵营，共产党领导的左派学生与国民党右派控制下的学生，形成了尖锐的对立，进行着激烈的斗争。关于中国青年军人联合会与孙文主义学会之间的斗争，周恩来在《关于一九二四年至一九二六年党对国民党的关系》一文中指出："在黄埔军校内部，青年军人联合会的发展大大超过孙文主义学会"。到1925年10月第二次东征时，"军队中三个师的党代表，我们党占两个，九个团的党代表，我们占七个，在连、排、班以及士兵中有了我们党的组织；各军又成立了政治部。在革命力量的发展面前，蒋介石更加动摇起来，企图加以限制。"左权在政治斗争的漩涡中锻炼成长。他在军校中不仅学习到了军事知识，也开始懂得了一些政治斗争的策略。

历史已经证明，黄埔军校不仅是国民党军将帅的摇篮，在中共特别支部的领导和周恩来等共产党员的努力下，也成了培养后来中国工农红军将领的基地。

在东征的战场上

1924 年底，黄埔军校仿效苏联红军建制成立了教导第一、第二团。两个团的中下级军官多数由黄埔军校的教官和刚毕业的学员担任，士兵是新招募来的。这是一支新型的革命武装力量。

此时，中国国内的政治形势发生了重要变化。这年 10 月，北方的直系将领冯玉祥在第二次直奉战争中发动政变，推翻了直系军阀首领曹锟、吴佩孚控制的北京政府，一时控制了京津一带，并把所部改编为国民军，电请孙中山北上"共商国是"。冯玉祥发动政变后，内外处境仍很困难，又请北洋军阀元老段祺瑞出山主持大计。在压力之下，段祺瑞和准备从东北入关的奉系军阀首领张作霖也不得不分别致电孙中山，欢迎他北上。但段祺瑞主张"换汤不换药"，仍由军阀们控制政权，继续维持反动统治。中国共产党支持孙中山的和平统一主张，希望利用孙中山先生的影响,把南北进步势力团结起来,瓦解北洋军阀的封建统治,把革命影响扩大到全国。11月,孙中山离开广州北上,于年底到达北京,沿途宣传召开国民会议和废除不平等条约的主张。各地民众团体纷纷通电拥护国民会议,形成广泛的政治宣传运动。

与此同时,盘踞在广东东江地区的军阀陈炯明,在英帝国主义和北洋军阀段祺瑞的支持下,趁孙中山北上商定国是之机,于1925年1月在汕头召集军事会议,自称"救粤军总司令",准备进犯广州,妄图摧毁革命政权。

在中国共产党的倡议和支持下,广东革命政府决定组织东征军,讨伐陈炯明。黄埔军校学员和教导第一、第二团组织的"黄埔校军"奉命东征。左权被分派在教导第一团第二营第六连当排长,团长是战术总教官何应钦,营长为战术教官刘峙。

东征计划分为三路:担负东征军右翼作战任务的是许崇智所部粤军,约1万人,经海丰、陆丰直指潮汕,对手是陈炯明的嫡系洪兆麟部。由于蒋介石兼任粤军参谋长,黄埔军校校军3000人编入右翼军,由校长蒋介石亲自统率,周恩来、叶剑英和苏联顾问也随队出征。左路军为杨希闵所部滇军,约3万人,对手是驻防在河源、五华、兴宁一带的陈军林虎部。中路军为刘震寰所部桂军和一部分滇军,约6000人,进攻扼守惠州的陈军杨坤如部。

2月1日,东征军各路部队向东江出发。

尽管在一开始年轻的黄埔校军曾被人轻视甚至讥笑,但校军的精神风貌还是给广大民众留下了极为深刻的印象。途中,黄埔军校官兵纪律严明,军容整齐,衣领上系着红领带,精神抖擞地向前行进。特别是士兵背包上印着的"爱国家,爱人民，不贪财，不怕死"的字样，更引起了百姓的注目。沿途两旁的百姓们，热情地送水，送煮鸡蛋、烤红薯。官兵们喝水后，就留下几块铜板，接受鸡蛋、红薯也一律付钱。路边的土墙上贴着东征军的安民告示，很多老百姓围着观看，只见上面写着："我们既为救父老兄弟姊妹的痛苦，才来杀陈炯明；所以敢诚诚恳恳明明白白向我们父老兄弟姊妹们宣告几件重要的事：一、不蛮横无理强拉夫役……二、付价购物……三、不用军用票……四、切实保障人民……"并提出三件请求：一、检举犯纪者，以便严惩；二、公买公卖；三、帮助本军。《告示》号召："父老兄弟姊妹们呀！我们因急着要追杀陈炯明，没得余时和你们周旋，实在有些抱歉，异日凯旋而归，定与你们携手言欢，慰问你们，并切实设法救济你们。天日在上，不敢自欺以欺我父老兄弟姊妹。"

左权打着绑腿，穿着草鞋，走在本排的前面。他见附近老百姓围观的人多，便指挥官兵唱起了《爱民歌》：

> 扎营不耍懒，
> 莫走人家取门板。
> 莫取百姓一粒粮，
> 莫踏禾苗坏田产。
> 莫打民间鸭和鸡，
> 莫拆民房搬石砖。

何应钦率领教导第一团乘船向沙角前进，接着直下虎门、东莞、石龙、樟木头、塘头厦、平湖、龙岗，迫临淡水城。

淡水城虽是一个小城，但却是东江地区的一个重镇，驻有陈炯明所属熊略、林烈、翁辉腾的部队，大约有 2000 人的兵力。该城城防设施十分坚固，四周筑有高6米、厚1米的石头城墙，可以抵挡枪弹的射击，城墙上设有枪眼、炮塔，三层火力配置，上层还设有照明装置。城外是300多米的空地，地势开阔，一览无遗，有城壕隔绝对外交通。此外，淡水城距离洪兆麟所部驻防的惠州，只有70华里路程，援军可朝发夕至。鉴于此情，革命军攻打淡水城必须速战速决，否则将腹背受敌、胜负难料。这对年轻的黄埔校军显然是一个重大的考验。

2月14日夜晚，蒋介石命令教导第一团担任主攻，尽快由城墙的东南角处实施突破；教导第二团为预备队，阻击叛军后续部队增援。

当晚，团长何应钦来到阵前，亲自挑选奋勇队员，也就是组织敢死队。奋勇队由105名官兵组成，共分7且，每组15名，配云梯一架。经过战前动员，奋勇队员们各个摩拳擦掌，士气高涨。

面对着即将到来的一场厮杀，左权的心中自然充满了莫名的紧张与期待，因为他除了参加过军事演习和在广州市区平定商团叛乱的任务外，还从未真正领略过战场上的生死较量。

2月15日拂晓，在校军涧井高地射出的猛烈炮火掩护下，攻城战斗开始。守城叛军官兵一部分被榴霰弹击中，一部分则在混乱中四处躲藏。城墙很快被炸开一个缺口，潜伏在城周围的革命军的步枪、机枪一齐怒吼，掩护奋勇队挟梯攻城。左权如离弦之箭，一跃而起，带领本排士兵冒着浓浓的硝烟，冲向城墙根。

奋勇队利用云梯爬城。但是仍有许多士兵涌在城墙下，因为没有足够的云梯而不知所措。登上城的奋勇队员人数太少，形不成战斗力。叛军凭险顽抗，枪林弹雨中，不少奋勇队员倒在血泊中再没有起来。情急之下，左权把排里的士兵集合在一起，分作三列，搭做人梯爬城。左权毫不犹豫地踏上士兵的肩膀，被一个又一个肩膀顶上了城头。他敏捷地翻上城头后，挥枪舞刀，奋力杀敌。他的身后，士兵们如潮水般涌了上来。

守城叛军见黄埔校军愈攻愈猛，难以抵挡，被迫退避街巷。这时，城门被打开，教导第二团也乘势攻入城里，与教导第一团汇合，聚歼残敌，淡水城终于午前攻克。

教导第一、第二团攻下淡水城后，尚在继续肃清残敌之际，忽然得报：洪兆麟援军2000余人已抵达淡水城东北，距淡水城仅两里多路。

果然，从城东北走马坡方向传来密集的枪声。同一时间，在大钯坳甚至校军炮兵刚刚撤出的涧井高地附近，也都发现洪兆麟援军正分成若干股，喊叫着向校军阵地扑来。洪兆麟的部队一向以"头三板斧"出名，即集中精锐，以连续三次的猛烈冲锋把对方冲垮。如若不知其底细，往往被他的这种汹汹来势所吓倒，或是一时抵挡不住而被他孤注一掷所冲垮。

面对危急的形势，教导第一团官兵与猖狂反扑的叛军拼死激战。而此时教导第二团团长王柏龄却不在阵地上，部队群龙无首，各营、连只好迅速自动展开，与叛军对射。叛军像一窝蜂一样，嗡嗡叫着冲上来抢夺山头。

关键时刻，何应钦命令本团第二营营长刘峙率全营反攻。喊杀声中，左权与士兵们挺着上了刺刀的步枪，与全营一道猛扑敌阵。疲劳的叛军猝不及防，待看清枪上白晃晃的刺刀指向他们时，为时已晚，顿时吓得魂飞魄散，阵形大乱，慌忙逃往惠州方向。黄埔校军和粤军第二师乘势进行反击。

淡水一役，城内外共歼灭叛军3000余人，俘敌2000人，

第二章 投身革命

其中师、团长5人，缴获各类长短枪2000余支，打破了陈炯明所谓淡水"固若磐石"的神话。而黄埔校军也阵亡100余人。教导第一团的军事顾问切列潘诺夫亲眼目睹了左权等黄埔校军官兵的视死如归、英勇献身的精神，感佩不已。他在战后讲评时称赞道："黄埔军校第一期毕业的尉级军官绝大多数都表现很好，我为有你们这样的学生而高兴。"

在战斗中，左权发现凡是叛军士兵所过的地方，附近居民逃避一空，老百姓们畏兵如虎狼。为此，左权严格要求自己的士兵坚决执行东征军不扰民、不拉夫、不筹饷的军令，沿途不损害乡民百姓的一草一木。行军宿营中，没有公房、空屋，就扎营露宿。广东雨多，大家都没有买雨衣、雨伞的钱，宁愿戴着草帽，或是顶着支帐篷用的橡皮粗布，也绝不去路边商店拿遮雨的东西。当地农民自此开始改变久已形成的"兵即匪"的旧观念，"革命军"三个字在东江老百姓心目中，比铜锣、军鼓还要响。民众自动组织起来，或搞运输，或筑战壕，或做向导侦探，或散布疑阵，或牵制扰乱叛军后方，使得叛军进退失据，四面楚歌。左权亲眼看见这种军民相助的情景，深感革命军只有和民众实现联合，才能取得一个接一个的新胜利。

黄埔校军得到了民众的广泛拥护，士气更加旺盛。为了不给叛军以喘息之机，在共产党人彭湃所领导的农民运动的积极配合下，东征军进克陈炯明的家海丰，接着又分别攻克陈炯明在东江的主要据点——潮州、汕头。右翼的战事很快告一段落。

在陈炯明所属各部中，最强悍善战的是盘踞粤东北的林虎部。林虎不是陈炯明的嫡系，同洪兆麟之间存在着派系矛盾，所以最初抱着袖手旁观的态度，但没想到洪兆麟部那么快被击溃了。于是，林虎迅速集中主力从兴宁、五华南下，直抄右路军的后路，企图将其一举围而聚歼。然而，担任左路的滇军、中路的桂军为了保存实力，却与林虎部暗中勾结，订立密约，滇军竟由河源、老隆撤兵。

右翼军得讯后留下粤军第二师守潮汕，学生总队守揭阳，其余各部立刻回师予以迎击，并以教导第一团充当正面。

3月13日，左权所在的教导第一团千余人与林虎部主力在棉湖地区遭遇。棉湖是潮州普宁县西侧的一个小镇。普宁以东，多属平砂地区，棉湖以西及以北，多为崇山峻岭。潮汕一带，前临大海，后背大山，进不能攻，退无可守，被当地人视为用兵绝地。

当时，叛军五六千人已抢先占领有利阵地，居高临下，倚仗优势兵力，在轻、重机枪的掩护下从三面包围过来。教导第一团以第一、第三营居于一线，左权所在的第二营为预备队。激战中，黄埔校军在曾塘村附近的防线出现了空隙，叛军一部乘机向教导第一团的指挥部扑来。何应钦命令第二营营长刘峙率领第六连官兵向叛军冲杀。左权率全排士兵随第六连冲锋陷阵，徒涉一条小河，接近叛军，迅速展开白刃肉搏。数名校军士兵被枪弹击中，倒在水田里。但校军官兵毫不畏惧，向前猛扑，几经反复，终将叛军赶出曾塘村一线。第六连占据曾塘村后，立即布防，准备迎击叛军的反扑。不多时，叛军增援反攻，数百名从东南方向对第六连进行猛烈攻击。面对叛军的进攻，左权带领本排，凭借村中房屋，占据制高点，组织士兵用排枪射击，以发挥整体威力。叛军反复冲击，第六连阵地上的伤亡越来越大，情况非常紧急。正在这时，周恩来亲赴前线，激励士气。苏联军事顾问加伦将军也率领身边的工作人员增援过来，稳定了战局。经过艰难激烈的相持战斗后，黄埔校军发起全面反击，叛军不支而败退。

教导第一团官兵向前追击。这时，官兵疲劳至极，又饥又渴，但他们仍然鼓起勇气，坚持作战。左权所在的第二营前进到和顺村时，据守的叛军用机枪扫射。第一、第二营死伤严重。教导第一团官兵仍顽强奋战，前赴后继，杀声震天。叛军被这种气势吓倒了，加之教导第二团和粤军第七旅赶来增援，从叛军侧后方进行猛烈袭击，策应了教导第一团，残敌被迫于黄昏时分别向兴宁、五华逃去。精疲力竭的左权和战友们再次振奋起精神，乘夜向兴宁、五华方向追击。

棉湖战役，教导第一团与近10倍于己的叛军相遇，全体官兵英勇顽强，以一当十，终将号称劲旅的林虎部主力击溃，共打死、打伤叛军900多人，击毙旅长张化如，俘虏团长黄济中，俘虏营、连、排长数十人，缴枪1600余支。这是民国建立以来第一次以少胜多的大捷。此役关系到东征全局的胜败，奠定了东征胜利的基础。

这次战役的激烈，在东征史上是仅见的。激战中，教导第一团的营、连、排长阵亡6人，负伤3人，他们都是黄埔军校第一期毕业生。从此，黄埔校军英勇善战的威名震惊遐迩。

3月15日，东征军进至河波，进行作战总结。蒋介石、廖仲恺和加伦将军都高度评价了棉湖战役。加伦将军说：昨天棉湖一战的成绩，不独在中国所少见，在世界上也是少有的。由此我可以告诉我们国内的同志，中国革命可以成功，一定可以胜利，因为教导第一团能如此奋斗。言毕，他当场解下佩剑，赠给教导第一团。

东征军取得棉湖大捷后，又连克五华、兴宁、梅县等地，控制了东江地区，林虎等仓皇逃出广东省境，陈炯明由汕尾逃往香港。4月间，东征结束。它对巩固广东革命根据地起了重大的作用。

1925年6月左权参加东征作战回师广州时留影

左权在东征中服从命令，身先士卒，作战勇敢。特别是在围歼洪兆麟部的战斗中，他率领士兵冲在最前面，缴获很多，受到周恩来的提名表扬，很快由排长提升为副连长，再升为连长。也就在东征的战场上，黄埔军校宣布，左权及第六队学员从本校毕业，并向他们颁发了毕业证书。

平叛"杨、刘"受嘉奖

东征的胜利,在广州产生了两种截然不同的反映。一种是广州民众,对东征军取得的胜利欢欣鼓舞。市民奔走相告,燃放起喜庆的鞭炮。各机关、团体和学校分别召开庆祝会,以示庆贺。另一种是各派军阀,特别是滇军头目杨希闵、桂军头目刘震寰,他们对东征胜利的捷报惊恐不安,并开始蠢蠢欲动。

滇军和桂军是在1923年1月驱逐陈炯明时,应孙中山之邀进驻广州的。此后,他们割据防区,垄断税收,自行政令,独霸一方,并同广东革命政府发生了矛盾。当这次东征战事方酣之时,担任左路进攻的滇军杨希闵和中路桂军刘震寰却暗中与陈炯明和云南的唐继尧相勾结,不仅勒索军饷,迟不进兵,让右路军孤军作战,而且将滇、桂军从东江撤回,威迫广州。正在这时,孙中山由于北上沿途过度劳累,加之痛恨段祺瑞政府的卖国行径,致使本来即相当严重的肝病加重,于1925年3月12日不幸病逝于北京协和医院。孙中山的逝世,使杨希闵、刘震寰感到有机可乘。他们便与外国势力和北洋军阀段祺瑞暗中勾结,阴谋策划发动军事叛乱,图谋颠覆广东革命政府,吞并东征胜利果实。广州的局势日趋紧张。

4月13日,国民党中央执行委员会根据黄埔军校党代表廖仲恺的建议,决定由黄埔军校教导第一、第二团组成党军第一旅,仍由军校节制。5月13日,廖仲恺从广州赶到汕头同东征军共商讨伐杨、刘的计划,决定放弃潮梅,回师广州。

第二章 投身革命

5月21日，东征军自潮梅回师。刚升为连长的左权随教导团行动，冒着酷暑，率部星夜兼程驰进广州。6月11日，对广州总攻的战斗正式打响。浓雾中，只听广州市近郊的瘦狗岭至白云山一带枪炮声不断。

杨希闵、刘震寰的滇、桂军多是一些烟兵赌将，军官比士兵多，步枪比子弹多。无论官兵，每人都有两支枪，一支是步枪或手枪，一支是鸦片烟枪。部队官兵虽然腐败，但在阵前猛抽一阵鸦片烟，精神倍增，打起仗来竟能抵挡一阵，他们最大的特点是战场经验多，火线上沉着。左权等初级指挥员不知道自己对手的这个特点，开始时带着部队猛冲，与兄弟部队一起在瘦狗岭和白云山之间激战，但收获总是不大，自身却有不少伤亡。作战双方来回拉锯，几易阵地，整整打了一天硬仗，战局仍然处于胶着状态。

第二天，在珠江南岸邓家寨附近，由黄埔军校学生队代总队长张治中率领的2000多名学员组成的突击总队正在待命，准备从这里强渡珠江，接着攻占东山，并向新本村方向展开，然后向北进攻新和火车站，袭击滇、桂军后部。此时，苏联顾问切列潘诺夫将军、基列夫将军和张治中等人正围在地图旁商确进攻线路。

在集合待命的队伍前面，切列潘诺夫风趣地鼓励官兵："黄埔军校的年轻勇士们，广州是把椅子，敌人就坐在上面，你们的任务就是把椅子从敌人的屁股下面抽出来。"说着转身问张治中："张将军！现在你准备让哪个连队冲在前面？"翻译人员还没有把这句话译完，只见左权从队伍中举起右手答道："是我们前卫连。"切列潘诺夫通过翻译问左权："左连长，你准备怎么个打法？"左权跨步走出队列，敬了个礼，回答:"潜渡上岸后,集中力量,形成拳头,抄叛军的后路,猛揍他们的屁股。"切列潘诺夫高兴地点头,说:"好!告诉你们连的士兵,不要怕敌人的炮火,要积极突进,在气势上首先要压倒叛军。"

左权这时又补充建议说:"将军同志,最好再有几门炮。如果有大炮压制叛军火力,那我们取得胜利的把握会更大!"切列潘诺夫从左权的建议中得到启发,说你的意见很好!"张治中问:"哪里有炮呢?"切列潘诺夫指着珠江里的旧飞鹰号军舰说:"炮在那里!"珠江里停泊的年久失修的飞鹰号军舰,虽然机器发动不起来,可舰上的炮还能使用。

于是,一套完整的作战方案形成了。这就是组成精悍的以共产党员为主体的突击队,从邓家寨水码头出发,直向珠江对岸滇军防守的猎德炮台,袭击滇、桂军的后路,然后在冲击的关键时刻,利用飞鹰号军舰上的大炮开炮助威。

张治中下达出发的命令后,左权带着突击连跳上舢舨,强渡珠江。江水中,叛军的炮弹不断地在舢舨附近爆炸,掀起的江水把左权和士兵们的军装都打湿了。大家拼命地用力划着舢舨。快到对岸时,叛军密集的子弹扫射过来。岸上,革命军吴铁城部的一群官兵从前面败退下来,一个军官边跑还边叫道:"敌军火力太猛,我们顶不住了!"跑在后面的十多个士兵被子弹击中倒下。左权见状,立即跳下舢舨,冲上前去用驳壳枪抵住那个军官,命令道:"让你的士兵转过身去实施反攻!"那个军官在无奈之下,只好逼着败兵们转身反击。溃退渐渐被止住了,革命军官兵们开始向前进攻。

左权命令跟进的士兵:"打手榴弹!"趁着手榴弹爆炸的硝烟,左权带着部队向前冲去。后面的革命军官兵不等舢舨靠岸，也跳进齐腰深的江水中，向岸上冲去。黄埔校军很快攻占了叛军的滩头阵地。

左权带领连队冲在前面，大批的黄埔校军官兵跟在后面。这是一支奇兵，叛军根本没有想到革命军会从侧面发起猛烈进攻，它的6个"双枪"团顿时乱了阵脚。不料左权的手臂负了轻伤，但他仍然高喊着，带领士兵们向前冲杀。

正在这时，飞鹰号军舰上的大炮发挥了重要作用。本来舰上的大炮已经陈旧，虽然能打响，但射程不远。切列潘诺夫接受左权的建议，无非是想在部队发起冲击时助助声威而已，谈不上命中率。然而，这飞鹰号军舰上的老爷炮打出的炮弹，却有一发不偏不倚地落到了设在广九路车站的叛军司令部里了。那个号称"滇桂联军总司令"的杨希闵，正在与他的前敌总指挥、师长赵成梁同桌用餐，赵成梁当场被炸死。杨希闵侥幸没有中弹，但是也吓破了胆。特别是前线接连告急，败局已定，杨希闵于是决定赶快组织撤退，以保存实力，自己遂带着几个亲信逃进了沙面租借地。至此，广东的滇军彻底覆灭。

桂军刘震寰原来也有4000多兵力，滇军溃败后，他率部退到西村，黄埔校军已经在这里等着他了。他们还未喘过气来，就遭到一阵猛打，结果大部缴械投降。刘震寰狡猾得像只狐狸，一看形势不对，早已做了准备，化装逃出广州。

6月12日下午2时，革命军克复广州。在广州工人和各地农民的支援下，盘踞广州达四年之久的滇、桂军阀势力全部覆灭，一场叛乱就这样迅速被削平。

战斗结束后，苏联军事顾问切列潘诺夫十分高兴，他特别欣赏左权的指挥才能，遂传令嘉奖左权连长。

就在这次作战后，左权通过翻译虚心向苏联军事顾问请教。左权问:"教官,苏军单兵战术与日军相比各有哪些优劣?"顾问回答:"简单地说,日军战术过于呆板、陈旧,实际应用时,机械得像一个模具里倒出来的,一般是不会变化的。对整体而言,每一个单兵,都是冲锋集群的一部分,因此集群战斗力效率较高;而苏军单兵战术则比较新颖,在应用时机动灵活得多,集群战斗效率也不弱于日军。"当左权得知军事顾问多是从莫斯科伏龙芝陆军大学毕业的后,自信地说:"等有机会时,我一定去莫斯科伏龙芝陆军大学看看。"军事顾问对左权说:"会的,我相信,你会成为中国一位特别优秀的军官!"

为了迅速恢复广州市内的治安,稳定社会秩序,安定民心,在中国共产党的建议下,革命军从教导第一、第二团中抽调一部分精干且政治素质好的官兵,组成武装宣传队,上街巡行,执行以下任务:一是为市内各地下组织和人员办理接应;二是布告安民,宣传革命军的方针及纪律;三是驱逐叛军散兵游勇,防范匪盗,救济难民。这个武装宣传队,大部分是共产党员,少数是青年军官中的积极分子,由共产党员李之龙为队长,左权是这个队的成员。他们全副武装,身穿黄卡其布军服,头戴俄式军帽,系鲜红领带,打着绑腿,脚穿皮鞋,迈着整齐的步伐走上街头,立即受到广大市民的欢迎和围观。"黄埔的学生军来了!""这才是真正的革命军!"人们赞不绝口。武装宣传队在战乱后的广州市区起到了威慑敌人、安抚百姓的良好作用。左权深切地感受到自己作为革命军一员的荣光和自豪。

平定杨、刘叛乱,铲除了广东革命政府的心腹大患,使革命政权得到了一定的巩固。7月1日,国民党中央决定将广州大元帅府正式改组为中华民国国民政府。接着，国民政府决定将所属各军统一改称为国民革命军。8月1日，粤军、湘军、滇军及鄂军等各军总司令许崇智、谭延闿、朱培德、程潜通告遵照国民党中央执行委员会统一军政计划，即日解除总司令职务，将所有军队交由国民政府军事委员会统率。随后，以黄埔军校教导团为基础，成立了国民革命军第一军，周恩来任第一军的政治部主任。接着将湘、滇、粤、闽各军改编为国民革命军第二、第三、第四、第五军。之后，又成立第六军，程潜任军长。

左权在参加平定杨、刘叛乱后，从黄埔校军调到攻鄂军。攻鄂军总司令程潜直接点名左权在司令部卫队营担任连长。国民革命军第六军成立后，左权继续担任卫队营的连长。

二次东征忠于职守

当东征军主力回师广州讨伐杨、刘叛乱时，军阀陈炯明乘机再占梅县、潮汕、惠州等地，妄图重新占据整个东江地区。盘踞在广东南部的军阀邓本殷部也配合陈炯明的进攻，在英帝国主义和北方军阀的支持下，分左、中、右、侧后四路，形成对广州的夹击之势，企图推翻国民政府。

为了彻底消灭广东境内反动军阀势力，统一广东，巩固革命根据地，广东国民政府于1925年9月28日决定举行第二次东征，再次讨伐陈炯明部，并任命蒋介石为东征军总指挥，周恩来为东征军总政治部主任。

东征军共有3个纵队，3万余人。国民革命军第一军为第一纵队，担任右翼，纵队长何应钦；国民革命军第四军为第二纵队，担任中路，纵队长李济深；攻鄂军和豫、赣、潮梅各军（不久，合编为国民革命军第六军）为第三纵队，担任左翼，纵队长程潜。左权时任攻鄂军卫队营的连长，随纵队司令部行动。

出征前，周恩来亲自组织东征军政治部宣传队总队，宣传国民政府的政策以及此次东征的意义，发动民众支援东征。左权和东征军全体军官人手一册《重征东江训诫》，上面印有军人最后目的，就是死在战场。古语所谓'好汉死在阵头上'，孔子所谓'杀身成仁'是也。"革命军此次出征的口号是不要钱，不要命，爱国家，爱百姓。"并提出"十不怕"："不怕死，不怕穷，不怕冻，不怕痛，不怕热，不怕饥，不怕疲，不怕远，不怕重，不怕险。

10月5日，东征军发表出兵布告，第二次东征开始。东征军初步以攻占惠州城为目标，然后分路进攻潮梅，肃清全部叛军，以绝北伐后患。

10月13日，第三纵队到达惠州城郊飞鹅岭山脚下，集结待命。此前，先期到达的东征军已扫荡了外围守敌，正于本日展开攻城战。由于第三纵队不担负主攻任务，攻鄂军遂组织连长以上军官到飞鹅岭去观战。左权作为攻鄂军卫队营的连长，随纵队司令部前往，乘机观察城防部署。

惠州城是陈炯明的老巢，防守兵力雄厚，是东征战役中不可绕过的一座重要城镇。该城分东、西两城，高而坚固，号称东江天险。东城外有一条8米宽、4米深的城壕，西城三面环水，一面壕沟。西门面临西湖，只有一条窄路通到城脚，窄路的两边都是很深的湖水。北门地形比西门好一点，但也要通过北门桥，由桥下徒涉，才能逼近城区。城墙外侧都以大石块砌成，城门上设有瞭望塔。这是一座易守难攻的战略要塞，传说自唐代以来，该城固若金汤，从未被攻破过。第一次东征时，东征军绕过惠州城，直奔潮汕。当时驻守惠州的杨坤如部曾表示归顺革命政府，但当陈炯明重占东江后又反叛，并修筑防御工事，加紧备战，将城郊的民房和西湖的景物夷为平地，砍光城墙附近的树木，布满竹栅等障碍物，城墙上备足石灰包，架起机枪。晚上，则点燃火把，照亮城外。

为了攻城，担负主攻任务的第一军专门组织了一个650人的先锋队，其中，第三师的3个团各选士兵150人，第二师第四团挑选士兵200人。战斗发起后，蒋介石亲至飞鹅岭炮兵阵地指挥炮兵射击。东征军的野炮、山炮、机枪一齐向预定的目标射击，枪炮声密集，如同除夕夜的鞭炮，连成一片。随后，第一军先锋队强攻惠州城北门和西门。叛军以机关枪猛烈扫射，使冲进城门的先锋队员死伤枕藉。第四团更是伤亡惨重，团长刘尧宸也不幸中弹身亡。第二天，东征军采纳周恩来的提议，改变战术：改四面围攻为三面围攻，让叛军出逃后聚而歼之。经过一天的浴血奋战，叛军主力被歼，逃遁的叛军残部也被预伏的革命军歼灭。

望着漫天的炮火，听着震耳的杀声，左权紧紧握着手里的钢枪，真想冲向敌阵，痛快淋漓地搏杀一回。但他最终克服了自己的冲动，他知道，此时他肩上更重要的任务是，保护好威名远扬的纵队长程潜。至战役结束，左权尽管感到有些遗憾，不过他还是有个不小的收获，那便是从这次战役中，左权实实在在地感受到：打胜仗，除了要有不怕死的精神，还必须有灵活机动的战术。

惠州之战是国民革命军第二次东征中的一次关键战役,在整个东征战役中起着决定性的作用。但同时革命军也付出了沉重代价,"是役死同学58人,士兵178人"。在惠州追悼阵亡将士大会上,周恩来发表重要演说。他说:"我们上一次打开了淡水、五华、兴宁等城,造成了党军的名义,这一次打下了惠州,造成了国民革命军第一军的名义。我们的发展,真令敌人胆寒。但是,我们前途上的障碍还多,打下了惠州,还未达到孙总理遗嘱的百分之一。因为孙总理遗嘱里最少包含了广东的统一问题,打倒军阀和打倒帝国主义统一中国的问题,使中国立于独立平等的地位。我们现在的广东问题还未解决。凡我同志,应继续向前努力,才是三民主义的信徒,才是真正救国救民的革命军人。"之后,持枪站立在操场上的东征军官兵鸣枪向牺牲的烈士志哀,左权挥动手中的手枪,将子弹射向天空。

东征军夺取惠州后,随即分路前进。由程潜任左翼军指挥,率第三纵队于10月下旬出河源、克老隆、攻五华。

10月27日,第三纵队在五华与叛军李易标、陈修爵等部3000余人交战,双方相持不下。关键时刻,程潜亲自赶到第一线指挥督战,乘叛军占领几个山头立足未稳之际,命令第三团向右侧山头进攻,第二团向左侧山头进攻,战斗更加激烈。程潜站在桥头上指挥作战,左权带领卫队替卫在程潜的身边。霎时,枪炮齐鸣,杀声震天,两军短兵相接,刀枪相对,呈胶着状态。突然,站立在程潜旁边的参谋唐逸被叛军子弹打穿左腿。左权焦急万分,急忙上前劝说程潜迅速隐蔽,退到后面指挥。不料程潜大手一挥,动也未动,仍然坚持在原地指挥。左权只好组织卫队在程潜周围加强警卫，决心以自己的生命保护程潜。程潜指挥部队反复冲杀，战至当日深夜12时，叛军全线崩溃。

11月初，东征军各路势如破竹，叛军节节溃退。第三纵队也先后攻占兴宁、梅县，并追敌至大埔一带。其间，左权带领卫队护送程潜来到梅县。程潜在梅县女子中学礼堂召集连长以上军官讲话，总结此次作战的经验。站在主席台一侧的左权聆听了程潜现地论说战法的讲演，很受教育，从中明白了不少打仗的道理。

11月6日，东征军总指挥部抵达汕头，第二次东征大功告成。至此，革命军行程300多公里，共消灭叛军1.2万余人，俘虏6000余人，缴获各种枪械8000多支，收复了东江和潮汕全部地区。陈炯明被彻底打垮，从此蛰居香港，于1933年9月病死。东征的同时，国民革命军又南征盘踞于雷州、海南岛等地的军阀邓本殷部。这样，就使四分五裂的广东革命根据地迅速获得统一，从而为举行北伐战争准备了比较巩固的后方基地。

第二次东征胜利后，第三纵队奉命进驻惠州。纵队官兵扛着步枪、机枪，迈着整齐的步伐走来。左权精神抖擞地率卫队跟在程潜等将军的旁边进入城区。惠州城街头，学生和市民们高举彩色小旗，呼喊着："热烈欢迎劳苦功高的东征军将士！""打倒军阀，国民革命万岁！"的口号，夹道欢迎。此后，左权由于东征中的忠于职守而受到奖励。他欢欣鼓舞，准备写信把这好消息告诉家中。就在这时，姐夫李人干在战斗中英勇牺牲的消息传来。左权一听愣了半晌。

左权与李人干同在广州，而且同在黄埔军校。但是，他们很少有见面的机会。李人干从陆军讲武学校毕业后分到部队任职，比左权先加入中国共产党。左权从陆军讲武学校转入黄埔军校学习，以后又到黄埔教导团任职。所以，他们两个人因为各自学习、工作较忙，顾不上经常见面。李人干有时抽空来看左权，给他谈思想、谈学习、谈生活。只有一次是左权主动去找李人干的，那是左权加入中国共产党的第二天，他抑制不住内心的激动，一口气跑了几里路，找到了李人干。左权对李人干说的第一句话就是："姐夫，从今天开始，我可以真正地称你为同志了！"李人干当然高兴，握住左权的手说："自林，我们一起好好干！"因为急着归队，左权没有在姐夫那儿停留，两人很快又分开了。在第一次东征前夕，李人干办事路过左权所在连队看望他，不巧左权因为正忙于青年军人联合会的事，两人未能见面。憨厚老实的李人干托人给左权留下几句话："要好好干，冲锋在先，吃苦在头里。"左权追忆着与姐夫相见时的一幕幕情景，也想起了远在家乡的苦命姐姐，心里非常难过，不由得把拳头捏得紧紧的。

　　左权在广东期间，常给家中写信，还寄回在黄埔军校毕业时的照片。他在信中讲述革命道理，鼓励亲属们积极支持和参加革命。后来，1926年国民革命军举行北伐，农民运动席卷湖南，早就受到左权影响的大哥毓麟、大嫂罗和青带头参加了农会，罗和青被选为黄猫岭女子联合会副会长。1927年大革命失败后，国民党反动派疯狂进行报复，杀害共产党员和革命群众。国民党军队和地主武装进行清乡，搜查左权的家。左权的大哥、大嫂带着两个儿子左江、左山逃出，千里迢迢，历尽辛苦，投奔在湖北的亲属，躲避了一年后才回到家乡。左权的母亲带着两个孙女左树碑、左惠芬也躲藏起来。受儿子革命思想的影响，爱憎分明的母亲还冒着生命危险把共产党员彭寿桃夫妇隐藏在桃子坡的红薯洞里，每日送饭，达半月之久，使他们幸免于难。1967 年 12 月，彭寿桃见到左权的侄媳刘麦珍时，以无限敬佩的心情激动地叙述了当年左权的母亲救护他们的情景，非常感谢她老人家。当然，这些都是后话。

左权从黄埔军校毕业前后的一年间，随军东征西战，得到很大锻炼，无论在政治素质还是在军事素质方面，都有了极大的提高。如果说 1924 年初刚到广州时，他还只是个热血沸腾、满腔热情的农家子弟和爱国青年的话，那么到 1925 年冬天，他已是一名坚强的共产党员，成为一名有着多次战斗经验、称职的初级指挥军官了。

第三章

留学苏联的岁月

- 肩负使命出国深造
- 体验全新的学习生活
- 与国民党右派学生的斗争
- 在中国革命的转折关头
- 伏龙芝军事学院的学生

肩负使命出国深造

左权从第二次东征前线返回广州后不久,国民革命军第六军军长程潜与党代表林伯渠就决定保送他与陈启科、萧赞育、李拔夫等人到莫斯科中山大学学习。

对于这突如其来的喜讯,左权一连高兴了好几天。关于莫斯科中山大学及其招生的情况,左权当时还不清楚。

孙中山去世后,为了纪念中国这位伟大的革命先行者,同时也是为帮助中国革命培养人才,苏联共产党和政府决定在莫斯科建立一所以孙中山的名字命名的学校,这就是著名的"中国孙逸仙劳动大学",简称"孙逸仙大学"或"孙大"。但中国学生习惯上将之称为"中山大学"或"中大",有时也称"孙文大学"。

在莫斯科中山大学成立之前,已有一些中国学生在莫斯科东方大学就读。不过这所学校并非只招中国学生,一些来自朝鲜、日本、印度、伊朗等国的进步青年也在该校学习。而中山大学则是唯一专门招收中国学生的学校,主要是培养从事革命工作的政治干部。

1925年10月,担任广东国民政府首席政治顾问的苏联代表鲍罗廷在中国国民党一次中央政治会议上,宣布了莫斯科中山大学成立的消息,建议国民党选派学生到这所学校去学习。会议采纳了鲍罗廷的意见,并决定组成选拔委员会,负责学生的选拔工作。会后,选拔委员会开始在广州、上海、北京、天津、武汉等地通过考试选拔学生。但由于中国当时仍是军阀割据，公开招考录取的方法只能在广州进行，其余的省份由组织上秘密推荐选派，而这项工作主要是由共产党人来完成的。

莫斯科中山大学招生的消息传出后，对于渴望到人类历史上第一个社会主义国家去学习的中国有志青年来说，无疑是一个天大的喜讯。一时间，到苏联学习成了一种时尚。中山大学第一期计划招生500认，在广州招收150名，但当时广州的报考人数却超过了1000人，最后仅从中录取了147人。竞争的激烈程度由此可见一斑。

由于左权当时正在第二次东征的前线，因此，对莫斯科中山大学开始在广州招生的事就无法知道了。

事实上，不但广大青年踊跃报考，积极争取去苏联留学，一些国民党要人也纷纷把自己的子女送往苏联。如蒋介石的儿子蒋经国、冯玉祥的儿子冯国洪、邵力子的儿子邵志刚、叶楚伧的儿子叶南、于右任的女儿于楞等，都先后进入了中山大学学习。除了公开招考的学生外，黄埔军校和湘军、滇军的军官学校及其他部队和地方也都争取到了一定的名额，保送了一些学生。被保送的学生，大多是国民党党员，当然也有一些共产党员，左权便是其中的一位。

在出国之前，新学生社、中国国民党广东省党部及其他一些社会团体纷纷开会，欢送左权等这些即将从广州出发去苏联留学的学生。国民政府也出面，专门把这些学生召集起来开了个欢送会。当时的国民政府主席汪精卫也出席了欢送会，并在会上讲话，要学生们团结起来，"始终誓为孙文主义奋战"。随后，鲍罗廷在这次会上发表了长篇演说。他在谈到创办中山大学的目的时指出，科学掌握在帝国主义手里，就成为压迫弱小民族的工具，而若掌握在弱小民族的手里，就可成为解放自己的工具。中山大学就是"要使一般学生了解中山先生的主义，去继续中山先生的工作，以完成中国的国民革命"。将来在此学校毕业的学生，用革命的方法，担负起改造中国社会的责任，以达到解放中国的目的。鲍罗廷的讲话意味深长，左权从他的话语中感到了自己肩负责任之重大，同时，也明确了自己出国深造的使命。

1925年11月，赴苏联留学前的左权。

随后，左权参加了在广州酒店举行的欢送赴苏留学生的茶话会。时任国民党中央宣传部代理部长的毛泽东在会上讲了话。他鼓励青年们要坚定革命意志，到苏联后要勤奋学习，特别是要学好马克思主义的理论。

对于这两次集会，与左权一起被保送到莫斯科中山大学学习的李拔夫后来曾这样回忆道："在出国前，国民政府主席汪精卫曾约集我们讲了一次话。鲍罗廷也参加了这次的集会，并作了长篇演说。此外，毛主席（当时任国民党中央宣传部副部长）在另一个茶话会式的欢送会（似是在广州酒店）上，对我们恳切地讲了话，大意是鼓励大家坚定革命意志；对于革命的基础应该怎样巩固和怎样学习马克思列宁主义，也作了重要指示。他还打了一个比喻说，革命事业犹如建筑房屋一样，如果墙基不够稳固，一经风雨，这个房子就会倒塌；把马克思列宁主义学好，即是为革命打好基础。"

左权在听了毛泽东深入浅出的讲话后，更是深受启发。左权由此更加明确了自己出国留学的目的，并暗下决心，到苏联后一定要努力学习，打好"盖房子"的基础。

在出国之前的这段时间里，除了参加各种形式的欢送会外，左权还要筹措出国所需的经费，因为当时"由广州去苏联的学生，仅由国民党中央发给治装费每人一百元，其余旅费自备"在解决了经费问题后，左权又忙着准备随身携带的衣物及其他生活用品。一切准备就绪后，左权于12月9日，穿上新买的西装和皮鞋，系上新领结，专门上街照了一张相片。拿到相片后，左权郑重地在其背面写上了"赴俄留别羊城摄影，（民国）十四年十二月九日"一行小字，以作纪念。

1925年12月中旬，左权同陈启科、彭文畅、李拔夫、萧

1925年赴苏联留学前在广州，从左至右为陈启科、左权、刘云、黄第洪。

赞育等人告别广州，登上北去的轮船，踏上了赴苏的行程。"呜！呜！"随着几声笛鸣，轮船开始向着大海慢慢驶去。兴奋的左权跑到甲板上，和大家一道尽情欢呼，放声高唱《国际歌》。回到船舱后，左权心潮澎湃，久久不能平静。苏联是个什么样子？中山大学与黄埔军校有何不同？到中山大学要学哪些知识？一个又一个问题不时地闪现在左权的脑海中，他太想知道这一切了。轮船在茫茫无际的大海上航行了一个多星期后到达了符拉迪沃斯托克（海参崴）。

在符拉迪沃斯托克（海参崴），苏联方面设有专门的接待站，派专人负责接转中国留学生。左权和他的同伴们每人在接待站领取了一张免费去莫斯科的火车票。于是，大家一起上了火车。由于苏联当时煤的供应奇缺，左权等人乘坐的火车烧的还是木柴，蒸汽不足，速度比较慢，而且每隔两三个小站火车就得停下，工作人员从站上抱一些木柴到车上，然后火车再继续缓慢地向前爬行。当时正值苏联的隆冬时节，由于火车上没有暖气，车厢里的温度很低，水柜里的水都结成了冰。再加上车厢里没有餐车，大家既喝不上水，也吃不上饭，坐在车厢里冻得浑身发抖。车上所有的乘客都只能等火车到站停靠时，下车去打开水和买些吃的东西。从符拉迪沃斯托克（海参崴）到莫斯科，行程 7400 多公里。左权一行人在火车上又过了半个月，才最终到达红色首都——莫斯科。

体验全新的学习生活

在莫斯科市中心，清澈的莫斯科河缓缓流过。中山大学就坐落在莫斯科河西岸的沃尔洪卡大街 16 号。这是一幢四层的楼房，有 100 多个房间。餐厅在一楼，图书馆、教室、学习室、办公室则分别设在二、三、四楼。大楼正面挂着用俄文书写的莫斯科中山大学的校牌：Коммунистический университет трудящихся Китая имени Сунь Ятсена 楼前是一片宽敞的园地，栽种了许多树木和花草。楼左边是排球场，后边是篮球场。学校对面是莫斯科大教堂，建筑别致，金碧辉煌，尤以其六个金色的圆屋顶而著名。教堂前面有一个开阔的广场，两侧则是漂亮的公园。

左权等人到达中山大学后，受到了校方及先期来到的中国学生的热情欢迎。大家你一言，我一语，互相诉说着在异国他乡的见闻和感受。学校方面按照安排先期到达的中国学生的方法，先是将与左权一起到达的这批学生按个头大小排队编号，继而按顺序给每个学生发放生活日用品、分宿舍。然后学校的工作人员和教员找这些新来的学生一一谈话，询问他们各自的姓名、籍贯、家庭成份、文化程度、学历和经历，以及曾读过哪些书，参加过什么革命活动等等。为教职员工作方便，同时也是出于保密的考虑，校方又为每个新来的学生取了俄文名字，再根据学历等情况将这批学生进行分班，并给每个学生发了学生证。左权的俄文名字叫拉戈金，被分在第一期第七班。

在左权来到中山大学前后的这段时间里，俞秀松、董亦湘、周达文、张闻天、王稼祥、吴亮平、乌兰夫、孙冶方、王明、伍修权、朱瑞等一些中共党、团员受组织的派遣或通过考试录取的方式先后来到中山大学。另外，在法国等欧洲一些国家学习的中共党、团员，如邓小平、傅钟、李卓然等也受组织的派遣来到中山大学。

来到中山大学后，左权感到这里一切都是那么陌生，一切又都是那么亲切。尽管苏联当时的经济比较困难，人民生活还比较艰苦，但对远道而来的中国学生却是格外的照顾。就拿吃的方面来说，一开始，校方为学生们每日准备五餐。大家既感到这样有些不习惯，也觉得有些浪费，于是建议校方取消了下午的点心和夜餐，改成一日三餐。每餐的内容都比较丰富，如早餐有鸡蛋、面包、牛奶、香肠、红茶等。为了让中国学生吃得习惯，学校还特意雇来了中国厨师，让学生们自由选择吃中餐还是西餐。在穿着上，每个学生一入学，学校就发给每人一套西装、一件外套、一双皮鞋，另外还有衬衫、浴衣、毛巾、梳子、鞋油、肥皂、牙刷、牙膏以及其他日常生活必需品。莫斯科的冬天格外冷，学校又为每个学生配发了厚厚的大衣、暖桐以及雪靴、雨鞋。夏天，学校又给学生们发凉鞋。此外，学校每月发给学生一定的津贴费,让他们自由支配。

在住宿方面,左权等第一期学生都住在三层的集体宿舍里,每间数人,房间有床铺、小柜和书架。床上用品如毯子、枕头、被单等都是统一配发的,每星期更换两次。房间里还有暖气和卫生设备。

苏联方面在生活上给予中国学生的优待,使左权深受感动。但是,他清楚地知道,自己到这里来的目的并不是为了享受,而是有重任在肩。客观条件越是优越,就越需要好好学习。唯有如此,才不会辜负党的期望和重托,才对得起苏联方面给予自己的种种优待。

由于中山大学第一期的学生是从国内外先后分批到达的,所以左权与同期到达的学生们在办完了报名、编号等手续以后就开始上课,但此时学校还没有正式开学。直到1926年1月最后一批学生到达后,中山大学才举行了开学典礼。

典礼仪式在莫斯科工会大厦举行,由联共(布)中央政治局委员托洛茨基主持。当天工会大厦的大厅焕然一新,厅内气氛肃穆庄重。主席台的上方挂着分别用中文和俄文写的是"中苏人民友谊万岁!""全世界无产者联合起来!"的大标语。中国国民党党旗和苏联国旗在富丽堂皇的墙壁上十分惹人注目。孙中山和列宁的遗像分别挂在这两面旗帜之下。当拉狄克、托洛茨基、季诺维也夫等苏联共产党中央委员会和共产国际执行委员会的代表们陆续出现在主席台上时,大厅房顶的无数盏吊灯一下子全亮了起来,大厅里随即爆发出雷鸣般的掌声和欢呼声。托洛茨基在典礼仪式上发表了热情洋溢的演说,指出了中国革命的重大意义,并要求苏联人民对中国学生表示友好和团结,他说:"从现在起,任何一个俄国人,不论他是一

第三章 留学苏联的岁月

个同志或者一位公民,他如果用轻蔑的态度来对待中国学生,见面时双肩一耸,那他就不配当俄国共产党人或者苏维埃公民。

开学典礼在学生们热烈的掌声中结束。

学校正式开学后,左权开始了正常的学习生活。每天早晨,当克里姆林宫的大钟响过七响之后,左权便和同学们来到大教堂前面的广场上做早操,"挺胸!两手叉腰!开始呼吸动作!"随着教员的口令,左权和同学们做起了早操。20分钟的早操结束后,左权和同学们回到宿舍,整理个人的内务卫生。8点钟,左权和同学们一起去吃早饭。吃过早饭后,有一小时的空闲时间,大家可以看报、自修或做些上课前的准备工作。

中山大学当时开设的课程主要有:语言学,包括必修的俄语和作为选修的英语、法语或德语;历史学,包括社会发展史、中国革命运动史、俄国革命史、东方革命运动史等;哲学,包括辩证唯物主义和历史唯物主义;政治经济学;经济地理等。学制为两年。学校在教学过程中,理论和实践并重。采取上大课、小组讨论和自学的教学方法,并经常组织学生们去参观工厂、农庄及革命历史遗址,如冬宫、克里姆林宫、革命战士坐过的监狱等。

俄语是每个学生的必修课,分俄文读报、俄语散文和俄语语法三门课程。教员在上课时用的多是俄语,通过翻译来授课。一般是讲一段,译一段,这对于绝大多数都没有接触过俄语的中国学生来说,无疑有着相当的难度,左权和同学们都感到这样听课很吃力。为了攻克语言障碍关,左权抓紧一切时间拼命地学习俄语。上课时专心听讲,认真做笔记,把每节课的生词和语法都记在一个小本子上,有时间就拿出来看看。每天早晨，他总是提前起床到校园里，或者练习发音，或者朗读课文。有时为了读准一个音，左权会不厌其烦地练上几十次甚至上百次。晚上睡觉前，再把当天学到的单词、语法或课文默读一遍。有时，同学们已经熄灯就寝了，他就一个人在走廊里的路灯下默默背诵着。每到星期天，左权总要把一周学习过的功课重新复习一次，以加深理解和记忆。

在基本通过了语音关，又有了一定的语法基础后，左权开始到图书馆借阅俄文书籍。碰到不懂的地方，他就记下来，回去再向教员或同学们请教。当时，邓小平与左权同在第七班，俩人平时又是好朋友，所以左权遇到问题时就经常向他讨教。邓小平为人非常热情，乐于助人。每当左权向他求教学习问题时，他总是热情而耐心地帮助解答。经过一年多时间的努力，左权终于攻克了俄语关，上课时能直接听懂教员的讲课内容，并能顺利地阅读俄文书籍了。此后，他阅读了不少俄文版的马克思、恩格斯、列宁、斯大林的著作，包括许多军事论著，从而打下了良好的马克思主义理论和军事理论基础。回到国内后，左权还借助其扎实的俄文功底，陆续翻译了一些苏军的战斗条令、条例等军事著作。

除了俄语之外，左权还刻苦钻研军事课程。一方面，他对军事课程非常感兴趣；另一方面，中山大学也十分重视对学员进行军事教育。学校专门请来一些部队的著名指挥官任教，并在校内设立了军事研究室，里面陈列着供学生实习用的各种武器，如步枪、机关枪、手榴弹、大炮、坦克等，此外还有各种供模拟作战指挥用的地形沙盘，作为课堂教学的补充。在学校的安排下，左权在中山大学学习期间还去参观过莫斯科附近的军事院校，到过莫斯科附近的兵营，在那里接受过野营训练。

对于左权来说，中山大学的学习生活是紧张的。左权热爱学习，但并不是一个只知死抱着书本不放的人，他和其他许多同学一样，有着青年人的爱好和追求，有着自己喜欢的业余生活。中山大学有一个群众性的学生组织——学生公社，由一名主席和一名书记负责。学生公社下设很多俱乐部，包括音乐、排球、篮球、骑马、游泳、摄影、滑冰、舞蹈等。学生们可以免费参加其中的任何一个项目。左权很喜欢体育运动，经常参加学校的各种球类比赛及其他一些活动。有时到了周末，左权就邀上几个同学到公园去看看，或者去看场电影，以放松一下因学习劳累而过度紧张的神经。有时学校组织学生去观看一些文艺演出，左权也从不放过这样的机会。

在学习不忙的时候，左权在饭后总爱和邓小平等同学到教堂旁边的广场、公园或莫斯科河畔去散步，因为他喜欢听邓小平讲些在法国勤工俭学的事情。当时，邓小平、傅钟等从法国转来的学生，每个人的脖子上都围着一条蓝白相间的大围巾。开始左权总觉得有些奇怪，不知道这是何意。有一次，左权和邓小平等人散步时正好碰到了蒋经国和徐君虎二人。他们对邓小平等人围的围巾也很感兴趣，于是便问道："你们为什么总是围着一条大围巾？"邓小平解释说，在法国留学的中国学生常去当清洁工，尤其是捡马粪，因为在法国做这个工作挣钱较多，干一天能挣足够一个星期的花销。法国的清洁工都围着那么一条围巾，因此他们每人也有那么一条。左权、蒋经国等人听后这才明白，原来，他们是以曾当过清洁工人而自豪啊！

时间过得很快，一转眼左权和同学们就在中山大学度过了半年时间，中山大学开始放暑假了。根据苏联当时的宪法和劳动法规定，知识分子包括科学家、教授、学生等，每年有两个月的假期，假期中的全部旅费及吃饭、住宿等方面的费用都不收钱。中山大学的学生们也享受到了这种优待。

根据校方的安排，左权和同学们到莫斯科郊区的塔拉索夫卡疗养地去度假。当大家来到这座风景秀丽的"制造健康"的工厂时，疗养所大门口的巨幅标语——"欢迎我们的朋友——中国革命青年"立即把左权和同学们带入友谊的海洋。工作人员列队向这些新来的中国学生致意，一张张笑脸表达了对战斗中的中国人民真挚的友情与支持。

左权和同学们进入疗养所的当天，医护人员就为他们每个人检查了身体。体检结束后医生告诉左权，他的身体状况比较健康，不过从现在起应当少看书，多做运动，水、阳光、空气是我们人类最好的朋友，应该多接触它们。随后医生给左权开了一张无任何疾病的体检证明。左权根据医生的指示，拿着这张体检证明，去领取床位、饭票及衬衫、运动衣等日常生活用品。左权把一切物品都安置好后，便和同学们一起在工作人员的带领下参观了整个的疗养所。在参观过程中，左权了解到，十月革命以前这里曾是莫斯科资本家、大商人的避暑处，现在却成了劳动者的乐园，左权也由此感到了社会主义制度的优越性。

接下来的暑假生活丰富多彩，这使左权觉得，生活在社会主义苏联是一件非常幸福的事情。当然，不仅仅是左权，其他的同学也有同感。就连当时的国民党右派学生邓文仪也在《游踪万里》这本书中写道：休假时，大家不用上课，不必看太多的书。相反，校方还动员学生们去游泳、划船、晒日光浴，或者去参加其他各种娱乐活动。经历了两个月的愉快经历和美好的时光之后，每个人都增加了体重。

第三章 留学苏联的岁月

· 151 ·

两个月的假期很快就过去了,左权和同学们返回学校又开始了紧张的学习生活。

与国民党右派学生的斗争

莫斯科中山大学是第一次国共合作的产物。该校中国共两党学生的关系,始终受到中国国内政治形势和国共两党关系的影响和牵动。中国国内国共两党关系的微妙变化,都会在中山大学的学生身上有所体现。因此,在中山大学中共党、团员反对国民党右派学生的斗争,就成了国共两党复杂关系在异国他乡的一个侧影。

中山大学的学生来自达官显贵、平民百姓、儒林学士、军旅行伍等不同阶级和阶层,在年龄结构、社会经历、政治态度等方面都有极大的差别。例如,有李锦蓉这样年仅15岁的翩翩少女,也有王经燕这样三个孩子的母亲;有左权等正值青春年华的优秀革命军人,也有俞秀松等参加过中国共产党创建的老共产党员;当然也有张镇、康泽、郑介民之流的国民党右派学生。这些国民党右派学生很有反动经验,也非常善于窥测动向。他们同国内的国民党右派势力遥相呼应,伺机在中山大学内进行一些分裂、破坏国共合作的反动活动。

1926年3月,蒋介石一手策划了"中山舰事件",紧接着国民党二届二中全会又通过了蒋介石提出的旨在排挤、打击共产党人的"整理党务案"。中山大学内的国民党右派学生对此起而响应,制造反共舆论,要求共产党员退出国民党。他们还在国民党员学生中进行蛊惑性宣传，说什么为了对党忠诚，就应当以国民党员身份来，仍以国民党员的身份回去；如果成了跨党分子，回国以后会影响个人的前途等。同时，这些国民党右派学生在其内部也积极活动。康泽就曾找过李拔夫说："你在国内加入过孙文主义学会，现在应和我们一道为拥护三民主义而斗争。"他们还利用墙报及与其他同学私下接触的机会宣传各种反动观点，挑起争论，制造事端。在谈到新三民主义问题时，故意将其与联俄、联共、扶助农工的三大政策割裂开来，以旧三民主义来取代新三民主义。更为可笑的是，这些右派学生还倒打一耙，指责共产党"曲解"了新三民主义，背叛了孙中山三民主义革命的内容。

针对国民党右派学生的反动宣传，左权和其他中共党、团员与之进行了针锋相对的斗争。特别是左权所在的第七班，同国民党右派学生的斗争最为激烈。朱瑞回忆说："据当时看，这是政治上最强，斗争最剧烈，人材最集中的一个班（国共两方的主要学生均集于此班）。"国民党方面，有康泽、谷正纲、谷正鼎、邓文仪、林柏生、陈春圃、李秉中等；共产党方面，有俞秀松、左权、邓小平、傅钟、沈泽民、潘自力、朱瑞等。由于第七班集中了国共两党的一批骨干力量，理论水平相对较高，被当时的同学们称为"理论班"。傅钟曾这样回忆道：第七班情况比较复杂，该班有几个国民党右派学生，他们在国民革命基本问题上与我们观点完全不同，所以经常发生激烈的争论。

当时国共双方学生争论的焦点主要包括：新三民主义与共产主义的异同、中国革命的道路和前途、中国无产阶级和资产阶级的作用等问题。

左权等共产党员认为，新三民主义的原则和纲领与中国共产党在民主革命阶段的纲领基本一致，因而能够成为国共两党合作的政治基础。但两者仍存在着原则上的差别。最根本的区别在于，共产主义在民主革命阶段之外，还有一个社会主义革命阶段，其最高纲领是实现共产主义制度。而三民主义以民主革命的完成为最高奋斗目标，没有社会主义革命这一阶段。国民党右派学生则故意把中国共产党的最低革命纲领与最高革命纲领混在一起，散布中国共产党在民主革命阶段就要完成社会主义革命的任务，以此进行挑拨和分裂，并诬称中国共产党破坏了革命统一战线。他们还以中国工业太落后为理由，宣称共产主义不适合中国。左权等共产党员则认为，中国革命的最终目的就是为了实现共产主义制度，建立一个没有人剥削人、人压迫人的崭新社会。国民党右派学生宣称，在中国，资产阶级还是非常富有战斗性和革命性的，而中国的无产阶级很少，根本不能领导革命，中国的革命只有依靠资产阶级领导才能取得胜利。左权等共产党员坚定地认为，在中国只有无产阶级才是革命的主要依靠力量，中国革命要取得胜利必须由无产阶级来领导。虽然左权当时并没有、也不可能对所有的有关中国革命的理论问题都弄清楚，但其同国民党右派学生作斗争的态度是鲜明的，也是坚决的。

在第七班，有一个和左权是同乡、同时又是醴陵县中学及黄埔军校同学的人，他就是邓文仪。同一个地方的人、同一所中学毕业后，又都到了同一所军校。他们的"缘分"不可谓不深。可是，就是这样的两个人却分别走到了共产党和国民党的两个营垒中，并且在政治上处于一种尖锐的对立状态。在黄埔军校，左权参加了由进步青年组成的青年军人联合会，并成为其中的负责人之一；邓文仪则参加了由国民党右派学生组织的孙文主义学会，也成了其中的一个重要骨干。所以，左权在黄埔军校就曾和邓文仪进行过面对面的斗争。

说来也许有些巧合，在距中国万里之遥的异国他乡——莫斯科，两人居然又一次走到了一起。于是，两人的斗争便又从国内转移到了国外。尽管是同乡、同学，但左权对作为国民党右派学生骨干的邓文仪的斗争是向来不讲情面的，也从不妥协。每当邓文仪在班里散布一些反动观点时，左权便挺身而出，对其政治立场进行深刻的揭露和批判，驳斥其荒谬的理论观点。1927年4月，当蒋介石举起屠刀，挥向曾是自己同盟者的无数革命志士时，已被遣送回国的邓文仪此时竟在《黄埔日刊》上发表了一篇题为《清党运动的必要及其意义》的文章，大肆诬蔑苏联、辱骂共产党和中山大学。这份报纸居然还寄到了中山大学。左权和其他同学见了后非常气愤，决定把邓文仪的文章剪贴到墙报上，并且在其文章的前面加上了一个醒目的标题——《请看中大同学败类邓文仪的反动嘴脸》，下面还加上了一段按语："邓文仪受了两年的社会主义教育，而刚刚离苏回国，便变成了另一副彻头彻尾的反动狰狞面貌，在校的同学中是不是还潜伏有这样的家伙？大家应该警惕！"

左权和同学们之所以决定这样做，主要是为了警告校内其他的国民党右派学生，不要因为蒋介石大肆反共而得意忘形。墙报一出来，立即收到了预期的效果。一方面它激起了多数同学对邓文仪所代表的国民党右派势力的愤怒，引起了大家的警觉；另一方面对校内的国民党右派学生造成了一种很大的压力，使他们不敢再进行公开的反共活动，打击了其嚣张气焰。

在同国民党右派学生进行坚决斗争的同时，左权等中共

第三章　留学苏联的岁月

党、团员也注意做好团结大多数同学的工作。这种讲究策略的斗争方式,使得国民党右派学生在莫斯科中山大学处于一种相对孤立的境地。对此,有人曾在书中不无感慨地写道:"国民党在共产党包围环境下,与在国内情形恰恰相反,只能秘密,不能公开,只有理论之争,不能有行动表现。在组织方面,只有实行关门主义,只能转弯抹角地宣扬三民主义。换言之,国民党学生的斗争活动,只限于守,而不能攻;只能应战,而不能挑战。"

这段话从一个侧面说明,左权等中共党、团员对国民党右派学生的斗争还是很有成效的。

事实上,国民党右派学生并不仅仅满足于散布一些反共的思想。1925年底,到中山大学学习的中共党、团员在中山大学成立了旅莫支部。半年后,学校决定解散旅莫支部,成立中共党、团员统一领导机构——总支部,由一名苏联人任总支部书记。后来总支部改称支部局。

在中共旅莫支部成立后不久,苏联和共产国际方面批准国民党学生在中山大学建立一个特别支部,称"中国国民党中央直辖莫斯科中山大学特别支部"。由于当时国内实行第一次国共合作,中共党员和共青团员大都以个人身份加入国民党。同时,中共党组织又有意安排少数中共党员到国民党特别支部担任负责工作,如当时在中山大学担任总支部副书记的傅钟,就被组织派去兼任国民党支部监察委员会主任一职。1926年12月入校的李一凡受党组织的委派,曾先后在国民党特别支部中担任过宣传部副部长、监委主席等职务。这样一来,就使得国民党特别支部实际上被控制在中共党员和国民党左派手中。对此,国民党右派学生很不甘心,便暗中拉帮结派,拼凑右派地下组织。

有人曾这样描述当时的情况："在组织上，国民党亦有'旅莫支部'，实际上又分为两个组织：一为国共两党所共有的公开的国民党旅莫支部；一为纯国民党学生自动秘密所结合，只有实质而无形式的组织。前者已被共党所把持，等于共党外围机关，后者在共党严密监视之下，几乎不能动弹。"这段话至少说明两个问题：其一，国民党右派学生始终没有放弃反共的活动；其二，国民党右派学生在无法公开建立组织的情况下，就采用秘密的方式进行活动。经过密谋，他们决定在中山大学里建立一个孙文主义学会分会。计划定下来后，这些右派学生便开始暗中行动了。

俗话说，没有不透风的墙。尽管这些右派学生自认为行动诡秘，外人不会知道他们的计划，但他们要在中山大学成立孙文主义学会分会的消息还是慢慢传了开来。对于孙文主义学会，左权是再清楚不过了：它是在蒋介石的支持下、由贺衷寒、郑介民等国民党右派学生在黄埔军校建立起来的一个反动组织，名义上是为了研究孙中山先生的主义，实际上是为了对抗由共产党人领导的、由进步青年组成的青年军人联合会。孙文主义学会组成后，专门从事一些反共的活动。为此，青年军人联合会曾与其作过无数次斗争，双方的成员甚至动起手来，有过多次打斗。由于郑介民等右派学生的所作所为实在不得人心，从而使得孙文主义学会在黄埔军校成立后不久便已是声名狼藉。所以，当左权得知郑介民等国民党右派学生要在中山大学组织孙文主义学会分会的时候，立即将其反动本质向党组织及其他一些不了解情况的学生作了详细的介绍。慢慢地，中山大学的大部分青年学生都了解了孙文主义学会的本质，知道它是个国民党右派的团体，因而对其没有什么好印象。

不过，郑介民等人并没有因此而"气馁"，他们仍按照原计划进行活动，并开始在中山大学校内吸收其所谓的"会员"。这一举动立即招致了其他同学的强烈反对和抵制，于是有人向学校方面作了检举揭发。然后由学生公社召集全体学生开会。在会上，左权和其他许多同学纷纷发言，揭露孙文主义学会的反动本质。朱瑞在大会发言中曾这样批评道：所谓孙文主义学会，不过是一部分为了自身利益的人，打着孙中山先生的招牌，挂着羊头卖狗肉而已。多数同学都认为他们在苏联留学还进行这种反动活动，是十分不应该的。有些同学主张责令他们检讨悔过，有些同学主张干脆把他们开除学籍。当然，也有少数人为这些右派学生进行辩护，认为这是"研究自由"，不应加以干涉。郑介民等右派骨干分子则态度强硬，拒不认错，并在会场上大闹起来，指责别人在"压迫"他们。最后大会做出决议，建议校方开除他们的学籍。学校方面根据大多数学生的意见，决定将邓文仪、萧赞育、谷正纲、谷正鼎等8人开除学籍，遣送回国。这对中山大学校内的国民党右派学生来说无疑是一个沉重的打击，但是双方的斗争并没有因此而结束。

留在校内的国民党右派学生的嚣张气焰虽暂时有所收敛，但他们的活动并没有完全销声匿迹，有些则变得更加隐蔽。他们还一直对校方开除右派学生之事"耿耿于怀"。一有机会，就将这种不满情绪发泄出来，甚至危言耸听地说："这次事件是共产党无中生有，借题发挥，用以压迫国民党同志，想把中大造成清一色的党校，这是企图消灭国民党的阴谋的一个缩影。今后在校的每一个国民党同志如果不能伏伏贴贴地听他们的指挥，就随时都有戴上右派、反革命分子帽子的危险。"一些国民党学生听了后，再联系到被开除学籍、遣送回国的人，感觉似乎受到了不公平的待遇，于是开始疏远共产党学生，双方的关系有些紧张。

校长拉狄克为了缓和双方关系，特意邀请胡汉民到中山大学来讲话，希望他对国民党学生加以训诫，从而增强国共双方学生的团结，搞好学习。胡汉民原是广州国民政府右派中的重要一员，因涉嫌与国民党著名左派领袖廖仲恺的遇刺案有直接牵连而被迫"出国考察"，并于1925年10月来到莫斯科。胡汉民为谋取苏联对国民党的支持，到莫斯科后也唱些革命高调，赞扬十月革命胜利的伟大意义。然而，在另一些场合，特别是在与中山大学的国民党员学生的接触中，却极力兜售其右派的那套理论：他打着拥护孙中山三民主义的旗号，竭力宣扬国民党是"中国革命分子唯一的组合体"，是"国民革命的领导者"，并以"绝对不容有人割裂三民主义，按其阶级本身利益接受一部分而抛弃遗忘了其全部"为借口，指责共产党"歪曲"三民主义，企图把共产党排除在革命的领导之外。

胡汉民认为，给中山大学的全体学生讲话，是一个宣扬其"理论"的机会。他在对中山大学的同学们做了一番表示钦佩、赞扬的开场白后，就把话题转到了国共双方学生斗争的问题上，并倚老卖老地说道："你们都不是东西，好像小孩子闹着抢饼子吃一样。列宁不是要你们参加世界革命的么？列宁对于世界革命的参与者是同等看待的，并不是要你们像抢饼子一样和人家抢的。如果像抢饼子一样地闹，决不是列宁主义的信徒。一个革命的国民党员如果怀着惧怕共产党员来抢饼子的心理，也就根本不是革命者天下为公的心肠。"

左权在听了胡汉民的讲话后，明显地感觉到胡汉民是在偏袒国民党右派学生，并有在学生内部挑拨离间、鼓动右派学生继续"斗争到底"的意图。于是，他便和其他中共党、团员商讨对策，想办法消除胡汉民的讲话对国民党学生产生的影响。最后大家一致决定，在对极少数国民党右派顽固分子进行坚决斗争的同时，对大多数国民党学生进行团结、争取的工作。经过左权和其他中共党、团员的共同努力，国共双方学生间的紧张关系逐渐有了缓和，尽管大家在政治上观点不同，但在学习、生活上基本能够正常相处了。这样，中山大学校内由国民党右派学生掀起的风波到此大致平息了下来。

在中国革命的转折关头

1926年到1927年夏，中国的革命形势可谓一波三折。

左权虽然身在莫斯科，不能直接参加国内的革命斗争，但他始终没有忘记自己的国家，没有忘记自己肩负的使命，始终关注着国内革命斗争的发展，关注着国内革命形势的变化。

1927年3月下旬，上海工人第三次武装起义胜利的消息传到了莫斯科。当中山大学的学生得知这一消息后，刹那间，整个中山大学沸腾了。左权抑制不住心中的喜悦之情，在人群中尽情地欢呼着，和大家热烈地拥抱着，眼睛里闪耀着晶莹的泪花。学校于当天中午发出通知，下午4时在俱乐部召开庆祝大会。可是，"未至四时全校同学已齐集俱乐部，一片欢呼声与鼓掌声直如山崩地裂，新落成的俱乐部几乎被震撼得崩颓下来!"

庆祝大会结束后,左权又和同学们走出校门,进行了盛大的游行。成千上万的莫斯科工人、市民也纷纷加入了游行队伍,一时间,整个莫斯科的街道上人山人海。左权和中山大学的学生们走在游行队伍的最前面。当游行队伍聚集在共产国际大厦前时,左权与中山大学的同学们聆听了共产国际代表及中山大学校长拉狄克等人发表的盛赞中国革命取得胜利的热情洋溢的演说。然后左权与中山大学的同学们随着游行队伍继续前进,最后到达联共(布)中央大楼前的广场。在这里,左权等中山大学的学生们又受到了联共(布)中央委员安德烈耶夫的接见,并聆听了他的演说。

莫斯科《共产国际通讯》对当天的游行盛况进行了这样的报道:"起义工人夺取上海的消息今天清晨传遍了莫斯科,全市居民莫不为之欢欣鼓舞。各工厂下班后都举行了集会,演说者在会上阐明了国民革命军这一新胜利的重大意义。下午四点,数千工人在共产国际大厦广场上举行群众大会。中山大学学生走在游行队伍的前列……游行一直持续到晚上。"

一连十几天,左权和同学们都沉浸在欢乐的海洋中。可是,令左权意想不到的是,当大家还在议论着上海工人武装起义胜利的意义时,蒋介石——这个曾被当时有些人奉为中国"革命领袖"的人物,却撕下了他那虚伪的面具,将枪口对准了昔日的盟友。

"蒋介石叛变革命!""蒋介石正在屠杀共产党人和革命志士!"噩耗一个接一个地飞到了莫斯科。当时,左权几乎难以相信这是事实。月前,他还跟随蒋介石东征讨伐军阀陈炯明,可是现在怎么连蒋介石也变成了杀人不眨眼的反动军阀了呢?

第三章 留学苏联的岁月

·161·

左权真是想不通。然而，上海的革命群众正大批地遭到逮捕、屠杀，江苏、浙江、江西、福建、广东等省也跟着掀起了血雨腥风，许多共产党员和革命群众壮烈牺牲。这就是事实！一个血淋淋的、任何人都无法回避的事实！左权痛心疾首。

对于左权来说，蒋介石的叛变不啻于一个晴天霹雳，他从心理上无法接受这样一个事实。此时，中山大学里到处燃起了愤怒的火焰，学生们自发地举行全体集会，声讨蒋介石的反革命罪行。

在全校大会上抨击蒋介石最激烈的要算他的儿子蒋经国。当时已是共青团员的蒋经国在讲台上慷慨陈词："今天，我在这里不是作为蒋介石的儿子，而是作为共青团的儿子来讲话的。"蒋经国不但痛斥了蒋介石背叛孙中山三民主义和三大政策的罪行，而且声明断绝与蒋介石的父子关系，"其情绪之愤慨，语言之尖锐，超过所有讲话的人"。蒋经国的发言博得了左权和同学们最热烈的掌声。几天后，蒋经国又发表了谴责蒋介石背叛革命行径的公开声明。声明说："蒋介石的叛变并不使人感到意外。当他滔滔不绝地谈论革命时，他已经逐渐开始背叛革命，切望与张作霖和孙传芳妥协。蒋介石已经结束了他的革命生涯。作为一个革命者，他死了。他已走向反革命并且是中国工人大众的敌人。蒋介石曾经是我的父亲和革命者的朋友。他已经走向反革命阵营，现在他是我的敌人了。"蒋经国的声明由苏联塔斯社全文发表，并被译成多种文字传到了世界各地。当时汉口的《人民论坛报》亦对其进行了转载。

左权和同学们在这次集会上除了对蒋介石进行谴责外，还通过了一项决议，致电武汉国民政府，要求严惩蒋介石等革命的叛徒。电报说："当前中国革命的发展引起了帝国主义及其走狗的反击,假革命的蒋介石及其一伙违背了党的原则和纪律的反革命分子,他们背叛了我们的革命,屠杀上海的革命工人,从而成为帝国主义的走狗。现在他们成了我们革命道路上的障碍。但是我们有信心,得到我们工人群众和革命军队支持的国民党中执委和国民政府一定会勇敢而坚定地进行反对反革命的蒋介石及其一伙的斗争。我们确信我们会得到最后胜利。"

此时的左权对中国革命形势的发展并没有灰心失望,烈士的鲜血反而更加激发了他革命到底的决心,他相信中国革命只是暂时遇到了挫折,将来一定能够取得成功。同时,左权又对许多问题感到一时无法理解。这个自称为孙中山"忠实信徒"的蒋介石,为什么敢冒天下之大不韪而背叛革命呢?上海工人纠察队为什么要自动解除武装?苏联共产党和中国共产党为什么没能发现蒋介石是个假革命呢?诸如此类的问题,在左权的脑海中都成了解不开的"疙瘩"。再加上托洛茨基、季诺维也夫、拉狄克等人不断指责联共(布)中央和共产国际在指导中国革命的理论原则问题上犯了错误,使左权对于中国革命的性质、策略、指导思想等许多问题感到迷惑。

在这种情况下,左权非常希望联共(布)中央能够对这些问题做出明确的答复。当时,中山大学的很多学生都有着与左权类似的疑惑。一时间,大家对有关中国革命的许多问题议论纷纷,莫衷一是。担任学校党支部局副书记的傅钟把同学们反映强烈的问题收集起来,向上汇报,请求联共(布)中央能够来人解答学生们的疑问。对此,傅钟回忆道:"当时,大家问题很多,意见又很不一致,我收集了三四十个问题,送至联共中央,并亲自去交涉请斯大林同志来作报告,解答大家的问题。"

第三章 留学苏联的岁月

1927年5月13日上午，左权准备去图书馆借阅一些关于苏联指导中国革命理论方面的书籍，他想静下心来好好研究一下有关问题。当他走到图书馆大门口时，看到旁边贴着一张大布告，通知当天下午2时联共（布）中央将有一位重要人物来校向全体师生作重要报告。"太好了！终于有人来作报告了！"这个重要人物会是谁呢？他在报告中会讲哪些问题呢？左权边想边走进了图书馆。

　　吃过午饭后，左权早早地来到了学校大礼堂。此时，礼堂里已经来了不少学生。为了能够听好这次报告，左权好不容易才在靠前排的位置找了个座位坐下来。时间不长，礼堂里就已挤满了人群，就连平时不愿参加会议的同学也都赶来了。很多来晚的人只能靠墙站着。大家都以一种激动而又兴奋的心情等待着那位重要人物的到来。

　　下午2点整，主席台上的帷幕徐徐拉开，斯大林面带微笑地走上讲台。左权和同学们对于斯大林的到来报以最热烈的掌声，同时，"乌拉！乌拉！"之声不绝于耳，环绕在整个礼堂的上空。

　　报告会由傅钟主持，翻译先是周达文，后换成卜士奇。令左权感到奇怪的是，他们的校长拉狄克竟然没有出现在报告会上。正当左权胡乱地猜测时，斯大林开始了他的讲话。

　　斯大林在讲话中谈到的第一个问题，就是关于中国革命的性质问题。拉狄克曾认为，在中国农村并不存在封建残余，中国农民的革命斗争主要是反对商业资本主义。因此，斯大林在阐述这个问题时，直接对拉狄克的观点进行了批驳。

　　左权在听了斯大林讲完第一个问题后，心头不禁猛地一震。令左权感到吃惊的并不是斯大林所阐述的问题的本身，而是他在阐述问题时所使用的那种批判的语气。从斯大林的讲话中，左权似乎嗅到了一股浓烈的"火药味"。他怎么也没想到，令那么多学生崇拜的校长，此时此刻却成了斯大林的批判对象。

拉狄克原来是波兰人，曾先后参加过波兰、俄国、德国的革命活动，后来任共产国际执行委员会的委员。1925年他接受了组建中山大学的任务，结果只用了三四个月的时间便将每件事情都安排得井井有条，以致中山大学的第一批学生到达时，都觉得像是到了自己的家里一样。拉狄克书生气十足，但热情奔放，有着较强的责任心，且平易近人。他每天按时上班，在校园里遇到中国学生时，总是主动同他们打招呼，询问他们的学习情况和兴趣爱好。在学生们的眼中，他是个非常出色的演说家。他讲课时总是座无虚席，就连东方大学的学生和教员以及研究中国问题的专家们都来听他的课。

对于拉狄克，左权尊敬他的工作，佩服他的学识。因此，当斯大林在讲话中点名对拉狄克进行批判时，左权的心里也受到了震动。

斯大林在讲完第一个问题后，接下来又讲了九个问题，全都围绕着国民党的性质，国共两党的关系及如何进一步推动中国革命的战略与策略等问题展开。例如：为什么国民党不是小资产阶级政党；为什么武汉政府不进攻蒋介石，而进攻张作霖；基马尔式的革命在中国是否能够行得通；在中国能否提出让农民立即夺取土地的口号等等。斯大林的报告持续了大约三个小时。报告结束时，礼堂里的掌声经久不息。

听完报告后，左权非常兴奋，不时地和同学们议论着报告的内容。有的学生在事后曾这样评论斯大林的这次讲话："总的来说，斯大林在学生中留下了良好印象。然而这并不是说，他对我们的问题所作的解答使学生中的一切不同派别都满意，或者人人都同意他的解答。在斯大林来过之后，中山大学的上空并不就是阳光普照了，斯大林驱散了许多疑云，但还有一些迷雾在蔽空。"

为加深对斯大林讲话内容的了解和学习，中山大学的党支部局请了几个教员和俄语较好的学生，把斯大林的讲话全部翻译成中文，并装订成小册子，左权等中山大学的学生和教职员工人手一册。随后，中山大学的各个党小组又根据党支部局的指示，组织学生们进行讨论和学习。对于斯大林在讲话中所阐述的观点，左权有些是赞同的，有些则还没弄懂。

令左权一直感到迷惑的是，为什么同是苏联共产党的重要领导人，斯大林与托洛茨基会在关于中国革命的问题上出现两种"声音"呢？究竟孰是孰非？要在短时间内完全搞清楚这件事，对于年轻的左权来说，显然不是件容易的事。实际上当时不只是左权，其他好多学生也都无法弄清楚。

1927年7月，汪精卫发动反革命政变后，中国大革命遭到了彻底的失败。中山大学的学生们在一片茫然中迎来了暑假。左权等第一期学生至此已完成了在中山大学的全部学业。

当时，许多国民党学生鉴于国共已经彻底"分家"，纷纷要求回国。而共产党员学生中，一小部分对共产主义不坚定的人此时也发生了动摇，有的甚至宣布退党；另有少数人则因对党的路线的不满，接受了托洛茨基反对派的观点，有的则加入了苏联的托派组织。在这种情况下，左权既没有退缩，也没有走向另一个极端，而是始终坚定自己的革命信念，表现了一个共产党员应有的革命坚定性。

第三章 留学苏联的岁月

从1927年春到1927年夏,因国内革命形势吃紧,中山大学的一些中共党、团员曾奉中共中央的命令陆续地回国,参加国内的革命斗争。左权此时本来也整装待命,做好了回国的打算,但由于回国的道路已不通,这样左权和另外一些原准备回国的学生便被滞留在了莫斯科。暑假开始后,根据学校的安排,左权和中山大学学生一起去休假。

在休假期间,左权曾听过邓演达作的关于中国国内革命形势的报告。邓演达是在汪精卫发动"七一五"反革命政变后,从武汉北上,与苏联顾问鲍罗廷一同来到莫斯科的。当时正在休假的中山大学的学生们都急于了解国内的情况,学校当局便邀请邓演达到学生们的休假地作报告。在长达四个小时的报告中,邓演达详尽论述了革命阵营内部存在的敌对派系,并严厉谴责了蒋介石和汪精卫的叛变行为。同时,他也指责了共产党。左权对邓演达渊博的知识留下了深刻的印象,对其报告中的许多精辟论述也极为赞赏,但其对中国共产党的指责,左权却有不同的意见。左权心里清楚,现在不仅是邓演达,恐怕每个人对中国革命问题都有自己的看法。所以,左权表现得比较冷静,没有像有些同学那样,用开闭电灯或用脚跺地板的方式来表示对邓演达讲话的不满。

中国革命形势的突变,使左权心中充满了忧郁。他根本无法享受休假的乐趣。轰轰烈烈的大革命为什么这么快就失败了?如何才能挽救中国的革命?自己下一步该做什么呢?左权一直默默地思考着这些问题。正当左权百思不得其解、异常苦恼的时候,接到了中山大学党组织的通知,要其收拾行李,准备启程回国。左权接到通知后,立即动手收拾了一下随身携带的衣物,并做好了出发的准备。

一天晚上，左权、朱瑞、乌兰夫等同学在莫斯科火车站上了车。大家都以为是真的要回国了，上车后便三三两两地聊了起来。有的在谈国内的革命形势，有的在谈回国后的打算，也有的谈在中山大学学习的收获和体会。可是火车一开动，左权就发现火车行驶的方向根本不是回国的方向。这是怎么回事？左权一时也想不明白。火车走了三四站后，在一个叫贝考瓦的车站停下了，大家按要求下了车。

原来，中共中央根据国内形势的急剧变化和大革命失败的教训，决定在国内开展武装斗争。同时，给共产国际东方部发去专电，要求在莫斯科学习的中共青年党员和共青团员都要学习军事。根据左权的同班同学朱瑞回忆：为了瞒过国民党学生，这件事进行得十分秘密，口头上说是让大家做回国的准备，但就"在我们表面上似是动身回国的一天，实际把我们送到步兵野营去了"。就这样，左权等同学在中山大学党组织的秘密安排下，于8月中下旬来到了莫斯科郊外的一座兵营参加军事训练。

在军训中，学生们被编成4个连。左权等已经从中山大学毕业的学生被单独编为1个连。军训的时间大约为两周，主要课目是徒手操练、投弹射击、侦察、行军、宿营等。负责训练的教官是学校请来的。训练是按照实战的要求来进行的，每个连都有固定的住地，学员要自己搭棚子住。这些训练课目对于从黄埔军校毕业且参加过实战的左权来说是再容易不过的事了。然而即使如此，左权仍和其他同学们一样，认真地按照教官的要求去做每一个动作。时值仲夏，气候炎热，左权和同学们在烈日下进行各种训练，累得满身是汗，但大家都没有叫苦叫累。左权因为有过从军的经历，并练就了比较过硬的身体素质，因而在军训中很好地完成了训练任务，受到教员和同学们的一致好评。

这次军事训练结束后，根据党组织的通知，已经从中山大学毕业的学生可以结合本人的情况和爱好，自选科目，填报志愿，到苏联各军兵种学校学习。于是，左权决定到伏龙芝军事学院学习。

在离开中山大学之前，左权还有幸见到了宋庆龄，并聆听了她的演讲。

宋庆龄是在汪精卫公开叛变革命后离开武汉的。她于9月上旬来到了莫斯科。当左权等中山大学的学生获悉宋庆龄抵达莫斯科的消息后，都兴高采烈，怀着崇敬的心情，到车站去迎接她的到来。宋庆龄来莫斯科后，尽管很繁忙，但她还是应邀来到了中山大学，来看望这群为中国革命而不远千里来异国求学的热血青年们。学校为她的到来举行了热烈的欢迎大会。宋庆龄在欢迎会上发表了演讲。她说，她为看到有这么多虔诚的年轻人在为中国革命而勤奋学习感到由衷的钦佩。同时，她还告诫中山大学的学生们，要他们永远牢记自己是孙中山先生的信徒，自己曾在以孙中山名字命名的大学里受过训练；千万不要忘记孙中山最宝贵的遗训，就是三民主义和三大政策，并且只有在实行了三大政策以后，"实现三民主义的动力才得以增加，国民党才得以新生"。宋庆龄还强烈谴责了那些背叛孙中山的人，仍在打着孙先生的招牌干着反革命勾当的卑劣行径。宋庆龄的讲话音调清脆悦耳，吐字清晰，不时被学生们的掌声所淹没。从宋庆龄的演讲中，左权深切地感受到，虽然中国革命暂时受到了挫折，但并不是所有的国民党人全都叛变了革命，仍有着像宋庆龄这样孙中山先生遗志的忠实继承者和勇敢的捍卫者。左权听了宋庆龄的演讲后,深为其坚定刚毅的革命态度和清晰文雅的谈吐所折服。

1926年夏到1927年夏,对左权来说是相当不平静的一年。这一年中,左权既经历过革命胜利时的喜悦,更经历过革命失败时的痛苦。从中左权深切地体会到,革命不会是一帆风顺、一蹴而就的事情,胜利不是可以轻易得到的,而是要经历一个艰难曲折的奋斗历程。而且他还意识到,作为一个革命者,就要不畏艰险,百折不挠,勇于献身,只有这样,中国革命才能获得成功。

伏龙芝军事学院的学生

1927年9月,左权正式进入伏龙芝军事学院学习。按照苏联的规定,凡是进入这所学院学习的人,必须具有较高的军事素质,一般是团职以上的干部。对此,左权亦早有所闻,但他还是想能够直接进入伏龙芝军事学院学习。于是,左权向学校方面提出了申请。学院领导在了解到左权的这一迫切愿望后,根据其出众的才华和担任过基层指挥官的经历,作为特例,批准其进入该校学习。

伏龙芝军事学院,又称陆军大学,创建于1918年,原名为工农红军总参谋部军事学院,1921年改名为工农红军军事学院,又改名为伏龙芝军事学院,主要培养中高级军事干部。为帮助中国革命培养高素质的军事人才,从1925年起,伏龙芝军事学院专门为中国留苏学习军事的学生预留了名额。当时程潜、林伯渠的国民革命军第六军争取到了四个名额。程潜、林伯渠便打算将左权、陈启科、李拔夫、萧赞育四人保送到该院学习。但该校有个规定，授课时不用翻译。因此，进伏龙芝军事学院前必须先学会俄文。这样，他们就临时决定将左权等人先保送到莫斯科中山大学学习。

1926年秋，当左权与陈启科等人提出要转入伏龙芝军事学院学习时，原先的四个名额已被蒋介石派来的贺衷寒、杜从戎、王懋功、周明占去了，当时这四人都是团职以上干部。在这种情况下，左权与陈启科、萧赞育三人便留在中山大学继续学习，而李拔夫则自愿进入基辅军官学校学习。萧赞育后因秘密从事反共活动，被遣送回国。到了1927年9月，与左权一起进入伏龙芝军事学院学习的还有陈启科、屈武、黄涤洪等人。

此时，该院的组织结构刚刚调整，分为基本系、东方系、供应系和工农红军高级指挥人员进修班。伏龙芝军事学院开设的课程主要有：战略思想、战术教程、第一次世界大战史、俄国内战史、军事地理、马列主义理论和俄语等。课程通常由工农红军参谋部和政治部、各特种兵司令部的司令员和部门首长负责讲授。伏龙芝军事学院非常注重培养学生的自学精神和单独解决问题的能力，在课程的安排上也体现出了由易到难、由浅入深的教学规律。学院规定的上课与自学的时间比例为：一年级是1∶1；二年级是1∶1.5 三年级是1∶2

按照伏龙芝军事学院教学大纲的规定，左权等人在一年级主要学习各种战术，完成团职军官所需要的军事知识；二年级学习合作战术，完成师职军官所需要的军事知识；三年级学习的是有关战略的各门课程，完成军职军官所需要的军事知识。

学院教员的教学水平比较高，教学态度也是相当认真的。在这种严谨的治学环境的熏陶下，左权更加善于独立思考和解决问题，从而也逐渐培养出了其遇事沉着、刚毅果断的性格。

当时，伏龙芝军事学院正在进行教学方法上的改革，广泛推行实验讲授法。教员不但要给学生指明一个月内要学习的功课内容，还要为学生规定出每一科目需要学习的课目及每一课目的学习时数，指出哪些问题需要自己独立研究解决，哪些问题可以在课堂上与教员共同讨论，并明确了解决这些问题的方法及完成期限。在接受新的学习任务后，左权便利用大量的自学时间到图书馆翻阅书籍，查找资料，一边研究问题，一边做好读书笔记，并在规定的期限内将笔记交到教员那里，向教员汇报自己的学习情况。为全面了解学生们独立学习的能力，检查学生们功课进展情况，教员还经常举行课堂讨论、学术会议以及实践作业。每当这时候，左权总是积极参加，踊跃发言，大胆阐述自己的观点。左权认为，作为一名学生，在学习上不可能对什么问题的看法都是正确的，总有出错的时候。但错误并不可怕，关键在于自己要从错误中悟出点东西，汲取教训，以免再犯同样的错误，只有这样，学习才能不断取得进步。

左权学习非常认真、刻苦。无论是课堂学习、图上作业，还是野外演习，他都专心致志，一丝不苟。一次，左权和同学们到野外一个少数民族地区进行实地课目训练，由于不知道所在地区村庄的名字，一位学员便去向附近的村民打听。谁知村民没有听懂学员问的是什么意思，便耸了耸肩膀说："不懂得。"当大家来到另一个村庄的时候，那位学员又去打听村庄的名字，结果得到的回答仍是"不懂得"。那位学员也不仔细询问，便自作聪明地加上自己的理解，把大的村庄称为"大不懂得"，把小的村庄称为"小不懂得"。于是在他的作战文书上便出现了"xxx部队在'大不懂得'与'小不懂得'之间展开"的字样，同学们都传为笑谈。左权从这个笑话中体会到，在学习、训练中保持严谨作风的重要性，否则到了真刀真枪的战场上，粗枝大叶、马马虎虎终究是要出问题的。

由于学习军事是左权的兴趣与志向所在，加上其自身不断地刻苦努力，左权在伏龙芝军事学院的学习成绩颇为优异，尤其是野外战术作业，更加出色。左权的刻苦学习精神及其优异的学习成绩，经常得到学院教员和同学们的称赞。不论是在中山大学，还是在伏龙芝军事学院，左权在学习上的表现始终很出色。1942年7月，在事隔十五六年之后，曾经与其一起学习过的邓小平和刘伯承仍然记忆犹新。他们在一篇纪念文章中这样写道："左权同志，在苏联中山大学与小平同学，毕业后到陆军大学与伯承同学"，"在中大、陆大时期，他就表现为始终是一个最进步、最诚朴、最本色的同学之一。记得他在学习中，凡教员指定的参考书籍，必一一阅读，并以红蓝铅笔标出要点。所以在军事、政治考试中，常能旁征博引，阐其旨趣。"

在伏龙芝军事学院，左权系统地学习了许多近代和现代的军事家的著作，学习了苏联红军的各种条令、司令部的组织指挥、军区和野战部队的建设以及正规战、游击战的战略与战术。在学习中，左权相当注意学习方法，不是死记硬背书本上的那些条条框框，而是善于从研究战争的历史着手，从中来理解战争的本质，悟出有关战争的规律、作战的原理和原则。从战争史中学习战争，正是左权在伏龙芝军事学院学习的可贵之处。

在伏龙芝军事学院学习期间，左权对19世纪普鲁士王国的军事理论家克劳塞维茨所写的《战争论》一书，极为推崇。他在读这本书时，便是根据克劳塞维茨在书中所揭示的方法，从研究战争史入手，用历史的事实来证明理论的正确性，使理论观念与战争实际相结合，使自己从中获得了不少的经验和教训。左权不仅在伏龙芝军事学院喜欢研读《战争论》这本书，即便是回到国内，在戎马倥偬的军事生涯中，仍然把这本书带在身边，一有空就拿出来看看。耿飚还从左权的手中借过此书看。他在回忆左权时专门提到此事："在江西中央革命根据地的时候，我从他手里借过克劳塞维茨、伏龙芝的军事著作，是他自己翻译的手抄本。"

1928年秋，伏龙芝军事学院来了一位赫赫有名的战将，但他是作为一名普通的中国学生来此学习的，此人便是刘伯承。刘伯承是于1927年南昌起义失利后，奉中共中央的指示前往苏联来学习的。他先是在莫斯科高级步兵学校学习。一年之中，刘伯承通过个人的努力，以优异成绩完成了高级步兵学校的全部学业，于是，他也来到了这所院校学习。

刘伯承来到伏龙芝军事学院时，左权在这里学习已经有一年的时间了。此时，在伏龙芝军事学院学习的共有六名中国学员，他们是：左权、陈启科、屈武、黄涤洪、刘云、刘伯承。学校方面专门为他们六人编了一个班。这个班中，左权的年龄最小，23岁刚出头，与其他人相比，还只不过是个"毛头小伙子"，所以大家都喜欢跟他开玩笑。班里年龄最大的是刘伯承，当时他已36岁了。然而这一小、一大却在以后共同的学习、生活中结下了深厚的同窗情谊，成了好伙伴；回国后，他们又一起在苏区、在华北的敌后战场上长期合作，成为亲密的战友。

左权虽然早就知道刘伯承是南昌起义时的参谋长，是我军一位著名的高级将领，但在此之前，却一直未见过面。当刘伯承来到伏龙芝军事学院时，左权见到的是一位身着苏联将军服的"同学"。与"将军"同在一个班学习，无论是从年龄还是从级别上说，左权似乎没有这样的心理准备，感觉两人之间的差距太大了，一开始他与刘伯承的交往总显得有些拘谨。但是时间一长，左权发现，刘伯承根本没有一点官架子。相反，左权觉得刘伯承就像和蔼可亲的老大哥一样，在生活中他平易近人，总是关心着比他小的同学；在学习中他也是以身作则，刻苦钻研，从来不搞特殊化。所以，左权非常钦佩、尊敬刘伯承。对于刘伯承而言，左权虽然比自己小十多岁，但他为人忠厚，待人诚恳、热情。因此，他也很快就喜欢上了这位年轻而富有朝气的小伙子。在志同道合的基础上，左权与刘伯承结成了一对挚友。他们经常一起学习俄文，学习军事，又一起利用早晨或傍晚的休息时间温习功课。在伏龙芝军事学院，同学们都说左权与刘伯承是互帮互学、取长补短的好榜样。

　　与刘伯承相比，左权来苏联的时间稍微长一些，特别是经过中山大学一年半的刻苦努力，已经打下了比较扎实的俄文功底，可以说在语言方面基本上没有什么障碍了。但是左权也清楚地知道，在军事方面，无论是军事理论还是军事实践，都没法同刘伯承相比。因此，左权经常向刘伯承请教有关军事方面的问题。刘伯承也非常愿意与左权探讨一些学习上的疑难问题，交流心得体会。特别是在俄语学习上，刘伯承一直把左权当成"老师"。左权和刘伯承这种互相学习、取长补短的做法，还一直带到了抗日战争的华北敌后战场上。两人利用作战的间隙，共同翻译了一些苏联的军事著作。其中《苏联工农红军的步兵战斗条令》（第一部战士、班、排的动作）作为部队教材，被一版再版。八路军朱德总司令、彭德怀副总司令还专门为此发布命令，要求全军上下加强学习和研究。

在伏龙芝军事学院学习期间，左权钻研过《战争哲学》《当代集团军战役特点》《现代战术》《战略》《各兵种战术和合同战术》《军事心理学》《军事学术》等军事学理论著作，阅读过一些著名军事家如拿破仑、苏沃洛夫等人的事迹和论著。通过在伏龙芝军事学院的学习，左权在政治上、军事上大大地开阔了眼界，其理论水平和军事素养也得到了明显的提高，为其以后回国参加革命斗争奠定了坚实的基础。

紧张的学习之余，左权有时也会和刘伯承、陈启科等同学在星期日休息时一起到莫斯科郊外的一家中国饭店里吃顿饭。一方面是为了放松一下，一方面也是通过品尝久违了的祖国菜肴的特别风味，借以寄托怀念故土之情。说来也巧，当时已转入莫斯科步兵学校学习的伍修权等同学有时也来这里吃饭，左权、刘伯承等人还与他们碰过几次面。大家聚在一起，自然又别有一番热闹。

1929年春，左权和同学们在战术教员的带领下，到高加索等地进行野外战术作业。在这次野外战术作业中，左权的军事素质得到了充分的体现。他出色的表现深为教员和其他同学所折服。战术教员对左权大加赞扬，并在以后的战术作业中时常让左权出来进行示范。对此，刘伯承曾有过这样的回忆："我们在高加索战术作业时，战术指导员很器重其谨厚，常称扬于同学中。"

这次野外战术作业共进行了二十多天，左权将自己所学的知识，灵活地运用于实践当中，既检验了自己所学的知识，又进一步加深了对理论与实践相结合重要性的认识，收到了良好的效果。

在左权和同学们进行野外战术作业的这段时间里，驻共产国际的中共代表团向伏龙芝军事学院转来了不少中共中央的文件、简报，还有中央或红军中一些主要领导人所写的著作。根据斯大林的指示，凡是由中国转来的此类重要材料，在伏龙芝军事学院学习的中国学生都要组织学习、讨论，以此来激励这些中国学生勿忘祖国和献身中国革命斗争的坚强意志。所以，当左权等同学从外地回到莫斯科后，便开始学习、讨论这些材料。

一天上午，左权所在的中国班开会，讨论毛泽东所写的《中国的红色政权为什么能够存在？》和《井冈山的斗争》这两篇文章。会议由班长刘云主持。他是一位沉着而又干练的青年，首先向大家说明了讨论的主题，然后让大家先思考一下再作发言。过了一会儿，刘云点名让左权先发言，因为左权发言向来都是很积极的。于是，左权结合家乡的情况，谈了自己的看法。

左权说，他的家乡在湖南醴陵乡村，当地的地主对贫苦农民的压迫十分残酷。其祖父和父亲都是佃农，生活极度贫困。在贫病交加中，年仅30多岁的父亲就去世了。第二年，祖父也去世了。然而，地主阶级对贫苦的农民阶级压迫愈强，农民阶级的反抗就愈烈。在中国共产党的组织和发动下，家乡的农民协会很普遍，规模也很大，同地主阶级展开了针锋相对的斗争，要求减租减息、分粮分田，要求一切权力归农会。由于红色政权代表着贫苦农民的根本利益，因而得到了贫苦农民的真正拥护。中国的广大农村，便是红色政权能够存在的土壤。

接着屈武、刘伯承等人相继发言。他们也都结合各自家乡的实际情况，谈了中国红色政权能够扎根农村的原因。

在别人发言后，左权又接着说，中国的革命情形与苏联不同，一定要依靠农民、武装农民，抓住枪杆子。否则，中国革命是不会成功的。井冈山的红色政权之所以能够存在，除了其他原因外，就是有相当力量的正规红军的存在，这是一个必要的条件。为此，中国共产党还需要培养更多的军事人才。

最后，大家谈到了国内革命斗争的艰巨性：红军目前的处境十分困难，一面要打仗，一面又要筹款，每天除了粮食外，连5分钱的伙食费都很缺乏；伤病员很多，营养严重不足。议到此处，大家一致表示，想立即回国，上井冈山同毛泽东、朱德同志一起战斗。左权还特别指出，回国后，要实干，不怕死。

几位身在海外的有志青年，此时已经做好了回国参加革命斗争的准备，随时等待着祖国的召唤。

根据伏龙芝军事学院的安排，左权等中国班的六名学生将于1930年6月毕业。日日夜夜盼望回国参加革命斗争的那一天就要到了。与此同时，左权也更加感到了时间的宝贵。他抓紧时间开始着手整理自己在莫斯科学习期间所做的读书笔记以及收集的学习资料。因为左权心里很清楚，千里迢迢来莫斯科学习，一旦将来回到国内参加革命斗争，这些东西都可能用得上。

后来，左权等人终于接到了回国的命令。于是，左权便与刘伯承、陈启科、刘云等人坐上开往符拉迪沃斯托克（海参崴）的列车，踏上了回国之路。

学成归国，献身革命，左权的愿望终于要实现了。他心里感到格外的激动。

　　莫斯科四年多的学习生活，对左权的一生起着非常重要的作用。在这四年之中，左权通过刻苦学习，不仅攻克了俄文的语言关，而且掌握了丰富的军事理论知识，为其回国后在革命战争中充分展示自己的军事才华、逐步走上我军高级指挥员的领导岗位，奠定了良好的基础。

第四章
进入中央苏区

- 奉命回国
- 陵老乡的推荐
- 人生第一职
- "我的湖南小老乡"
- "托派嫌疑" 抹不去的黑尾巴

奉命回国

1930年6月,左权、刘伯承一行乘火车穿过西伯利亚,到达苏联远东边陲——符拉迪沃斯托克(海参崴)不远的乌苏里斯克(双城子),然后到达绥汾河中苏边界。那里有一个秘密交通站。左权等人在交通站稍事休息后,在一个苏联人的带领下进入了中国东北地区。

一进入东北境内,马上就是另一个世界。这里除张学良的东北军和警察外,到处可见日本人的宪兵、特务。早在清朝末年,日本通过1904~1905年在中国东北进行的日俄战争等侵略扩张活动,把中国东北的南部地区强行划为自己的势力范围。俄国十月革命后,日本又加紧了对中国东北北部地区的渗透,企图占领全东北。1927年6月27日到7月7日,日本政府召开东方会议,制定《对华政策纲要》。会后,日本首相田中义一根据会议精神起草了一份奏折呈送天皇(即"田中奏折")。东方会议和"田中奏折"确立了日本先独占中国东北、蒙古进而侵占全中国的扩张政策。此后,日本在中国东北设立殖民机构,如关东都督府、南满洲铁道株式会社(简称满铁)、驻奉天总领事馆等,成立关东军对东北进行全面的政治、军事控制和经济掠夺。

左权等人进入国内时都化了妆,并分散行动,分别乘上了由绥汾河西去的列车。一路上,不时可见日本的护路警察和暗探在游荡。看到日本人在中国领土上横行霸道,胡作非为,左权心中充满了怒火。

一天，左权按照约定的时间和地点，来到一个火车站，准备和刘伯承会合，突然发现刘伯承被一个日本密探跟踪。刘伯承为不连累左权，故意视左权为路人，不与之交谈。左权见此情景，心中暗暗着急，向刘伯承使了个眼色，径直向日本密探走去。来到日本密探面前，左权突然用肩膀猛地向这家伙撞去，差点将其撞倒在地，随后左权拔腿便跑。日本密探愣了一下，丢下刘伯承，向左权追去。左权在车站外的小巷里左拐右拐，很快不见了踪影。愚蠢的日本密探站在巷子口发了一阵呆，才回过神来，发现上了当，只好回过头再找刘伯承，但此时刘伯承也不知去向，日本密探只好怏怏离去。左权跟刘伯承会合后，随即迅速一起登上南去的列车，离开了这个危险的地方。

后来，刘伯承回忆起这段经历时，对左权进行了热情的评价。他说："左权对同志也总是诚诚恳恳，更多关心同志，更少关心自己。如1930年我们一道从苏联回国到了东北时，在特务警探的追寻下，他时时刻刻关心着别的同志的安危。"

左权与刘伯承脱险后，在哈尔滨停留了数日，再转乘中东铁路和南满铁路的火车到了大连。刘云、陈启科、黄涤洪等随后也赶到。他们会合后，一起由大连坐船南下。经过几天的海上旅行生活，他们来到了当时的中共中央所在地——上海。

到达上海后，左权、刘伯承等人分头行动，寻找中共中央。左权按规定的联系方式很快与中共中央的联络员曹蕴玉接上了头，随后被安顿在一个名叫新民的小旅馆里。

没过几天，在军委机关工作的傅钟和左权见了面。傅钟是左权在莫斯科中山大学第一期第七班的同学，于1929年回到

1930年，左权从苏联留学回国在上海留影

国内，当时在上海担任中央军委委员，参与处理军委机关的日常工作，并具体负责军事干部的安排。老同学相见，格外高兴。傅钟向左权介绍了上海的情况，交代了外出时需要注意的安全事项。

醴陵老乡的推荐

左权等人回国前后，国内形势发生了有利于红军和革命战争的变化。国民党统治集团内部矛盾进一步激化，新军阀之间混战连续不断，规模越来越大，特别是当年5月蒋介石与阎锡山、冯玉祥、李宗仁等新军阀之间爆发了中原大战和湘粤桂战争，引起了广大人民群众对国民党反动统治的强烈不满，同时也消耗和牵制了国民党军进攻红军的力量。客观上为共产党领导的土地革命战争和红军的发展提供了有利条件。经过近三年艰苦卓绝的游击战争，到1930年春，中国共产党领导的工农红军已经发展到13个军，创建了遍及南方省的11个省的10多块农村革命根据地。中国工农红军已经完成了创建时期的历史任务，实现了土地革命战争初期的战略展开，其发展进入了一个新的阶段。

中共中央的一些领导人，看到形势发生一些有利于革命的变化，又受到共产国际的"左"倾指导思想的影响，头脑开始发热，他们无视国内国际革命力量仍然相对弱小的基本状况，片面夸大形势对革命有利的一面，逐渐形成以中共中央政治局常委、秘书长兼宣传部长李立三为代表的"左"倾冒险错误。

当时，李立三认为革命形势已在全国成熟。在李立三主持下，1930年6月11日，中共中央政治局通过了《目前政治任务的决议》（即《新的革命高潮与一省或几省的首先胜利》）。决议认为统治阶级继续削弱崩溃，群众斗争日益逼近革命高潮，"有极大的可能转变成为全国革命的胜利与军阀统治的死亡"。"总的形势，都表明中国新的革命高潮已经逼近到我们面前了"。决议提出："在新的革命高潮日益接近的形势下，准备一省或几省首先胜利，建立全国革命政权，成为党目前战略的总方针。"要求各地组织总暴动，要求红军"坚决进攻打击敌人的主力，向着主要城市与交通道路发展"，以便会师武汉，饮马长江，实现以武汉为中心的几省首先胜利。左权等人到达上海时，李立三推行的"左"倾冒险错误在党内正发展到顶峰。

中共中央的负责人李立三是左权湖南醴陵的老乡，比左权大6岁。1930年作为党实际意义上的第一把手，李立三只有31岁。

李立三也是从渌江中学出来的学生，早在1915年到长沙时就结识了他一生当中重要的朋友毛泽东。

1922年，李立三从法国勤工俭学回国，毛泽东让他去安源煤矿做工运工作，他在那里发展了党的组织。1924年末，中共只有党员900人，其中安源煤矿的党员就达300人。1926年，他又到武汉领导工运，1927年大革命失败后，李立三最先提议在南昌举行起义。起义中，他担任前敌委员并兼保卫处长。靠着工运中的突出表现和危急时刻一往直前的精神，李立三随后被推入党的领导核心之中。在1928年召开的中共"六大"上，李立三当选为政治局常委候补委员，随后任中央宣传部长兼秘书长。1930年春，周恩来去了苏联，李立三主持党中央日常工作。

左权一行到达上海的时候，正是他的老乡李立三当家的日子。

左权与中央接上关系不久，李立三在秘密的中共中央机关接见了他。俩人会面后，因是醴陵同乡，乡音相同，显得分外亲切。左权向李立三汇报了自己在苏联的学习情况。李立三听取了左权的汇报后，向左权介绍了国内的革命形势，并大谈新的革命高潮的到来，以及在"各个中心城市举行总起义"和红军"会师武汉，饮马长江"的设想，要求左权等从苏联回国的同志，尽快熟悉国内情况，并嘱咐他安心等待组织分配工作。

　　李立三的一席话，很有鼓动性，听得左权热血澎湃，心中不由得升起了一股渴望战斗的激情，当即要求到苏区去，到红军中去，为人民杀敌立功。

　　在等待组织分配工作期间，左权偶尔上街买些生活必需品和报纸，大部分时间是待在住处读书、看报或休息。

　　一天，左权正在住处休息，突然来了一个戴着墨镜的人。那人摘下墨镜后，左权一眼认出是自己的老同学陈赓。

　　自从左权离开黄埔军校出国后，俩人已几年没有见面，现在在这种特殊的环境下相见，他们都十分高兴。左权上前紧紧地握着陈赓的手，正要与其叙旧。陈赓却说："我不能在这里停留。我来是要告诉你一件紧急的事，黄涤洪叛变了，这里不能待了，你赶快换一个住处，一定要小心。"说完迅速离去。

　　黄涤洪是湖南平江人，与左权、陈赓是湖南讲武堂和黄埔军校的同期同学。在苏联伏龙芝军事学院留学时，又和左权编为一个班，这次又一起毕业回国。到上海不久，黄涤洪禁不住上海滩花花世界的诱惑，放弃了革命信念，投靠蒋介石，背叛了组织。在上海期间，黄涤洪曾直接与中央领导联系过，也知道刘伯承、左权等人的行踪。他的叛变对中央和刘伯承、左权等人构成了极大的威胁。当时，陈赓在中央特科二科负责情报工作，他通过内线得知这一情况后，立即通知了中央和左权等回国的同志。

　　左权听到黄涤洪叛变的消息十分气愤，迅速收拾行李，转移到了另外一个地方。就在他刚刚离开后，来捉他的国民党特务就到了，结果扑了个空。其他同志得到通知后，也分别转移了住处。不久，中共中央和中央军委研究了左权、刘伯承、陈启科、刘云等四位军事干部的工作分配问题。最后中央决定派左权到闽西苏区担任中国红军军官学校第一分校教育长，刘伯承留在上海担任军委委员，和聂荣臻、傅钟、曾钟圣等参与军委机关的日常工作，陈启科被派往去重庆，刘云去武汉从事地下工作。然而，陈启科、刘云到目的地后，没有躲过国民党特务的追捕，不久先后被捕牺牲。

临行前，李立三再次约见了左权，对其工作做了交代并提出了一些要求，最后问左权还有什么事需要办的。左权坦诚地告诉李立三，如果李立三有机会去长沙，请代为看望读书时曾在经济上支持过自己的堂兄左仲文。另外，左权这次从苏联带回来两箱书，多为俄文革命书籍，考虑到今后在苏区工作，流动性大，携带不便，便托李立三帮助寄到湖南老家。李立三当即答应，让左权留下详细地址，并交代身边工作人员将书寄出。

离开上海前，左权给在湖南老家的大哥左毓麟写了封信，信中写道："我虽回国，却恐十年不能还家，老母赡养，托于长兄，我将全力贡献革命。"

是李立三挑选了这个小老乡并派往苏区，推荐到了毛泽东的身边。

而李立三自己推行的"左"倾冒险错误使党和红军遭受了极大的损失，此后他被免职并被派往苏联学习。1945年在延安召开"七大"时仍选他为中共委员。李立三为此激动得热泪直流。

如果说左权从一个醴陵乡下的孩子成长为一个出色的军事家有三个环节是异常重要的话，那么这些环节都是另一个醴陵人在主宰着：南下广州、赴俄留学、进入苏区，背后的作用人是程潜、李明灏、李立三。

冲破重重阻挠,25 岁的左权来到了苏区!

人生第一职

1929 年 5 月 18 日,红四军从瑞金向闽西挺进,5 月 23 日攻占龙岩。当天中午毛泽东来到具有百年历史的名校闽西龙岩一中进行调查讲演,称赞这里是个"办学的好所在"。

左权等回国时,赣南闽西和湘鄂赣苏区的红军已建立起红一、红三军团等正规兵团。1930 年初,粤、赣、闽三省形成了一大片革命根据地。由于红军的发展和战争规模不断扩大,对军事指挥和政治工作人才的需求不断增加,过去游击战争中简单的教导队和随营学校已不能满足新形势下干部培养、训练的需要,急需培养本地连、排军政干部,中央军委要求各战略区建立正规的红军学校。

早在 1930 年 1 月上旬,中共闽西特委决定在红四军随营学校的基础上筹办红军学校,校址就设在龙岩城内的莲台山下,原为龙岩省立第九中学校址,由朱德、毛泽东亲任校长和政治委员。不久,中共福建省委将闽西红军学校改名为福建红军学校。3 月初,中共福建省委给中央写信,汇报了该校情况,建议改由中央负责办理,同时为扩大学校规模,请求中央派军事政治教育人员来学校工作。4 月 10 日,中央在给福建省委军委的指示信中,肯定了创办红军学校是"非常有意义的",要求对各地已开办的红军学校实行相对统一的管理,统一名称，统一教育计划和教育内容，扩大办学规模。同时，决定将闽西红军学校改为中国红军军官学校第一分校，俗称"闽西分校"，直属中央军委领导。5月，闽西红军学校正式更名为中国红军军官学校第一分校，预定8月1日正式开学。

初创时期的红军学校，军政教官极为缺乏。左权的回国提供了恰当的人选。考虑到左权在黄埔军校和苏联受过系统的军校教育，中央希望左权的到来能够加强红军学校的领导和教学力量。

左权在苏联留学时，就渴望回国后能投身到国内革命战争的中心区域——中央革命根据地，驰骋疆场，杀敌立功。现在，愿望得以实现，左权抑制不住内心的兴奋，恨不得即刻奔赴前线。

左权到达龙岩的时间是那年的6月，他来到闽西根据地担任中国工农红军军官学校第一分校教育长。这是他人生的第一个职务，黄埔时期的那些小职务现在看来已经算不得什么了。

1930年1月，毛泽东面对当时的国内形势，发表了著名的《星星之火可以燎原》。书中阐述了"工农武装割据"对夺取全国革命胜利的重大意义，提出了中国革命和武装斗争道路的基本思想。他指出：我们必须要有"建立红色政权的深刻观念"。中国是一个许多帝国主义国家相互争夺的半殖民地国家，"工农武装割据"的建立和发展，是半殖民地中国在无产阶级领导之下的农民斗争的最高形式，是半殖民地农民斗争发展的必然结果，是促进全国革命高潮的最重要因素。

这样的思想一定影响刚刚留洋归来的左权。虽然左权也从湖南农村来，但是他毕竟在国外呆了5年，对于国内复杂的形式一定比身在其中的毛泽东少。正确的理论要结合具体的实际，避免教条主义式的抄袭。务实，有针对性，这应该是毛泽东对左权最早的影响。

左权在闽西红军军官学校的时间并不长，但他为红军培训了 200 多名基层干部。这年年底，左权出任闽西工农革命委员会常委和红军新 12 军军长。

"我的湖南小老乡"

毛泽东非常赏识左权的军事才华和人品。左权于 1930 年从苏联回国后，毛泽东即知道闽西苏区来了一个年轻的黄埔一期和伏龙芝军事学院的高才生，名左权，是自己的湖南小老乡。毛泽东对左权十分关注，备加珍爱。左权在闽西被安排担任红军军官学校一分校校长，不足一个月就被调入中央苏区，后又被派回闽西工作，任闽西工农革命委员会常委。闽西原红二十一军和红二十军整编为红军新十二军，左权被任命为新十二军军长，他率部配合中央苏区红军取得了第一次反围剿的胜利。他的游击运动战手段、"盘式打圈子"战术，深得毛泽东欣赏。

左权在闽西根据地工作期间，曾给中央写过不少军事报告和调察报告，毛泽东喜欢"有文化"的人，对左权的文笔十分欣赏，认为他思维缜密，文字简练而深刻，夸他"两杆子都行"。所以在第二次反围剿开始后，毛泽东将左权调入自己一手培植起来的红一方面军总司令部任参谋处长。左权分管作战计划，他积极贯彻毛泽东的军事思想再次给毛泽东留下深刻印象。

  策划宁都起义时，毛泽东特意委派左权与老资格的刘伯坚、王稼祥同为中央军委代表，毛泽东亲自和左权及地下党员袁汉澄商讨策略。左权按毛泽东的设想，三次深入虎穴，做了大量工作，最终取得了起义成功。这不仅不发一枪一弹拔掉了中央苏区内最后一颗"白钉子"，还使一支1.7万余人的国民党正规军被改编为红五军团，左权被任命为该军团最精锐的第十五军政委。针对起义部队的情况，他努力贯彻古田会议精神，坚持工农红军的建军原则和带兵方法，深入教育部队，抓紧党的建设，建立民主制度，实行官兵平等，废除打骂体罚制度，很快使干部战士面貌焕然一新，部队战斗力有了新的提高。随后，率部参加了赣州和东路军入闽作战。漳州一役，红军速战速决大获全胜，充分说明红十五军已经成为红军中的主力部队，成了革命战争中的一把"利刃"。左权先谋而战，指挥若定，初步显示了优秀的军事才能。

  在红十五军整编整训期间，毛泽东特意派妻子贺子珍和17名中央苏区有名的文艺战士钱壮英、李伯钊等前去慰问。红五军团总政委萧劲光、总指挥季振同与贺子珍三人一起为战士们演出了一场独幕话剧，博得起义官兵雷鸣般的掌声。这是毛泽东给于左权的特殊嘉奖，几个月后左权被任命为红十五军军长兼政委。

  毛泽东对左权信任且偏爱，在许多重大的历史关头，毛泽东都亲自提名，委左权以重任。

  1932年6月，王明撤销了左权的领导职务，调他到红军学校任军事教官。1933年10月，在第五次反围剿最紧张的时刻，毛泽东亲自建议中央军委重新起用左权，任命他为红一军团参谋长。长征开始后,红一军团为前驱,左权一直在先头部队指挥战斗。红一军团突破敌人的围追堵截,抢渡乌江、飞夺泸定桥、跨过大渡河、突破腊子口、歼敌直罗镇……左权都不负毛泽东重望,交上了满意的答卷。1936年8月,毛泽东又任命左权代理红一军团长。

"西安事变"发生后,中共代表团赴西安谈判。杨虎城为表示对中共的尊重及自己与中共合作的诚意,发报给中央军委,要求中共派一军事专家到西安共商西安城防及护卫中共代表团之事。毛泽东经过再三考虑,认为左权去最为合适。因左权系黄埔一期优秀学员并留苏5年,是"纯血统"的正规军人,国民党那边的将领们都很佩服他。

1937年,左权(右二)在西安八路军办事处和黄埔一期同学陈赓(左一),宣侠夫(左二),徐向前合影。

左权的西安之行，让东北军和西北军的将士们一睹红军将领的风采和实力，为我党我军争了光。毛泽东为此十分高兴，提到左权时，总以"我的湖南小老乡"代其名。

左权是八路军中学历最高的将领，毕业于苏联伏龙芝军事学院。毛泽东称他："左权他吃的洋面包都消化了，这个人硬，是个'两杆子'都硬的将才。"

国共合作成功后，红军改编为八路军。在讨论部队副参谋长人选时，毛泽东以军委主席的威信力排众议，一锤定音。就这样，32岁的左权进入了我党军队的最高领导层。

"托派嫌疑"抹不去的黑尾巴

1941年12月29日，彭德怀接到左权提交给他的一封信，在这封写给中共中央的申诉信中，左权请求党中央对自己"托派"问题早日作出明确的结论，取消"留党察看"处分。当天，彭德怀将这封信转给了中共中央书记处。

然而，直到左权牺牲，他都是一个背着"留党察看"处分的"托派嫌疑分子"，这个"托派"的帽子从何而来呢？

这要追溯到1927年左权在莫斯科学习时因与"江浙同乡会"的人有过接触，曾被怀疑为托派分子。

据孙冶方讲，1928年他在苏联莫斯科中山大学时，由学生升为老师，收入比学生高了点儿，大家就揩油，让他出点钱买点菜大家一起吃。毕竟在苏联，面包、奶油中国人吃不习惯，江浙人也爱吃点青菜。左权也是嘴馋，就跑去吃中国饭。

但左权是湖南人，当时就给他个警告处分，说他是"江浙同乡会"的"卫士"。左权因为吃饭的事，就被王明盯上了。

1931年1月，王明等从苏联回国，逐渐取得中共中央的领导权，他们把在苏联的旧账带回国内清算。

1932年5月，在中央苏区的肃反运动中，有人向苏区中央局告发左权，称左权在任新十二军军长时，曾收藏过"托陈取消派"的文件。

时任中央执行委员会国家政治保卫局局长的邓发后来在1942年2月19日写给中共中央组织部部长陈云的信中说，1930年12月，新十二军军部开会时，红一军团政委刘梦槐无意中在军政委施简的衣袋里发现了托派的文件，当即交给左权看。左权看后便将文件放到自己衣袋里。事后，左权没有将文件的事向中央汇报。有人将此事向苏区中央告发后，苏区中央局决定解除左权红十五军军长兼政委的职务，调其回后方瑞金。

在当时苏区中央局委员兼组织部长任弼时、中央局秘书长欧阳钦和邓发都分别找左权谈了话，左权也承认了托派文件的事。文件是上海的托派组织通过邮局寄给施简的，原保存在施简的文件箱中，为了不使文件扩散，左权将文件封存了起来。

左权在接受中央审查时，承认自己在这件事上有错误，同时也坚决否认自己和托派组织有任何联系，但根本不能被当时中央所相信。

自此，左权就被戴上了"托派嫌疑"的帽子，受到严格审查。

这与1930年夏开始的中央苏区肃反扩大化的政治氛围有关，由于对持不同意见者无情打击，并采取"逼供信"等手段，造成大量冤假错案，一些忠于革命的干部战士被当做托陈取消派、AB团、社会民主党人而惨遭杀害，中央苏区一时人心惶惶。有的地方甚至弄到"人人处危，噤若寒蝉"的地步，政治空气变得极不正常。

这样一来，左权成为当时苏区肃反扩大化的受害者。他除了被撤销红十五军军长兼政委之职外，还被留党察看8个月。此后虽经左权多次申诉，王明始终没有撤消给他的处分。所以"托派嫌疑"和留党察看成为戴在左权头上十多年的政治"紧箍咒"。

左权在牺牲前就一直反映这个问题，一直到他去世，长达十年的时间里，这个"留党察看"一直都没有撤。

遵义会议4年后，1938年六届六中全会期间，王明见了彭德怀还大骂："你的党性哪里去了？左权是托派，你们为什么还让他当参谋长！"彭德怀没有回应。回到前线，他向左权谈起此事，左权含着眼泪说："只要王明在中央，我就翻不了身。"

1941年11月，左权再次写信向党申诉："被托派诬陷一事，痛感为我党的生活中的最大耻辱，实不甘心。……虽是曾一再向党声明，也无法为党相信，故不能不忍受党对我的处罚决定，在工作斗争中去表白自己。迄今已将10年了，不白之冤仍未洗去，我实无时不处于极端的痛苦过程之中……我可以我全部政治生命向党担保，我是一个好的中国共产党党员……"此信由彭德怀用电报拍发给中央书记处。

直到解放后，我在彭德怀伯伯家中才听说起了这件事。

彭伯伯对我说，"那个时候你父亲在战争面前，没有丝毫的犹豫和动摇，是个钢铁般的人。可是当他跟我讲到留党察看处分还没撤销时，他流了眼泪，希望组织能给他解决身份问题。"

陆定一曾说："左权这样的好党员和将才，却在 1932 年就被王明集团所诬陷。他是在英勇牺牲之后，才在全党的面前，证明他是赤胆忠心的共产党员。王明的诬陷至此不攻自破。从 1932~1942 年，10 年之久，我们的左权同志是背着奸人的诬陷和不得重用的包袱为革命奋斗的。他甚至把这个冤屈，藏在心里，连自己的爱人也不告诉。"

10 年来，父亲他一直在前线。他从来没离过前线，但是在前线他连参加党组织会的资格都没有，马夫都有资格，他没有。

左权牺牲六年后，母亲刘志兰多次要求中共中央发文为左权平反，取消"留党察看"处分。她几十年为左权"摘帽"而奔波，完成左权生前一直要求平反的遗愿。1979 年 8 月 30 日，母亲给中央组织部写信，要求对左权被王明路线打击一案予以平反昭雪。12 月 2 日，解放军总政治部干部部复信："左权同志在历史上曾受王明路线的打击迫害，但以后纠正了路线错误。当时虽然没有作书面结论，但并未影响党对他的信任和使用，在左权同志牺牲后，中央对他有很高的评价，这就是实际上为他平反昭雪了。"

1982 年，母亲给总书记胡耀邦写信，再次要求中央为左权书面平反。这一次，中央有关部门终于出具书面文件，对左权受王明路线打击迫害一事予以平反，取消对左权的"留党察看"处分，并存入左权的档案。

父亲左权终于洗清了不白之冤，此时，距离他牺牲已经整整 40 年。

第五章
长征之路

■ 被迫远征

■ 长征中的先锋

被迫远征

中国工农红军长征是中国近代史上一个重要事件,具有深远的影响,在一定程度上决定了中国的历史走向。中华人民共和国的主要领导人毛泽东、周恩来、刘少奇、朱德、陈云、邓小平等都经历了长征,十大元帅中有九位(除陈毅)经历了长征。

1934年10月,由于王明"左"倾冒险主义的错误领导,以及敌强我弱,中央革命根据地(亦称中央苏区)第五次反"围剿"战争遭到失败,中国工农红军主力被迫从长江南北各苏区向陕甘革命根据地(亦称陕甘苏区)的战略移。红军第一方面军(中央红军)主力开始长征,同时留下部分红军就地坚持游击战争。8月,中共中央和中央军委为了给中央红军战略转移探索道路,命令红六军团撤离湘赣苏区,到湘中发展游击战争。10月,红六军团与红三军(后恢复红二军团番号)会合,并创建了湘鄂川苏区。

10月上旬,中央红军主力各军团分别集结陆续出发,中共中央和红军总部及直属纵队离开江西瑞金踏上征途。10月21日,中央红军从赣县王母渡至信丰县新田间突破国民党军第一道封锁线,沿粤赣边、湘粤边、湘桂边西行,至11月15日突破了国民党军第二、三道封锁线。然而博古、李德等领导人一味退却,消极避战,使红军继续处于不利地位。中央军委决定从兴安、全州之间抢渡湘江,经浴血奋战,于12月1日渡过湘江（即第四道封锁线），由于连续苦战，红军锐减。12月中旬，抵达湘黔边时，毛泽东力主放弃原定进入湘西与第二、六军团会合的计划。28日，中共中央政治局在黎平开会，接受了毛泽东的主张，决定向以遵义为中心的川黔边地区前进，使红军避免了覆亡的危险。1935年1月7日，红军占领遵义。1月15~17日，中共中央在遵义举行了政治局扩大会议，着重总结了第五次反"围剿"失败的经验教训，纠正了王明"左"倾冒险主义在军事上的错误，确立了以毛泽东为代表的中共中央的正确领导，制定了红军随后的战略方针，从而在最危险的关头挽救了工农红军和中国共产党。

这次会议是中国共产党和工农红军历史上一个伟大的转折点。3月，组成了实际上以毛泽东为首，周恩来、王稼祥参加的三人军事指挥小组。他们以中共中央、中央军委的名义指挥红军的行动。

遵义会议后，鉴于川敌布防严密，中央红军确定撤离遵义后，在川黔滇边和贵州省内迂回穿插。特别是在四渡赤水的过程中，中央红军灵活机动地创造战机，运动作战，各个歼敌，以少胜多，从而变被动为主动。随后出敌不意，主力南渡乌江，直逼贵阳，迅即西进，4月下旬以一部在翼侧策应。5月初，抢渡金沙江，摆脱了几十万国民党军的围追堵截，取得了战略转移中具有决定意义的胜利。由于执行了正确的民族政策，红军顺利通过大凉山彝族区。接着强渡大渡河，飞夺泸定桥，翻越终年积雪的夹金山。6月中旬，与红四方面军在懋功会师。

红四方面军原在川陕根据地，为向川甘边发展，1935年3月28日至4月28日取得强渡嘉陵江战役的重大胜利。然而红四方面军主要领导人张国焘等擅自决定放弃川陕根据地（亦称川陕苏区）向西转移。5月初，共八万余人开始长征，中旬占领了茂县（今茂汶）、理番（今理县）为中心的广大地区。

红一、四方面军会师后，红军以北上建立川陕甘根据地为战略方针，中共中央决定将两个方面军混合编为左、右两路军过草地北上。中共中央随右路军跨过草地，抵达班佑、巴西地区。8月底，右路军一部在包座全歼国民党军第四十九师约五千余人，打开了向甘南前进的门户。9月张国焘率左路军到达阿坝地区后，拒绝执行中共中央的北上方针，并要挟中共中央和右路军南下。毛泽东等于9月10日急率第一、第三军（后组成陕甘支队）继续北上，夺取腊子口，突破国民党军渭河封锁线，翻越六盘山，于10月19日到达陕北吴起镇（今吴旗县城），先期结束了长征。11月21~24日取得了直罗镇战役的胜利，为党中央和红军扎根在陕北奠定了基础。

在国民党重兵对鄂豫皖根据地围攻的情况下，红二十五军和鄂豫皖省委按照中共中央指示，于1934年11月从河南罗山县开始西移，在鄂豫陕边建立根据地，粉碎国民党军两次"围剿"。次年7月过陇东，9月与陕甘根据地的第二十六、二十七军会师，合编为第十五军团。第一、三军团到达后，与之合编为红一方面军。

在湘鄂川黔根据地的红军二、六军团，于1935年11月从湖南桑植出发，转战湖南、贵州、云南三省，击溃国民党军的拦截，渡过金沙江，经西康、四川，于1936年6月底至甘孜，与张国焘率领的南下受挫的红四方面军会师。二、六军团合组为二方面军。7月，二、四方面军共同北上，在红一方面军接应下，10月先后在甘肃省会宁县城和静宁县将台堡与红一方面军会师，至此，红军长征结束。

中国工农红军长征的胜利，是人类历史上的奇迹。在整整两年中，红军长征转战十四个省，历经曲折，战胜了重重艰难险阻，保存和锻炼了革命的基干力量，将中国革命的大本营转移到了西北，为开展抗日战争和发展中国革命事业创造了条件。

长征中的先锋

左权在长征开始前的1933年12月，被中央革命军事委员会任命为红一军团参谋长。这次任命是毛泽东与周恩来的主意。红一军团是中央红军的主力，是最有可能完成毛泽东军事战略思想的队伍，是长征中理所当然的先遣队、排头兵。

红一军团军团长是林彪，聂荣臻是政委，他俩都是毛泽东和朱德一手提拔和信赖的人。从那时起左权一直在红一方面军红一军团任参谋长。红一军团是长征的先头部队，遇敌战斗，逢山开路，另一任务是要掩护中央机关。长征要想胜利，红一军团必须胜利。作为军团参谋长的左权，工作更是繁忙。即使到了宿营地，别人可以休息了，他还要布置警戒，了解各部队的情况，而后加以汇总，向军委发电汇报，再安排制订第二天的行军、作战计划。

湘江战役是中央红军离开根据地以后遭遇的最为惨烈的一仗。之前，左权参与指挥红一军团担任前卫，连续突破了敌人四道封锁线。为了保证中共中央、中革军委和直属机关渡过湘

1933年12月，在第四次反"围剿"的严峻形势下，左权（后排右一）出任红1军团参谋长，与林彪（前排右二），聂荣臻（后排右二），罗瑞卿（后排左一），朱瑞（前排右一）等合影。

江，红一军团指战员在脚山铺附近的米花山、美女梳头岭、黄帝岭一带和敌人展开了殊死搏斗。敌人在强大炮火和十几架飞机的支援下，向红军发动猛烈进攻。红军则凭借高地临时修筑的工事，一次次打退敌人。敌军见从正面难以突破，便迂回到红军后侧，从红一师、红二师结合部的浓密树林间突破防线。有一股敌人迂回到了红一军团指挥部，左权临危不乱，组织指挥警卫部队且战且退，巧于周旋，终于使军团指挥部脱险。经过连续四天四夜的激战，红一军团胜利完成了掩护领导机关安全渡江的任务。

12月25日，中革军委指示在军团长林彪和政委聂荣臻到达之前，攻占贵州施秉城的战斗由左权统一指挥。左权运用奇袭取胜的战术，果断命令侦察科长带领侦察排和便衣班，先占领施秉城，保证了红军大部队顺利通过。接着，左权又协助指挥了红一军团强渡乌江、进占遵义。左权听了遵义会议情况的传达后，兴奋得彻夜不能入眠，他含着热泪对聂荣臻说："中国革命有希望了！"四渡赤水、再占遵义、兵临贵阳、佯攻昆明、巧渡金沙江，中央红军摆脱了数十万敌军的围追堵截，取得了战略转移中具有决定意义的伟大胜利。左权常和战友们谈起这些，深感毛泽东的军事指挥艺术实在高超。

1935年5月红军到达泸沽，准备抢渡大渡河。中革军委决定左权率红二师五团一部和军团侦察连向大树堡前进，担任佯攻，钳制和吸引大树堡对岸之敌，以保证我军主力经冕宁北进，从安顺场抢渡大渡河。左权率部从泸沽赶到小相岭，消灭了扼守隘口的全部守敌，攻取了越西城，打开监狱，放出几百彝民。接着他又率部急行军140里，到达海棠，消灭了从越西逃跑的两个连，活捉了伪县长，而后翻过晒经关，袭击并占领了大树堡渡口，组织部队修筑工事，筹备粮草，扎筏造船，大有红军要从大树堡北渡大渡河、进攻富林、攻打雅安、直取成都之势。富林、成都守军惊恐万分，蒋介石速调两万敌军增防雅安、富林等地，急电刘文辉二十四军严防泸定、天全、宝兴各县，确保成都安全。这时，安顺场渡口兵力相对薄弱，为红军主力抢渡大渡河减轻了压力。过夹金山时，左权病了，聂荣臻也病了，当时部队只弄来一副担架，行军时，他们俩人总是互相推让。山上白雪纷飞，上山的人都成了雪人，到傍晚，天气奇冷，左权拄着拐棍，一步一喘地向上攀登，当翻过夹金山，与聂荣臻相遇时，两人紧紧地握手，激动得热泪盈眶。

部队在懋功达维镇和红四方面军会合后,在毛泽东、朱德、张国焘等人于两河口商讨会师后的战略行动之时,红一军团的前锋部队已经前伸向两河口以北 64 公里处的卓克基。红六团遇到了卓克基土司索观瀛所率士兵的开枪阻击,红军向导当场被击中。红军在喊话无效后,进行还击。土司士兵依靠有力地形,与红军对峙数小时之久。这天夜里,天降大雨,土司士兵火枪失效。红军趁机进攻,土司士兵退守卓克基官寨。

第二天,左权赶到前线指挥攻打卓克基的战斗,这是中央红军过雪山后所打的第一个攻坚战。林彪和聂荣臻因为参加两河口会议,这时还没有抵达卓克基。

攻取卓克基这个小镇子本来是轻而易举,但红军为了不伤害藏民,在开始时没有作硬攻的准备,反复喊话解释:红军只求借路北上,并不占领村寨。可是当地土司顽固执行国民党地方政府的旨意,坚决阻止红军进境。

远远向卓克基寨中望去,一座 7 层高的城堡式宏伟建筑雄踞在小金川畔高高的石崖上,枪弹就是从这里打出来的。两条小溪从城堡根下急速流过,成了天然的护城河。红军若要从正面攻上去,如果不发起强攻,只这样轻敲慢打显然不能解决问题。

"怎么打了一天还没有前进一步?"刚从后面赶上来的左权询问。

"土司武装的火力很猛,我们已经伤了几个人。喊话他们又不听,过一会他们再不投降,也只好硬攻了!"一个营长回答。

"不能强攻,那样会伤亡寨中很多人。在战术上想点办法,天快黑了,另调一个团从侧面迂回过去,前后夹击,收效会快些。"左权边说边下命令。

"打信号弹，让后续部队赶快从两侧迂回！"

红、绿色各3发信号弹升向半空中划了一个半弧，在黄昏时的天色下十分耀眼。随着信号弹光亮的渐渐淡化，卓克基寨内突然响起一片骚乱声，大叫："神火！神火烧来了！"紧接着就从寨后冲出许多藏兵，抱头四散。

许多藏兵一边跑还一边望着刚才信号弹闪亮的天空喊叫："天灯，天灯！"

严阵以待的红军指战员都感到很奇怪。通司笑着解释说："你们刚才放的红、绿色神火点燃的天灯把他们吓跑了，他们以为这是你们要烧毁官寨的什么法术。"

"天火？神灯？哈哈！"左权也大笑起来。

红六团及其跟进的红四团，在左权等人的率领下进入卓克基。

卓克基的寺庙很有气派，金碧辉煌，面积大的可以容纳下五六千人。进入寨子的红军指战员个个都睁大眼睛，望着这座独特的藏族人民的艺术杰作官殿，赞叹不已。

几天后，红一方面军继续北进……

军委决定将红一军团改编番号为第一军，左权任军参谋长。不久红一军被编入右路军，担任前卫的红一军奉命最先过草地。中共中央、中革军委和毛泽东、周恩来等随右路军行动。左权一再向部队强调，要坚决保卫党中央和中央首长安全渡过草地。左权与同志们一起找出30余种可食的野菜以作大部队充饥之用。经过6个艰难的日日夜夜，大家顶风雨，战严寒，忍饥受冻，艰苦跋涉，终于走出了茫茫大草地。

过草地后，党中央将部队改编为中国工农红军陕甘支队。

第一军即为第一纵队，左权任纵队参谋长。第一纵队先到达天险腊子口。聂荣臻、左权亲临腊子口前沿阵地视察，与红二师师长陈光、政委萧华一起制定了突破腊子口的作战方案。他参与指挥部队在六盘山青石嘴消灭敌人骑兵两个连、在吴起镇打垮国民党骑兵3个团。1935年10月中央红军胜利到达陕北吴起镇，左权命令纵队直属队总支书记肖忠渭带领警卫连、工兵连拔掉吉驼山的土围子，保证党中央在吴起镇的绝对安全。直罗镇一仗歼敌一个师一个团，左权不但参加了战斗指挥，还在总结直罗镇战斗的经验会上发了言。

1936年1月，林彪到瓦窑堡去了，左权代理军团长。率领红一军团进行东征，第一次从陕西跨越黄河进入山西。在两个月的时间里，把红军的光荣留在了山西中西部20多个县城内，消灭了敌人7个团，俘虏了4000多敌军，缴了4000多支枪，使自己的队伍壮大了8000多人。

东征结束后马上就是西征，彭德怀担任西北野战军司令员兼政委。这应该是"彭左"这两个湖南人真正合作的开始。

他们连续取得了多个胜利，使1936年的宁夏、甘肃、绥远一片赤红。

之后，为了迎接红二、四方面军，左权和聂荣臻指挥红一军团于1936年9月中旬占领将台堡抵界石堡，控制了静宁到会宁这段公路线，打开了三大主力红军会师的大门，开辟了会师通道。10月9日红一军团部队和红四方面军在会宁会师，10月22日红一军团部队在将台堡与红二方面军主力部队会师。三大主力胜利会师，左权也由此走完了他的长征之路。

长征让走过的人一生难忘，让后人想起来的时候感慨万千。经历九死一生，走过来，活下来，能不珍爱生命，更勇往

第五章 长征之路

1936年，左权（第二排右一）代表红一方面军欢迎红二方面军长征到达陕北，与任弼时（第二排右二）、贺龙（第二排右三）、王震（第二排右七）等同志合影。

直前吗？

长征是一条用青春热血铺出的长路，是地球上一条永不退色的红飘带，这条飘带从瑞金延伸到陕北。

第六章
长征中的特殊贡献

■ 二万五千里长征的由来

■ 特殊的贡献:《红军第一军团经过地点及里程一览表》

二万五千里长征的由来

1936年10月,中国工农红军在党中央和毛泽东等老一辈革命家的领导下,战胜了国民党几十万大军的围追堵截和无数艰难险阻,胜利完成了二万五千里战略大转移,创造了人类战争史上的奇迹。今天,红军长征的英雄业绩早已举世闻名,但却很少有人知道70年前"长征"一词是怎样产生的,二万五千里路程又是怎样计算出来的。长期以来,国内外史著和历史学家对此均有不同的说法。那么,"红军二万五千里长征"的概念究竟是怎样来的呢?

1936年,左权同志在陕北。

第六章 长征中的特殊贡献

参加过长征的红军著名将领聂荣臻和杨成武，在回忆录中都提到，1935年11月，红一方面军主力和红15军团在陕北会合后。毛泽东在讲话中说，红一方面军长征从瑞金算起，共367天，战斗不超过35天，休息不超过65天，行军约267天，如果夜行军也计算在内，就不止267天。走过了11个省，据红一军团的统计"最多的走了二万五千里"，这确实是一次远征……

1935年毛泽东在政治局会议上说："自从盘古开天地，三皇五帝到如今，历史上曾经有过我们这样的长征吗？12月光阴中间，天上每日几十架飞机侦察轰炸，地下几十万大军围追堵截，路上遇到说不尽的艰难险阻，我们却开动了每人的两只脚，长驱二万五千余里，纵横十一个省。"

这是第一次出现长征"二万五千里"的提法。此后，"长征二万五千里"多次出现在中央文件、领导人讲话中，逐渐成为一种约定俗成的提法。

特殊的贡献：
《红军第一军团经过地点及里程一览表》

中国人一听到长征两个字就会自然联想到二万五千里，但在当时那个战乱年代，没有汽车，也没有什么科学仪器，红军在很多时候还是边打边逃的，有的时候连命都保不住，谁还会有心思去统计这行程路途呢。那么今天我们所知道的红军长征这二万五千里的路途是谁先提出的，又是怎么计算出来的呢？

《红军长征记》是 1937 年 2 月由丁玲主编的一本记述长征的书，原名初为《二万五千里》。由于抗日争爆发等原因，直到 1942 年，才由总政治部更名《红军长征记》后，作内部参考印制发行，现已难见其踪。2002 年，美国哈佛大学燕京图书馆发现由朱德亲笔签名赠给知名记者埃德加·斯诺的《红军长征记》孤本并引起各方关注。《红军长征记》是极为珍贵的一本书，也是我党我军历史上最早、最真实、最具文化特色的纪实文学作品。

长征改变了毛泽东，毛泽东改变了红军和整个中国。1936 年春，上海《字林西报》撰文谈到长征时说：红军经过了半个中国的远征，这是一部伟大的史诗，然而只有这部书被写出后，它才有价值。这家有帝国主义背景的媒体在破例惊呼红军创造奇迹的同时，也恶笑红军的"粗陋无文"。所以红一方面军刚到陕北，毛泽东就指示杨尚昆在政治部成立编辑委员会，并亲自起草征稿信，号召参加长征的师团以上干部把"战斗经历、民情风俗、奇闻轶事……择其精彩有趣的片断"写出来。《红军长征记》既证明了毛泽东的政治品格来源于文化母体，也证明了红军是一支能文能武的军队。

这本书有 5 个附录，其中一个就是《红军第一军团经过地点及里程一览表》。这是以红一军团直属队为标准、长征中经过地名及里程的一览表，依据命令、报告、各种日记、报纸汇集而成，将日期、出发地、经过地、宿营地一一列清。这个一览表是目前能找到的最早的、最详细的、最可靠的资料。

此表是根据红一军团直属队为标准的。因为直属队并不担任作战任务，在直属队驻扎、休息时，各师仍然在作战，或者侦察、或者阻击、或者进攻、或者佯攻，所以直属队是红军各部队中长征走路最少的。在表的最后说明中指出直属队的行程共为18088里。

左权是红一军团的参谋长，曾到苏联伏龙芝军事学院留学，有着职业军人的优秀素质，是个非常标准的军事参谋人员。所以他做的所有事情都要记录。当时红一军团，长征一路走下来，虽然那么艰苦，不停的行军，不断的打仗，但他要求的制度一定要执行，他手下的参谋按照吩咐将长征中所经历的路线全部都记录在《红军第一军团经过地点及里程一览表》里。

实际上，左权在长征时期留下了非常珍贵的历史资料，而且都是第一手资料。他将长征中所有的战役都做了记录。

作为红一军团的参谋长，红一军团在长征时打的所有仗，他都记录了下来，在什么地方打了什么仗，和谁打的，打的结果是什么，都有记录。现在大家可以回忆历史，左权则是在记载历史。

1937年红军到了延安后，毛主席号召参加过长征的人写长征回忆，因为那时候已经和外国记者接触了，红军希望能通过媒体来报道长征。

当时左权因为在西征前线特别忙，还是斯诺找到了西征军，当时任红一军团代理军团长的左权接受采访时拿出了这个记录表。

《红军第一军团经过地点及里程一览表》里，左权将所有有关红一军团长征的经历都非常详细地记录下来。红军每天从什么地方走到什么地方，中间多少距离全部都有。从江西瑞金到延安，红一军团，起码是红一军团的军团部，每天走过的路线和公里数都有记录。记者斯诺后来把这个记录表写进了他的书里公开发表了。

当时红一军团直属队走的直线距离是一万八千里，一直到吴起镇。到现在为止，还没有看见别人有长征的这种记录，尽管有些人写了日记，但左权的这种军事记录肯定是很精确的。

红军长征不单是红一军团走过的路程，还有其他的部队。实际上左权他们记录的是走的比较正规的路，而担任作战任务的部队每天要多走上好几倍的路，路上迂回曲折、进进退退，肯定是超过了二万五千里了。这是他对长征的特出贡献！

第七章
迟开的爱情之花

- 朱老总的心事
- 爱,来得突然,来得疼痛
- 永别后的记忆

朱老总的心事

长期以来,左权身负重任,一心扑在革命工作中,顾不得考虑个人婚姻问题。那时左权已 34 岁,还孑然一身,让朱德总司令念念不忘他的终身大事。1939 年 2 月,一个中央代表团来到晋东南巡视。在随后召开的晋东南妇女代表大会上,一个面目清秀、皮肤白皙的年轻姑娘吸引了人们的目光,她代表中央妇委讲话,思维敏捷、举止大方。这个姑娘就是我母亲刘志兰。

学生时代的刘志兰

母亲刘志兰于 1917 年生在北京。祖籍在河北,她的父亲到北京谋生并定居了下来。刘志兰出生的时候,家里已有 4 个

第七章 迟开的爱情之花

女儿。那个年代的中国人把家族香火的延续寄托给男性，所以，刘志兰的母亲生了这么多女儿，尽管个个如花似玉，但她乞求为刘家生个儿子。之后又生下一个女儿。直到第7个终于生了个儿子，刘家才无限欢欣。

刘志兰的母亲第8个孩子又是个女儿。7个女儿个个流光溢彩又聪明伶俐，她们的整体实力让刘家名声大噪，这7个女儿被时人称为"七仙女"。可是刘志兰的父亲去世早，依傍北京师范大学，母亲靠出租房子和给租房学生洗衣做饭艰难地维持着一家的生计，养活8个孩子。生活的艰辛把刘志兰磨炼成一个激情外向、很有个性的姑娘。

1935年刘志兰在北师大女附中高三甲班读书，而后来嫁给彭德怀的浦安修在乙班。12月9日，北平爆发了"一二·九"学生抗日救亡运动，刘志兰、浦安修都被卷入这场抗日的洪流之中。从此，她们告别书斋，义无反顾地走上革命道路。

"一二·九"之后，北师大女附中成立了学生会，刘志兰被推举为负责人之一，不久，她又接任学生会主席。中共北平地下党领导成立了党的外围组织——妇女救国会，在北师大女附中发展了一个小组，组长是刘志兰。浦安修和比他俩小1岁的杨慧洁都参加了。面对"一二·九"之后的政治局势，假期里，中共北平地下党组织了南下扩大宣传团，号召青年学生走与工农相结合的道路，南下宣讲抗日。刘志兰、浦安修都参加了南下扩大宣传团。

1936年春节，在总结南下扩大宣传团工作的大会上，决定建立中华民族解放先锋队（简称民先），以便团结更多青年，将抗日救亡运动进行到底，浦、刘、杨立即响应，由妇救会员转为"民先"队员。

1936年的暑假生活结束了,刘志兰因做"民先"外联,引起特务注意,上了"黑名单",有关当局认为她会在学校"滋事生乱"。经"民先"研究决定,刘志兰当上专职"民先"干部。

"七七事变"后,刘志兰离开了沦陷的北平,约好友杨慧洁一同去延安。她俩找到西安七贤庄八路军办事处。接待她们的同志说:"你们还小,延安很艰苦,你们不能去……"两位倔强的姑娘连续往八路军办事处跑了四次,还是没有被答应。最后她们说:"我俩都是共产党员,我们坚决要求参加抗日!"这句话引起了重视,一位负责同志答应送她们去延安,并给陕北公学校长成仿吾写了封介绍信,介绍她们到陕北公学去学习。

到陕北公学报到时,由于介绍信上写的是:"……此二人自称是共产党员……"所以,暂时没让她们参加党的组织活动。她们被编到六大队女生分队。当时六大队共有4个分队,只有1个女生分队,刘志兰任分队长。她最先恢复了党的关系,被选入大队支部任支委。当时的生活很紧张,但也充满了朝气。天一亮,陕北公学的学生就出操,白天学习,晚上讨论及总结汇报,没有一点闲暇时间。在陕北公学学习了3个月便结业了,毕业后留在陕北公学,在分校当指导员,负责带新生。

1939年春天来到的时候,不知道随中央巡视团走上太行山的刘志兰是否预感到这一年是她生命的一个转折。一生的福与痛,都在这一年埋下了根由。

1939年2月,太行山迎来了从圣地延安来的中央巡视团,巡视团里的刘志兰吸引了人们的注意:她的靓丽让苍黄的太行山有些不适应，她的独特的东方古典的优雅与革命新青年的激情融合得是那样的天衣无缝，字正腔圆的国语，声音悦耳动听。

刘志兰的演讲引起了台下朱德夫人康克清的注意。

当年与朱德同在太行山的康克清回忆说：

老总十分关心左权的个人生活，多次同我说左权还没有结婚，要我帮助他找个合适的对象。正巧，1939年春天，刘志兰随中央巡视团来到太行山八路军总部。他们一行12个人，代表中央的各个单位在晋东南做了许多工作。开晋东南妇女代表大会时，刘志兰代表中央妇委讲了话。她是浦安修的同学，聪明能干，十分讨人喜欢。我同浦安修商量，一定要把她留在晋东南工作。那时，浦安修已经调到北方局妇委。经过我们一番宣传动员，又做了巡视团领导人的工作，终于把她留到北方局。

这时，我想到把她介绍给左权副参谋长可能是最合适不过的了。朱老总一听，十分同意，立即征求左权的意见。恰巧，左权的心目中也正在想着她。刘志兰当时22岁，可算女同志中的佼佼者。我当时正忙着直属政治处的工作，一时脱不开身。老总决定亲自去找他谈。

他们那次谈话的结果是，刘志兰答应先同左权见见面再说。后来她又找我和浦安修征求意见，还问我同老总当时是怎样结婚的。我如实地对她讲了，说："你们现在环境不同了，条件不同了。像左权副参谋长这样的人，这样的条件，怕你到别处再难找到第二个了。现在是战争环境，只要双方都认为合适，还是趁早结婚为好。"

以后不久，他们就结了婚。结婚那天，两位老总，我们大

第七章 迟开的爱情之花

家都去了。许多人贺喜，喜气洋洋，十分热闹。

是的，左权是朱总司令的爱将，他的个人生活是老总的一个心结。当时刘志兰比左权小12岁，他们是1939年4月16日结婚的。这段姻缘，朱德总司令是牵线红娘。

刘志兰一直以来自视甚高，在与左权结婚之前从未谈过恋爱。在延安，刘志兰曾与浦安修、叶群并称"延安三美"。

1939年，左权在山西潞城北村结婚处

为了左权的婚事，康克清有"预谋"地把刘志兰留在了北方局，从事妇女工作。接着，她把自己的想法告诉了朱德，朱德完全同意，并立即去征求左权的意见。恰巧，这正合左权之意。原来，自从巡视团来到晋东南，左权见到刘志兰的那一刻起，眼前就有一亮的感觉。在此后几次因工作接触的场合，左权觉得刘志兰不仅长得很美，而且个性坚强，对党的事业充满着火一样的激情，便自然地从内心对她思慕不已。当时，由于康克清正忙于工作而一时脱不开身，朱德又急着想让自己的得力助手早点成家，便决定亲自出马，找刘志兰谈谈。

一天，朱德放下手头的工作，专门找到刘志兰，当问明她还没有谈恋爱后，就径直向她介绍了左权的情况，并说左权对她非常倾心，如不快解决就会影响工作了。

刘志兰听过一次左权在中共晋冀豫区党委会议上作的军事报告，留下深刻印象，平时也听周围的人时常怀着敬佩之情谈起这位威震华北的八路军副参谋长。但是，如果要同他确立恋爱关系，刘志兰一时还缺乏这个思想准备。因而，刘志兰向朱德表示，要考虑一下再说。

听到这里，朱德当即认真地对刘志兰说道："这事不用考虑啦！我看你二人彼此都不会有意见。左副参谋长就等着你的回话。"随后又笑着补充道："打仗，我是总司令，你听我的；找对象，你是总司令，我听你的。不要以为是总司令当介绍人，就委屈求'权'了。"

那时刘志兰作为一个要求进步的青年，一上太行山就遇到了朱德总司令给她介绍男朋友这样的人生大事。这是天大的面子。朱德之所以亲自出面，大抵就是为了保证万无一失，他应该知道自己在青年心目中的地位，以他的影响力为人做媒，对有攀龙附凤思想的人来说是求之不得。没有这种思想的，如刘志兰，也不好不给面子。左权再热情点，身边的人谁不想成全好事？于是这个婚姻就成功了。

母亲怎么看待这个婚姻？1982年她在给我的信中说："1939年2月我参加中央巡视团到晋东南巡视工作，4月16日和你爸爸结婚是完全没有精神准备的。经朱老总亲自很诚恳的介绍（这以前我在晋冀鲁豫党的会上听到一次你爸爸做的军事报告，只听人们都很钦敬，谈不上什么印象），而且老总说不快解决就会影响工作了。我把老总视为长者，由于老总亲自说，我不好拒绝，而且很快结婚，是没有什么感情基础的。我那时的小资产阶级的情调是很浓厚的，我自视清高，虽然22岁了，接触人很多，但没有和任何一个人恋爱过（也没有对什么人有过好感）。所以结婚后要有一段了解和进一步发展感情的过程。现在回想我们的生活是幸福的，也是有感情的。但是我总有一种不祥的预感……主要顾虑他的安全……

爱，来得突然，来得疼痛

爱对于22岁的刘志兰来说毫无思想准备，但这并不影响这对相差12岁的夫妻的感情。

母亲说："他（左权）对我们短暂的家庭生活总是满意的，信中几个地方都提到我们的感情是很深的，分别后互相是很想念的，他总是尽力完成他做爸爸的责任的。"

左权很爱兰花，因为一看到兰花他就会想起母亲，母亲名字中也带一个"兰"字。左权在1941年9月24日写给妻子的第四封信中写道："院子里种了许多花，周围种了许多菜，还有不少果子。洋菊花已开三个月了，现还未完，大批菊花牵牛花等，开得甚为好看。可惜的就是缺兰，而兰花是我所最喜欢所最爱的，兰恰离开我在千里之外，总感美中不足。每次打开门帘，见到各种花的时候就想着我的兰，我最亲爱的兰。"

婚后不久，母亲怀孕了，早期反应很厉害。当时她住在北方局妇委，父亲每天傍晚都利用休息时间骑马从总部驻地去看她，持续两个多月。

1940年5月27日，我出生在武乡县土河村的八路军总部和平医院。此时父亲由于军务繁忙并没有陪伴在母亲身边，也没有时间前去探望，后来才骑马去医院将我们母女接回八路军总部驻地武乡县砖壁村。

我的襁褓布是朱德总司令送的，名字是彭德怀副总司令起的。军务繁忙的父亲白天工作，晚上回家照顾我，他给我喂水、穿衣服、包尿布，夜里常常抱着我在房间里来回踱步。

1940年8月，百团大战拉开序幕，父亲考虑再三，决定让母亲带着我去延安。临行前，细心的父亲为减轻母亲在路途中的负担，并让我睡得舒服一些，请当地木匠做一个小木箱。他又请来摄影师，抱着我和母亲合影留念。

1940年8月，在山西武乡县砖壁村，左权和夫人刘志兰及女儿左太北照的惟一一张全家福。

当时我只有三个月大,我是看着这张照片长大的,这是我和爸爸仅有的两张合影之一,也是唯一的一张全家福。

父亲送母亲回延安不是因为战事的爆发,而是"为了她(刘志兰)的学习","因为在我们结婚起你就不断地提起想回到延安的问题"。在母亲提出回延安的想法后,父亲说:"你提出回延问题以前我已有念头了。"

然而,父母的细腻心思,却被战友们所不能理解。父亲对母亲说:"你走后有人说左权是个傻子,把老婆送到延安去。因他们不了解同意你回延安主要的是为了你的学习,我也就不去理会他。"

母亲是个要求进步的人,她没想到结婚后这么快就有了孩子,带孩子也很麻烦,而她也很着急要去学习,回延安想尽快把我送到保育院去。

8月30日,我们母女离开这个位于小村子里的晋东南八路军前方总指挥部,父亲专门雇了一位挑夫,让我睡在准备好了的木箱里,另一头挑着一筐尿布小衣服。直到母亲的背影渐渐模糊,父亲才恋恋不舍地回身离去。

父亲在写给母亲的第一封信(1940年11月12日)中,记录下母亲走后的心情。他说:"当你们离开时,首先是担心着你们通过封锁线的困难,更怕以外的遭遇。……今竟安然的到达了老家——延安。我对你及太北在征途中的一切悬念当然就冰释了。"

"你们走后,确感寂寞。幸不久即开始了北局高干会议,开会人员极多,热闹十多天了,寂寞的生活也就少感觉了。现在一切都好,身体也好,希勿担心。"

"志兰:有不少的同志很惊奇我俩能够分别,你真的去延安了。本来分别是感痛苦的，但为了工作，为了进步，为了于党有益，分别也就没有什么了。回想我俩相处一年多以来，是很好的，感情是深厚的，分别后不免同相怀念着。聪明活泼的太北小家伙很远的离开，长久的不能看到他，当然更增加我的悬念。我只希望你一方面照顾着太北，同时又能很安心地学习，有便时多写几封信给我。志兰亲爱的，最近的期间内恐难见面的，相互努力工作与学习吧！不写了。"

"志兰亲爱的，祝你安心学习。希望太北健康！"

父亲那时一个月仅5元津贴，还有抽烟的习惯，但只要有机会，他就把攒下来的钱托人给母亲带去，带去的还有给女儿的战利品：一瓶鱼肝油丸、一包饼干、一袋糖果……

细腻的父亲给女儿买花布，让人给女儿做衣服、织毛衣裤，再让回延安的同志艰难地带过封锁线……因为不知道一两岁的孩子长得多快，做出来的衣服有大有小。

父母结婚之初，母亲曾颇有情绪，作为一个有着极高抗日热情的学生，她本想来到抗日前线能有一番大的作为，但没想到生活几乎被家务和孩子所占据。每当她自己带孩子产生情绪不稳定时，她就给丈夫写信，诉说着内心的烦闷。年轻母亲的任性，早已被沉默寡言的父亲左权觉察在心，父亲他从没有为此出言相责、发脾气。而是安慰母亲，诉说着对母亲的想念和对孩子的疼爱。

母亲到延安来是为了抗日的，结婚、生孩子都没思想准备，现在就闹成了自己带孩子。而母亲又不是那种会弄家务的人，就弄得焦头烂额的。我父亲每次回信就反复地劝解她。

婚后的左权在领导八路军抗日的同时，尽全力去履行着父亲的责任。他对母亲说："托人买了两套热天的小衣服给太北还没送来，冬天衣服做好后送你。"这时是 1941 年 5 月 20 日，夏天还没到来，冬天的衣服已经快做好了。

父亲在信中说："差不几天就整整一年了，太北也就一岁了。这个小宝贝小天使我真喜欢她。现在长得更大、更强壮、更活泼、更漂亮，又能喊爸爸妈妈，又乖巧不顽皮，真是给我极多的想念与高兴。可惜天各一方不能看到她，抱抱她。在工作之余总是想着你和她和我在一块，但今天的事实不是这样的。默念之余只得把眼睛盯到挂在我的书桌旁边的那张你抱着她的相片上去，看了一阵后也就给我很大的安慰了……"

1940 年 12 月 23 日晚，父亲在家书中挂念着冬日里的延安。他写道："延安的天气，想来一定很冷了。记得太北小家伙似很怕冷的，在砖壁那几天下雨起风，天气较冷时，小家伙不就手也冰冷、鼻子不通、奶也不吃吗？现在怎样？半岁了，较前大了一些，总该好些吧！希当心些，不要冷着这个小宝贝，我俩的小宝贝。"

就在父亲牺牲的三天前，1942 年 5 月 22 日他在给母亲的第十一封信中写道：

志兰：

就江明同志回延安之便，再带给你几个字。

乔迁同志那批过路的人，在几天前已安全通过敌人之封锁线了，很快可以到达延安，想不久你可看到我的信。

希特勒"春季攻势"作战已爆发，这将影响日寇行动及我国国内局势。国内局势将如何变迁，不久或可明朗化了。

我担心着你和北北，你入学后望能好好地恢复身体，有暇时多去看看，小孩子极需人照顾的。

此间一切正常，惟生活则较前艰难多了。部队如不生产，则简直不能维持。我也种了四五十棵洋姜，还有廿棵西红柿，长得还不坏。今年没有种花，也很少打球。每日除照常工作外，休息时玩玩扑克牌与斗牛。志林很爱玩牌，晚饭后经常找我去打扑克牌，他的身体很好，工作也不坏。

想来太北长得更高了，懂得很多事了。她在保育院情形如何，你是否能经常去看她，来信希多报道太北的一切。在闲游与独坐中，有时仿佛总有你及北北与我在一块玩着，谈着。特别是北北非常调皮，一时在地上，一时爬到妈妈的怀里，又由妈妈怀里转到爸爸怀里来，闹个不休，真是快乐。可惜三个人分别着不在一起，假如在一块的话，真痛快极了。

重复说，我虽如此爱太北，但如时局有变，你可大胆地按情处理太北的问题，不必顾及我，一切以不再多给你受累、不再多妨碍你的学习及妨碍必要时之行动为原则。

志兰！亲爱的，别时容易见时难。分离廿一个月了，何日相聚，念念、念念。愿在党的整顿三风下，各自努力，力求进步吧！以进步来安慰自己，以进步来酬报别后衷情。

不多谈了，祝你好！

叔　仁
五月廿二日晚

信写完后又加了一句：

"有便多写信给我。敌人又自本区开始扫荡，明日准备搬家了拟托孙仪之同志带之信未交出，一同付你。"

不料到两天后，征战在太行山抗日最前线的父亲就与在延安生活的我们母女永别了。

对待这段婚姻，后人曾有这样的感慨："每一封信中的每一个字都表达着将军对爱人真挚的情感，这爱是那样细腻、那样深刻又那样宽容……难以想象，这些充满着柔情的信是出自一位生活在主要内容是残酷战斗、肩负掌握着半个中国的抗日战场的八路军副总参谋长、每日军务繁忙到不能睡觉地步的高级将领之手啊！"

母亲估计父亲"可能愈走愈远"，而父亲说："一旦有必要需要我……我是毫不犹豫的担当的"。一个是纤细的女性的对于丈夫的担忧，一个是革命者以天下为己任的豪迈，他们的对话在那样的一个年代里，多么具有典型意义！

永别后的记忆

尽管母亲估计过父亲"可能愈走愈远"，但是她没有想到太行一别竟然成了永别。1942 年 5 月 25 日，母亲离开太行山不到两年的一天，父亲血洒十字岭。

母亲从叶群那里得知父亲牺牲的噩耗后，25 岁的她差点儿晕倒，他们的孩子才刚满两岁啊，她一直不愿相信这是事实。她马上去问朱老总，看到彭德怀的电报"十字岭激战，总部被围，左权失踪"，又马上去问林彪"失踪"是什么意思。林彪极力解释，她还是听明白了，母亲已感到噩耗已成事实。她怎么也不敢相信这是真的，觉得自己是在做梦，可走到屋外，发现"天空是澄清的，太阳辉耀着，这是绝对的不可挽回的事实"。听见哭声赶来的许多人也不知道说什么好，在叶群的劝说下她终于回去了。

母亲后来对我说："记得我得到他牺牲的噩耗以后，去朱老总处看到你父亲失踪的电报，我又去问林彪时，他不肯定，但我已感到噩耗已成事实，回到党校三部，一个人黑夜里在山坡下痛哭失声，很多同志在山上听着，叶群他们把我劝回去，许多同志见我都不知道说什么才好。"

爸爸的牺牲非常突然，以致妈妈刘志兰在其后很长一段时间里，陷入了深深的悲哀之中，认为人生走到了尽头。但在当时，对于自己一个年幼无知的小丫头，又怎能体会到妈妈那种折柱塌天般的痛心呢！

1942年7月3日，母亲在《解放日报》上发表怀念亡夫的文章《为了永恒的记忆》：

"虽几次传来你遇难的消息，但我不愿去相信，自然也怀着这不安和悲痛的心情而焦虑着，切望着你仍然驰骋于太行山际，并愿以二十年的生命换得你的生存，或者是重伤归来，不管带着怎样残缺的肢体，我将尽全力看护你，以你的残缺为光荣，这虔诚的期望终于成为绝望……"

"在共同生活中，你有着潜移默化的力量，我更是一个热情、积极的、幻想很深的青年，在你旁边渐变得踏实、深沉，一面开朗地认识革命事业的伟大规模，一面体验到人生的丰富意义。"

"想到你十余年的战斗生活备尝艰辛，没有一天的休息。而今天，没有一句话就永远离开我们，痛感到不可弥补的遗憾。……我们都期望着将来有更多的时间共同生活，谁知这终身的伴侣只有三年就要永远分离，如有预知之明，我将尽全力来使你幸福，谁能逆料生离竟成死别！"

第七章 迟开的爱情之花

"对于革命,我贡献了自己的一切,也贡献了我的丈夫。你所留给我最深切的是你对革命的无限忠诚,崇高的牺牲精神,和你全部的不可泯灭的深爱。为了永恒地纪念你,我将努力把二者紧密的结合起来,学习你继续你的遗志奋斗。在任何困难之下,咬着牙齿渡过去。有一点失望和动摇都不配做你的妻子"。

晚年,母亲对我说:"我总觉得可惜的是我和你父亲相处的时间太短,相互了解得太少了,也没有完全习惯下来,就匆匆分别而且成为永别。这短暂的婚姻家庭生活,本来已使我感到自己的一生已经定型,走上了轨道,而且准备就这样走下去了,谁知你父亲牺牲使我突然感到走到了路的尽头,无路可走了,又不得不挣扎着往前走……"

"1939~1942年的一段生活影响了我的一生,成为苦难的历程,当然不是你父亲之过,但他如不牺牲,一切当会好一些……"

1991年5月母亲被查出罹患淋巴癌,开始经受化疗的折磨。10月,病重的她用颤抖的手写下最后一纸文字:"人生实在过得太快了,坎坎坷坷,忧忧患患……直到闭紧了眼睛……"

1992年4月24日,母亲的眼睛永远地闭上了……癌症最终夺去了她的生命。

刘志兰没有去邯郸烈士陵园寻找左权,她的骨灰埋在太原的一颗普通的松树下,没有任何标志,她的意思是就这样像烟一样流逝……

母亲生前将自己保存了几十年的父亲在太行山炮火里写给她自己的11封信,留给了女儿我。她说:"如果说留遗产的话,这就是遗留给你的最宝贵的遗产。"

第七章 迟开的爱情之花

  在母亲去世 10 年后,在父亲殉国 60 周年纪念日前夕,我将这 11 封信辑成《左权将军家书》行世,来纪念一个世纪之痛!在这些书信中我们可以清晰地看见那个年代的爱情。

第八章
战斗在抗日最前线

■ 指挥长乐之战

■ 百团大战中的副总参谋长

■ 黄崖洞保卫战

■ 热血铸太行

■ "舍生取义、尽忠职守"

■ 毛泽东和朱德默然良久

■ 朱德 《吊左权同志在太行山与日寇作战战死于清漳河畔》

■ 彭德怀 《左权同志碑志》:

■ 悼左权同志

■ 称职的辅佐者

指挥长乐之战

"七七事变"后,红军改编为国民革命军第八路军,左权任副总参谋长,1938 年 12 月,任八路军前方指挥部参谋长。从此,他随朱德总司令、彭德怀副总司令率部东渡黄河,挺进华北敌后开展独立的游击战争,创建敌后抗日根据地,发展和壮大人民抗日武装力量。他一直是朱德和彭德怀运筹帷幄、统率军队和指挥作战的得力助手,辅佐朱、彭成功地组织了许多

1937 年 9 月,随朱总司令由陕西芝川镇东渡黄河,右起朱德、任弼时、左权和总部作战科长黄鹄显。

重大战役行动。中共中央、中央军委和部队及其他领导，在给八路军总部行文发电时，常常把朱德、彭德怀和左权的名字联在一起，称之为"朱彭左"；八路军总部对所属部队发出命令指示，也往往以"朱彭左"联名签署。因此，"朱彭左"便成了八路军总部的代称。

1937年西安事变后，左权（左三）在西安红军办事处与另三位黄埔一期同学陈赓（左一）、宣侠父（左二）、徐向前（右一）合影。

1938年2月，日军4万人分三路进攻临汾，与八路军总部相遇。在左权指挥下，他们坚持战斗，一直到后续部队赶到，击退了日军多次冲锋，这就争取到了3昼夜的时间，使数十个村庄的群众安全转移，使国民党在临汾、洪洞的军政机关顺利撤退，并使八路军在临汾的军需物资大部分转运出去。两个月后，日军 3 万余人对山西晋东南地区发动 9 路围攻。左权根据日军兵力分散的弱点，按照总部的部署，在内线以游击战牵制、骚扰袭击敌军，将主力部队调到外线，寻找战机歼敌。4 月 15 日终于光复了武乡县城，16 日又在武乡县的长乐村布下口袋阵，全歼日伪军 3000 余人，此即"长乐战役"。随后，他率军在张店再歼敌 1000 余人，收复辽县、黎城等 18 座县城，解放人口百余万人，彻底粉碎了日军的 9 路围攻。

1938 年 2 月 8 日，左权（左一）与朱德（后排左三），彭德怀（后排右一）在山西洪洞县白石村温家院接见国际慰问团露丝小组一行，前排右四为康克清，右二为丁玲。

第八章 战斗在抗日最前线

1938年3月,左权等在山西沁县小东岭村与出席第二战区东路军将领会议人员合影。朱德(左四)、彭德怀(左一)、刘伯承(右二)、左权(右一)。

1937年12月,在山西洪洞县马牧村八路军总部,朱德(左三)、彭德怀(左二)、彭雪枫(右三)、萧克(右二)、邓小平(右一)和左权(左一)。

西安事变后,左权在西安红军办事处会见了童年伙伴、国民党整一师第167旅少将旅长匡金美。

1937年5月,在陕西三原,左权(前排左二)与任弼时(后排右二)、彭德怀(前排右二)、徐向前(后排右一)、叶剑英(后排左一)等合影。

第八章 战斗在抗日最前线

作为八路军华北敌后指挥抗战的高级将领，针对日寇发起的越来越残酷的大扫荡，他不断的分析华北以至全国的抗战形势，研究了对日军作战的大量材料，潜心研究抗日战争的战略战术。在敌后抗战的5年间，父亲在戎马的战斗生涯中撰写了《论坚持华北抗战》《论目前华北战局》《国内军事动态述评》《扫荡与反扫荡》《伏击战术》《开展反对敌人蚕食政策的斗争》等40多篇著作，共计20余万字。

在我八路军连战皆捷，取得平型关等多次重大胜利后，左权极为振奋。他以这些战例为依据，更加深入地研究毛泽东的《论持久战》，总结经验，写出了《论坚持华北抗战》《埋伏战术》《袭击战术》等文章，对八路军如何适应敌后作战的形势，顺利的转入游击战争，具有很大的推动作用。

著名作家刘白羽在纪念左权同志时，这样告诉我们："在这掌握半个中国战场的八路军总指挥部里，左权同志的的确确是最繁忙的人。除了重大的事由朱总司令决定之外，一般工作

1938年12月，八路军前线总司令部在晋东南成立，左权任总部参谋长。

都是他处理。在他的工作岗位——参谋长——上说,他是最适当不过了。左权同志的细心,负责,经常的积极性,沉着,理智,再加上他的军事理论修养,作战经验,指挥能力,是我们部队参谋工作中不可多得的人才。"

百团大战中的副总参谋长

运筹帷幄,决胜千里。百团大战是左权短暂一生中的一个大手笔。

1937年全面抗战爆发后,左权任八路军副总参谋长,协助朱德、彭德怀指挥八路军挺进华北敌后。此后他长期战斗在太行山上,创建抗日根据地,参与指挥了粉碎日军对晋东南的九路围攻、百团大战和黄崖洞保卫战等著名战役。

1940年5月4日,左权在山西武乡蟠龙镇出席抗大总校召开的"五四"青年节大会上讲演。

1940年5月，日军发动枣（阳）宜（昌）战役，6月12日攻占宜昌，扼住入川的咽喉。同时派几百架飞机轰炸重庆，投下2000多吨炸弹，并扬言进攻重庆、昆明、西安。日军除了用武力逼蒋介石就范，还对蒋进行诱降。而对八路军，蒋介石不但停发了军费，还频频制造摩擦。第一次反共高潮被打败后，反而倒打一耙，造谣说八路军游而不击，不打日军，专打友军，把搞摩擦的罪名扣到八路军头上。一些不明真相的人也对八路军产生了怀疑。

1940年，左权与彭德怀在山西武乡砖壁村八路军总部部署百团大战。

这时，日军将重点转到华北，推行"治安强化"。新任驻华北日军司令官多田骏是个"中国通"。他认为华北是解决"中国事变"的关键所在，但这个前提是要"剿灭"共军，于是发明了"分区扫荡，分散布置，灵活进剿"的"牛刀子"战术。到百团大战前，华北的分割之势已经形成，随处可见的堡垒把山东、河北、山西的铁路、公路和运河连成一片。在多田骏眼中，八路军"游"不动了。

1939年10月，八路军总部搬到山西武乡县东部山区王家峪。年末，冀中军区政委程子华和政治部主任孙志远来电，认为敌人最近修路的目的与过去不同,建议不能让敌人修成,否则将造成游击战争的极端困难。

1939年5月,在山西屯留十八集团军总司令部。

1940年以后日本人扫荡了平原地区,扩张了很多据点,建炮楼,而且炮楼和炮楼之间修道路,以铁路为主,横着修公路,把炮楼当成点,搞囚笼政策,使八路军不好穿插活动,等于被控制住了,日本军队有铁甲车来回巡逻。如何对付他们呢?经过反复研究,决定破坏正太路铁路,使日本军车不能走那么快,兵不能互相支持。

1940年4月,朱德和彭德怀、左权讨论近期的作战形势:华北的形势虽然险恶,但日军步步为营,反而造成主要交通线兵力空虚,形成敌后的敌后。而且守备山西的一部日军被调到华中,参加宜昌作战,更形成一个有利的战机。

时任晋察冀军区司令员兼政委的聂荣臻回忆,1940年春,

1940年4月，消灭朱怀冰部一万余人后，检阅胜利归来的部队，右起：聂荣臻、刘伯承、左权、杨尚昆、彭德怀。

他率晋察冀军区南下支队来到晋东南。彭德怀、左权和他，以及刘伯承、邓小平、陈赓、陈锡联、李达等多次议论华北战局及我军的作战行动，一致认为在这种形势下，不打几个大胜仗，很难打开局面。华北根据地大规模地破袭交通线，更是势在必行。

近代战争中，交通战占据着重要地位。据不完全统计，1937年9月至1940年5月，华北地区共破路1230次，3313公里。1940年4月至8月，百团大战前，晋冀豫根据地的刘伯承、邓小平部就在积极开展交通斗争，迫使临邯铁路停修，计划修筑的邯济铁路也迟迟不能开工，白晋铁路耗时一年多才修到夏店镇，德石铁路也被迟滞。聂荣臻部和贺龙部也都在积极破路。但是，要想全面打击日军的"囚笼政策"，最好整个华北联合行动，来一次彻底的破坏。

聂荣臻北返前，彭德怀、左权在八路军总部设便宴送行。刘伯承、邓小平、李达、陈赓、陈锡联等作陪。席间，大家又

1939年秋，于武乡县王家峪八路军总部门前

谈起两区配合作战。邓小平说，交通斗争已经成为我军同日军进行军事斗争的主要形式之一，我区全部斗争的60%是交通战。聂荣臻说，今年以来，日军依托平汉路向东扩张，相继修成石家庄到南宫、内丘到巨鹿、邢台到威县、邯郸到大名等公路干线和许多支线，把我冀南根据地分割成很多小块，同时日军还在平汉路两侧积极修筑据点和公路，严密封锁我太行、冀南的交通，妄想缩小我军的活动范围。刘伯承说，日军现在加紧抢修道路，在平汉路、津浦路两侧挖沟，这些不单纯含有军事意义，还包括有政治的、经济的、文化的重要意义，敌人是以战略眼光来组织他们的交通。彭德怀说，不破坏敌人的道路，我们自己就无法活动，就难以在被动中争取主动。

有人提出，应该把横在两区间的正太路搞掉，使晋冀豫和晋察冀两块根据地连成一片。正太铁路，从河北石家庄到山西太原，全长200多公里，东西横贯，把太行山脉劈成南北两半。一路上，有天险娘子关，有日军在华北的重要燃料基地阳泉、井陉煤矿。沿线的大小城镇，都驻有重兵，路两侧修有外围据点，还有装甲车巡逻，日军吹嘘这是一条"钢铁封锁线"。我军如果切断它，就像打蛇打到了七寸，既可中断日军在山西的运输补给，又有利于我们两个战略区军事、经济的沟通。聂荣臻完全赞成对正太路进行破袭。他说，这是我们在游击战争中经常进行的，几乎天天都在破袭嘛，这没有什么不可以。这个计划如果实现，那当然好。不过，我们想要完全控制正太路，或者把它彻底摧毁掉不够现实。从日军的技术力量看，很快就能修复它。

就是这一次，商定了对正太路进行大破袭。彭德怀与左权商定，为了争取华北战局更有利的发展，并影响全国的抗战形势，决心拿正太路开刀。

根据这个决议，左权开始策划正太路破袭战。一开始决定投入的兵力不少于22个团参加，沿线拔据点，破坏铁路、公路，打击日军的补给线。

随后，朱德、彭德怀、左权签发命令，对日军主要交通线进行总破袭，破袭时间定在4月10日。具体部署：聂荣臻部负责破袭沧石路以北的津浦、平汉及正太路，刘伯承、邓小平部负责破袭平汉路石家庄至磁县段和白晋路北段，贺龙部负责破袭同蒲路北段，徐向前部负责破袭胶济路及津浦路。

八路军副参谋长左权下达战役设想：主要目标定在正太路，对日军进行大破袭。

作战命令刚刚发出，毛泽东急电，目前形势相当严峻，蒋

第八章 战斗在抗日最前线

介石已经下了决心,即挂抗战的招牌,做"剿共"的事,目前对我军威胁最大的是绥德和皖东两点。毛泽东要贺龙的一二〇师速回延安,再抽三四万人南下集中,打通与新四军陈毅部的联系。在这种情况下,大破袭计划只好暂时放下。4月末,朱德奉命去洛阳与卫立煌谈停止摩擦事宜,然后去延安,华北地区的八路军实际上由彭德怀指挥。彭德怀请朱德到延安后向毛泽东详细汇报准备打大仗的想法。朱德嘱咐彭德怀、左权再深入研究,并征求聂、刘、邓、贺等人的意见,进一步完善大破袭的计划。

日军在开封、豫北及晋南集结重兵,扬言要进攻西安、兰州,蒋介石的立场更加动摇,这使彭德怀更坚定了大破袭的决心。他后来说,为了配合晋南及华中各友军作战,保卫大西北,打破日寇妄图消灭我华北抗日根据地的阴谋,坚定全国人民抗战胜利的信心,实现中央提出的"克服困难、争取时局好转"的任务,我们必须在华北敌后组织一次大规模的破袭战役,使华北的三个根据地(晋西北、晋察冀、晋东南)连成一片。

6月27日,八路军总部迁到武乡县砖壁村,彭德怀每天都要在地图前思考很长时间。

7月中旬,八路军副参谋长左权受彭德怀的委托,到一二九师师部所在地谭村,传达彭德怀的战役设想,准备发动一次破袭日军交通线和据点的进攻战役,主要目标定在正太路。由晋察冀根据地和一二九师共同实施,平汉、同蒲、白晋、平绥、津浦、北宁各线配合行动。一二〇师和各铁路沿线部队都参战。

八路军总部决定7月上旬开始准备,8月上旬乘"青纱帐"茂盛时，敌人对晋察冀、晋西北及晋东南"扫荡"较为缓和，正太路沿线较为空虚的有利战机，大举破袭正太路。原定兵力22个团，重点破袭正太路，其次破袭平汉路、同蒲路和白晋路；并拟于8月13日前后开始向敌各交通线进攻。估计到大破袭开始时，日伪军会有相当部分的撤退，故部署我各军区和军分区应预做准备，尽量消灭敌人，平毁碉堡及封锁沟（墙）。

左权起草了关于发起正太战役的《战役预备命令》，7月22日凌晨，彭德怀、左权签署加急电令《战役预备命令》，同时抄送中央军委。命令以截断正太路交通为目的，准备1个月的粮食和破袭器材，8月10日前完成。7月23日，八路军总部下达《关于进行正太路战役中之侦察重点》，以正太路沿线特别是井陉、寿阳段为最中心，对石家庄南北之平汉线、阳曲南北之同蒲线、白晋线、平昔和辽线（指连接山西平定、昔阳、和顺至辽县的公路线）亦应同时进行侦察。

8月8日，八路军总部下达《战役行动命令》，战役发起时间改为8月20日，并发布具体战术要求，战役成果大小主要看破坏正太路的程度而定，因此破路是此次战役最中心的环节。除破袭正太路外，还要广泛破袭平汉路、北宁路、津浦路、石德路、沧石路等铁路、公路，以阻止敌人向正太路增援。

聂荣臻、刘伯承他们问题都不大，但一二○师师长贺龙却感觉有些力不从心。总部要求一二○师将主要兵力置于阳曲南北，破击平遥以北的同蒲路。贺龙认为，晋绥根据地虽然比太行等根据地面积大，但兵力却只有太行根据地的一半，抽四至六个团参加正太线作战确实有困难。彭德怀收到贺龙的电报后，决定调整一二〇师的战役部署，将主力放在榆次以南，集中兵力破坏榆次至平遥的同蒲路，配合兄弟部队向正太路进攻。

贺龙和关向应认为，直接在阳曲南北阻止日军对正太路的增援，当然很好，但部队太疲劳。2月才从冀中回到晋西北，还没站稳脚，就赶上了日军的春季大"扫荡"，激战38天。紧接着6月，是日军兵力更多的夏季大"扫荡"，又持续58天，一二〇师连续对敌作战251次，始终没有得到很好休整，就此长途南进，困难不少。而且日军主力驻扎在阳曲，视正太路为生命线，肯定要全力增援，一二〇师能否完全阻击住日军，没有十分的把握。一旦阻击不住，将对破袭正太路十分不利。如果在同蒲路北段开刀，在榆次以北用兵，将攻击重点放在忻县至朔县的同蒲路和忻县至静乐的公路，采取围魏救赵的办法，拽住牛尾巴，朝敌人的屁股上捅刀子，可能会更好。上报总部后，得到肯定。

一二九师师长刘伯承、政委邓小平决定，战役由陈赓、陈锡联、谢富治统一指挥。刘伯承向司令部交代，应把困难想得更多一些，把准备工作做得周到一些，要突出侦察、防谍和技术战术三个方面。正式命令下达前，一切战役准备都可以提前搞。因为这次战役与以往不同，有很多技术战术，像爆破、剪电网，都必须有针对性地进行训练。8月18日，刘、邓在和顺县石拐镇前方指挥所召开作战会议，向参战部队布置任务。8月20日，刘、邓率前方指挥所进到广阳以南的明水头。

战役开始前几天，聂荣臻带着精干的指挥班子赶到井陉附近的小山村洪河漕。

因为保密工作做得好，这么大的动作，敌人却始终蒙在鼓里。

左权周密细致地领导了这次战役的组织计划工作。

8月20日，天气异常闷热，午后开始下雨。各部队冒雨穿过山间小路，黄昏前到达指定位置。20时，向正太路全线发起总攻击。聂荣臻回忆，真是壮观得很啊！一颗颗红色信号弹腾空而起，划破了夜空，各路突击部队简直像猛虎下山，扑向敌人的车站和据点。雷鸣般的爆炸声，一处接着一处，响彻正太路全线。

同蒲、白晋、平汉、津浦、北宁等铁路和许多公路干线也同时燃起战火。

整整一夜，彭德怀和左权没有离开作战室一步。天亮，战报传来，首先是刘伯承的，接着聂荣臻、贺龙的战报也来了。

刘伯承首先报捷：陈赓旅攻击寿阳西南之芦家庄，连克碉堡4座，全歼守敌，完全占领车站，并将车站以西10里内的铁道、桥梁全部破坏。

21日天近黎明，晋察冀军区拿下正太路上的咽喉娘子关。娘子关位于冀晋两省的交界处，地势险要，抗战前国民党军就构筑了不少工事，日军在此基础上又加修了四个大堡垒，但架不住奇袭。晋察冀军区另一只重拳中央纵队负责攻打井陉煤矿。一夜激战，到21日黎明终于攻进去了。有人舍不得撤出，聂荣臻立即打电话，强调占领井陉没有意义，现在不是占领一两个矿区的问题，主要任务是消灭敌人，扩充我们的力量。该撤就要撤，破袭任务完成了，就要立即转移。就是在这次战斗中，我们的战士从火海里背出两个日本小女孩。聂荣臻给日军写信，把孩子送交日军。

阳泉西南的狮垴山是正太路进入山区的咽喉，控制住就等于卡住了正太路的咽喉。刘伯承、邓小平将3个主力旅中的2个放在这里，由陈锡联指挥。刘、邓反复交代，战役成果看破坏多少铁路而定，而破路取决于狮垴山一线能有效阻止日军多少天，最少要坚持五至七天。

同蒲路东，贺龙、关向应手下的三五八旅当晚攻克了忻县至静乐间的最大据点康家会。因为有的部队行动缓慢，贺龙火了，在表扬三五八旅的同时，指出全师应克服一切困难，英勇参战。如有彷徨观望，畏缩不前，借口种种困难，不坚决执行任务，须给以严重处罚。一二〇师在很短时间切断了同蒲路，并破坏大同以南至太原以北，以及邻近的铁路、公路。在大破袭的第一阶段，一二〇师发起大小战斗163次，破坏铁路50公里，公路470公里，桥梁40座，有力地配合了正太路的大破袭。

22日午饭后，作战科长王政柱报告，实际参战兵力，共计105个团。左权说，好！这是百团大战。彭德怀说，不管有多少个团，干脆就叫百团大战好了。当即与左权拟电报，上报下达，将此次破袭战定为百团大战。

正太路这条长蛇被截成数段，大部分桥梁、隧道、水塔、车站等建筑被摧毁，中断一个月之久。八路军挺进敌后三年来，进行如此大规模的破袭战，持续时间又这样长，还是第一次。整个战役进行得轰轰烈烈，各个部队的积极性都非常高，有的是地方武装，有的是游击队，有的是自卫队，有的是民兵，和当地的老百姓一起抗战，是一场真正的全民抗战。8月23日，八路军总部发出嘉奖电，聂、贺、关、刘、邓：百团大战，由于我全体指战员，忠贞于中华民族与中国人民，英勇无双，果敢进击，在各交通线上，特别在正太线上已取得序战之伟大胜利,捷报传来,无限欢慰!特传令嘉奖。

百团大战当头一棒,使华北日军顿时陷入混乱之中。本来多田骏的"牛刀子"战术已大见成效,但他做梦也没想到,以前打一枪就跑的八路军怎么突然来了个刀对刀枪对枪的大兵团作战?而他因"牛刀子"战术面铺得太宽,手里已无兵可调。一直到百团大战第七天,才拆东墙补西墙,好不容易搜集到2000多兵员杀到石家庄。不久,多田骏被撤职,日本想迅速解决"中国事变"的美梦也因此破产。

8月26日,彭德怀、左权签署《开展正太线两侧作战之战役部署》,在正太路不能继续坚持作战或已彻底完成正太战役任务的情况下,我军应乘胜开展正太线两侧之战果,去收复敌深入各根据地内的某些据点,继续坚持正太线的游击战,缩小敌占区,扩大战果,同时以一部兵力进行休整。为了达到最大限度的破袭,战役第一步先在内线,等到日军增援,小部队就集中优势兵力消灭它,迫使日军放弃正太线南北的某些据点,来救正太线。如果大部队来援,主力则跳出正太线,转向铁路南北两侧,寻找敌人的弱点再战。

8月27日,聂荣臻部署了晋察冀军区第一阶段第二期的作战计划。之后,除继续破路外,正太线没有重大战斗。

但是,日军决不会放弃正太路,只不过刚开始被打昏了头而已。8月底,日军数千人由榆次、石家庄、阳泉东西夹击,不惜一切代价要夺回正太路。而八路军经过十多天的破袭,已经十分疲劳,急需休整和补充,也很难组织更大规模的战斗了。

9月2日,彭德怀、左权下达《敌援正太兵力已到,我执行第二步方针》的电报,决定从9月3日起基本结束交通破袭

第八章 战斗在抗日最前线

战。9月10日接到中央指示，彭、左决定百团大战转入第二阶段，消灭交通线两侧据点的攻坚战。9月16日，《百团大战第二阶段作战命令》正式下发。9月20日开始战役的第二阶段，包括晋察冀的涞（源）灵（丘）战役，晋东南的辽（县）榆（社）战役，晋西北的同蒲路宁武南北段破袭战役，冀中的任（丘）河（间）大（城）肃（宁）战役，冀中的德石路破袭战等。

接到总部电报，贺龙考虑，现在应当抓住日军晕头转向之机，继续攻击，最好不要等到一齐行动，建议一二○师15日提前破袭同蒲路忻宁段。彭德怀同意，说刘伯承、邓小平正与增援正太路的敌人作战，你们乘此机会破袭极好（如能提早几天更好）。

本来彭德怀还要扩大战果，一鼓作气把晋察冀、晋西北和晋东南三块根据地连成一片，但敌人援军已经到达正太路东西两侧，彭德怀随即命令部队转入攻占敌人据点。10月2日，八路军总部下达《百团大战第二阶段结束后部队中应有的解释与准备》，宣布第二阶段基本结束，要求各部队休整，准备随时再作大规模的进攻。

为报复百团大战，日军出动大批兵力，对华北根据地疯狂报复，实现"三光"政策。10月6日，日军首先对太岳、太行根据地进行"扫荡"，随后对华北敌后全面"扫荡"，持续两个月，想借八路军来不及休整之机，毁灭整个华北抗日根据地。

百团大战第三阶段从10月6日至12月5日，主要是粉碎日军报复性"扫荡"。

1940年12月10日，八路军总部政治部在《八路军军政杂志》上公布了《百团大战总结战绩》。12月21日，朱德、彭德怀、左权通过八路军驻重庆办事处的周恩来、叶剑英向国民党最高当局呈报百团大战的战果。我军除一一五师及山东纵队外全部参加，105个团，其中晋察冀军区39个团，一二〇师20个团，一二九师46个团，共约20万人。此外，还有数十万民兵和群众参加。日军加上伪军，投入兵力20余万。百团大战总计大小战斗1824次，毙伤日军20645人、伪军5155人，破坏铁路470余公里、公路1500余公里，攻克据点2993个，车站、桥梁、隧道等260余处。

　　在百团大战的整个过程中，左权协助彭德怀全力投入作战指挥，将战役的整个部署安排得井井有条，真是运筹于帷幄之中，决胜于千里之外。连北平日军的报纸也说，"此次华军出动之情形，实有精密之组织"。左权不仅谋划整个战役的组织、参谋工作，而且还亲临第一线指挥作战。在百团大战的第三阶段，他协助彭德怀出色地指挥了关家垴战役。在最紧急关头，他命令说："指挥所的同志全部向前推进，犹豫等于死亡！"左权的魄力和勇气极大地鼓舞了指挥部的士气，结果日军第36师团冈崎大队500余人，除60余人投降外，其余均被歼。

　　百团大战是左权短暂一生中的大手笔。就一个战役而言，左权在百团大战期间留下的文字最多。除了《关于破击正太路战役的预备命令》、《关于进行正太路战役中之侦察重点》、《战役行动命令》、《破坏战术之一般指示》、《关于"扩大宣传百团大战成果"的命令》，还在战争间歇为媒体写了《论百团大战的伟大胜利》、《百团大战第三阶段的新胜利》。时任左权侦察参谋的魏国运说："他几乎没有什么休息时间，很多重要的事都由他做主，他的压力很大。"

要知道总司令部作战科的工作是最紧张的，是八路军作战的精神中枢，左权是天天要值夜班，在那浩瀚、纷繁的革命事业里，他长年累月的没有休息过，将全部身心都投入在了抗战的工作中。

百团大战是抗日战争时期中国共产党与日军正面交锋规模最大的一次战役，百团大战粉碎了日军的"囚笼政策"，推迟了日军的南进步伐，增强了中国军民取得抗日战争胜利的信心，提高了中国共产党和八路军的声望。

黄崖洞保卫战

在左权的主持下，八路军的军纪军风给人留下深刻印象。他起草了八路军各级司令部（师、旅、团）暂行工作条例。他指示："我们的部队必须利用敌人'扫荡'中的间隙，整顿我们自己的阵营，提高我们的质量。"对部队进行了整训和教育，提高了部队的正规化建设。

左权在黄埔的同学李默庵当时是国民党第十四军军长，他曾与国民党第十四集团军总司令卫立煌于1938年1月31日到八路军总部拜年。晚年李默庵回忆说："到八路军总部拜年，是我第一次也是惟一的一次接触到中共军队的首脑机关。有一点印象极为深刻，那就是八路军军容整齐，纪律严明，作风很过硬……八路军总部办公的地方，各部门井然有序，有的在紧张地处理公务，有的在看书、写字、学文化，所到之处就没有看到一丝的闲散风气，处处令人振奋。"

左权有着严谨求实的工作作风，每在成就一件大事之前，都特别注重调查研究，掌握第一手材料。抗日初期武器来源是国民党还给一点，后来就是跟日本鬼子打仗缴获一点。后来就要自己建兵工厂。

1939年，太行山根据地的八路军总数已发展到29万人，但武器装备严重不足，如一二九师这样的主力部队，东渡黄河奔赴华北抗日战场之前，只有55把刺刀，203枚手榴弹。对于八路军来说，扩军并不难，难的是没有枪支弹药。

1939年秋，左权在黄崖洞指挥兵工厂建设时留影。

这年，左权看中了黄崖洞。为兴建黄崖洞（在辽县、黎城交界处）兵工厂，他实地勘测地形，亲手规划工厂布局及保护工厂的军事设施的配置，黄崖洞海拔1600米，壁峰矗立，陡崖千仞，北面黄崖山上有个高25米、宽20米、深40米的天然大石洞。这个洞既宽敞又隐蔽，且洞南面有一片名为水窖的

第八章 战斗在抗日最前线

山谷，是兵工厂理想的厂址。经过一年的建设，一座年产足可装备16个团的兵工厂建立起来了。

于是八路军总部决定将原来建在榆社县韩庄村的兵工厂修械所搬迁到这里、扩大规模，建成为前线八路军提供作战武器的兵工厂。当时，黄崖洞成了抗日战争时期我军创建最早、规模最大的兵工厂所在地，成了八路军在华北前线最重要的军火基地。

1939年春，左权和刘伯承在山西

当时生产的武器有枪、炮、手榴弹等，这个兵工厂作用非常大，这在一定程度上改善了八路军装备匮乏的现状。黄崖洞是左权的一条命。刘伯承曾经说："左权同志曾艰苦经营太行山制造兵器的设施起了相当的作用。"黄崖洞兵工厂的建立，也成了当时华北侵华日军的心腹之患，很快就成了日军的重点进攻目标。

为了保护这颗"八路军的掌上明珠",1940年11月关家垴战役后,负责总部警卫任务的总部特务团全部进驻黄崖洞地区。左权亲自和总部特务团主要干部一起,现场勘测,将适合防守的阵地标上地图、编上号次,并将在哪里应用什么武器御敌做了具体部署。

从1940年10月底开始,日军开始调集精锐兵力,多次进逼黄崖洞,企图把兵工厂吃掉,断了八路军的军火。11月7日,日军2000余人直接奔袭黄崖洞兵工厂。

11月8日,日军突袭黄崖洞,三次偷袭的结果是在沟外踩响了我方密布的地雷,丢下不少尸体,却无法进入"瓮圪廊"一步。

奇袭不成,日军又集中了所有重炮、山炮、迫击炮直接瞄准黄崖洞南口阵地轰击。炮火一停,日军步兵即以火力进行"镶边"射击,强攻南口阵地。我军特务团八连按左权的部署,从左右两翼的三个阻击点在日军进攻线上构成密集火力,前面用步枪、机枪、手榴弹,后面用麻尾弹,使进沟的日军既进不去又出不来。最后日军竟以同伙的死尸搭成"尸墙",想以"尸墙"为梯,爬上断桥平台进入洞口。但日军"上墙"一个被打死一个,至使"尸墙"越堆越高。"数以百计的手榴弹和预设的地雷在沟里爆炸。断沟里气浪翻滚,弹片横飞直削,把断沟里煮得如同一锅沸水一样。"一位参加过该战役的老兵回忆道。

1941年11月,日军第36师团及独立混成旅团各一部7000余人又来向黄崖洞进攻,负责保卫黄崖洞的是八路军总部特务团,左权亲自给特务团团长欧致富打电话,要他储足半个月的水和给养准备迎敌,并要求将敌挡在阵前,"既要拖住不让走,又要挡住不让进"。左权要求该团在保卫战中"一定要抓住一个'稳'字,坚持不骄不躁,不惶不恐,以守为攻,以静制动的原则"。他还就应当注意的战术原则和其它有关注意事宜作了具体的布置。

在这里,左权排兵布阵,亲自指挥了堪称我军以弱抗强经典之战的黄崖洞保卫战。

11日凌晨战斗打响。日军来势极猛,并施放了毒气。守军按照左权副总参谋长的指示顽强坚守阵地,并利用机会组织反击,打退了日军的多次进攻。日军接连失手后改变了策略,企图利用赤峪山东侧的悬崖,居高临下侧击守军阵地。左权及时指示特务团"待机行动,以变应变",重新配置了防御力量,继续给进攻的日军以重大杀伤,大量消耗了其有生力量,顿挫了敌军的锐气。19日,黄崖洞保卫战进入尾声。八路军在三十亩、曹庄一带设下伏兵,当退却的日军进入伏击圈后,立即被密集的弹雨打得阵脚大乱,伤亡惨重,向黎城方向溃逃。21日乘胜追击的八路军收复了黎城,胜利地结束了黄崖洞保卫战,这一战打了8天8夜,日伪军损失2000余人,敌我伤亡之比为6∶1。中央军委认为,这次保卫战是"最成功的一次,不仅我军受到损失少,同时给了敌人数倍杀伤,应作为一九四一年以来反'扫荡'的模范战斗"。

第八章 战斗在抗日最前线

热血铸太行

"百团大战"的辉煌胜利让华北日军恼羞成怒，因此，想尽办法妄图摧毁八路军指挥机关。1942年，抗日战争进入到了最艰苦、最困难、最危急阶段，尤其是华北敌后军民所处的形势更为严峻。华北日军头子冈村宁次先对冀中平原实施"五一大扫荡"，接着趁我方注意力凝聚于冀中时，又转向太行地区。冈村的第一军主力3万多人，在"五一大扫荡"后半个月便开始"蚕食"太行、太岳地区。日军派出两个精锐联队，身穿中国老百姓服装或八路军的灰色军服，不仅样子像，行为作风亦逼真，骗过太行根据地的众多眼睛，在我方毫无察觉的情况下，深入太行腹地与我军接近。

1942年，左权（右二）在前线听取汇报

· 261 ·

冈村宁次派出了两支特种部队，这些中国通穿上老百姓的衣服，有的化装成八路军，甚至帮农民扫地、挑水，老乡分不清整天来往的那么多八路军，连基层干部也是人鬼难分。

然而，有个八路军侦察员看出了破绽，他发现日军特种部队用的是大洋马，不是八路军常用的中国马。当侦察员报告这个重要的情报，连长没有重视，可能认为这是缴获的大洋马，敌情没有送到彭德怀、左权手里，等彭德怀、左权发现强敌压境时，铁壁合围已经形成，偷袭的日本特种兵逼近了八路军总部。

日军下达"C号"作战命令

5月19日，日军独立混成第四、第八旅团共计5000余人，分别由正太铁路和平汉铁路的平定、昔阳、井陉、元氏、赞皇等据点出动，采取分兵推进、连续合击战术，先后占领了测鱼镇、黄北坪，并以此为依托，展开对太行第一军分区的攻击。

5月21日，东线日军独立第三旅团主力及独立第一旅团一部由武安一带出动，沿武（安）涉（县）公路继续西进，占领了鸡窝铺、偏店地域；冀西邢（台）沙（河）地区伪军及据点少数日军分股向太行区第六军分区进击。同日，西线日军第三十六师团一部也由潞城、襄垣等白晋铁路据点分路出动，向太行区第三军分区进犯。参加此次"扫荡"太北区的日军，除第一军所辖的第三十六师团主力和独立混成第三、第四旅团主力外，还有从相邻地区调来的直辖于华北方面军的独立混成第一、第八旅团各一部，再加上配属部队及空军第29独立飞行队，共20个大队，约2.5万余人。

为掩人耳目，日军频繁在晋、冀之间调动。5月22日，从太原至和顺，从邢台到武安，从襄垣到潞城都出现敌情。至22日晚，我方又收到日军第四十一师团主力乘汽车向辽县、和顺快速开拔的情报。"彭左"当机立断，命主力部队迅速开拔，跳出敌人的重兵包围圈到外线作战。主力开拔后，敌人先进的电讯情报技术发现了八路军总部这个密集向外发送电话电报讯号的中心，日军以为是一二九师首脑机关，即刻重兵合围。狡猾的日军迅速改变在华北战场的战术，导致我方情报延迟；同时，敌人又采用了最新的电讯技术，最终总部及北方局机关被日军当做一二九师首脑机关，以数十倍于我军的重兵包围，而我方大多为非武装的机关干部，突围困难。

一时间，太行山上狼烟迭起，黑云压城……

此次"扫荡"，日军采取"以大部队从正面广阔展开包抄，然后逐步缩小包围圈"的战术。为此，其具体的作战行动是：首先对作战区域实施详尽侦察，并加强隐匿自己的作战意图，力求形成奇袭包围、反转攻击的有利态势，"在构成包围圈时，从四面包围不是完善办法，应从八面、十二面，从各种高低不同的地势分进合围，这点十分重要"。

根据这样的作战意图，日军决定采用"铁壁合围，捕捉奇袭"等战法，每路日军多以大队为单位，其主力由前锋据点出动，先在前进路上各自进行局部合击，然后齐向腹地预定目标远距离奔袭，作向心的大合击；当构成合击圈后，空中以飞机侦察轰炸，四周以梳篦队形向心压缩，并在合击圈要点设"残置封锁部队"予以堵截，企图聚歼八路军。

正在日军逐步实施重兵力、大范围、严封锁的合击行动时，八路军总部又接到来自各方面的情报：北线日军会同和顺东犯日军继续南下，在合击将军墓、浆水镇后，企图进占太行区制高点峻极关。长治日军3000余人经潞城、黎城向涉县之索堡急进。沁县、襄垣日军数千人在深入太行军区第三军分区以后，于22日拂晓企图合击东田镇，幸好驻扎此地的第三八五旅主力从王家裕、韩壁村及时跳出了合击圈。

左权和彭德怀接到情报以后，结合此次日军的战术特点，综合日军近几天来的动向，对日军的作战企图作出了进一步的分析、判断：日军此次"扫荡"的重点是太北区，主要作战企图是合击八路军总部、中共中央北方局及第一二九师师部；较之春季"扫荡"，此次规模更大，时间持续将更长，手法也将更加残酷。但在日军调整"扫荡"战法的同时，其的致命弱点也会进一步暴露出来：战端既开，势必出现腹地兵多，边地兵少，敌占区空虚和补给线延长的局面。太行地区地形复杂，群众条件较好，我们又有春季反"扫荡"的经验，敌人作为轴线的邯（郸）长（治）公路临时补给线易遭我破坏袭击等。

就在日军急于形成合围部署的同时，八路军总部和中共中央北方局正好驻在辽县境内的南会、麻田一带，第一二九师师部驻在涉县境内的赤岸、王堡一带，两处相距约25公里。

针对日军作战企图，根据敌我双方情况，彭德怀和左权首先与第一二九师首长取得联系，经过紧急商讨，确定了采取"分散游击，加强分区，同时不放弃有利机会，集中有力部队打击敌人，广泛开展群众性游击战争，保卫夏收，保卫群众利益"的反"扫荡"作战原则。

向外转移

据此作战企图，左权对作战行动作了以下部署：以第三八五旅主力分布于清漳河两岸，以该旅第十四团扼制浊漳河以东高地，主要任务是阻击东犯之敌，其他部队分散于各分区。刘伯承、蔡树藩、李达率第一二九师师部转移至邯长公路以南，指挥新一旅及太行军区第四、第五军分区部队活动；彭德怀、左权率总部、北方局机关及其直属队留在太北地区与敌回旋，以积极的行动袭扰、打击敌人。

由于军情万分紧急，左权和彭德怀遂又召集总部和北方局各方面负责人召开行动部署会，研究对策，制定了下一步行动方案。鉴于当时西线、北线敌情较为严重的现实，考虑到八路军总部、中共中央北方局各机关均驻此附近，且机关庞大、非武装人员多、战斗部队少、后勤部门物资多，机动速度慢等特点，左权和彭德怀在与各方面负责人慎重研究之后，果断决定：迅速跳出日军合击圈，向东转移，必要时可转入"敌后之敌后"的冀西一带。并确定机关转移时间为第二天早晨，但总部后勤部部分单位和北方局下属各单位可从即日起先行出发。

根据日军作战态势，在会上，左权着重强调了几点注意事项：一是各单位在出发前要认真布置，准备好随身携带的生粮熟粮，整理好骡马所驮的重要物资，埋藏好不便携带的文件书报，切实做到空室清野，但注意物资埋藏的地点要分散，存放东西的地方要可靠，并要留下秘记；二是务必做到轻装简从，尤其是后勤部之军工部、卫生部下属各工厂、医院及华北日报馆等单位，职工应及时疏散隐蔽，设备应就地掩埋隐藏，以使部队转移灵活、轻便。左权还特别指出，各单位要尽可能地配合地方各级政权做好群众工作，掩护群众转移，保护群众财产。

部队、机关、后勤所属单位的行动部署明确后，当天下午，一些非战斗机关和单位紧急行动起来，从各自驻地陆续踏上向东转移的路途。

各单位正在展开行动时，总部又接到了第一二九师的情报来电：第三八五旅第十四团在奉命转移过程中，由于不明情况，在王家裕一带停留两小时左右，进至武乡砖壁时，其中一部遭到日军伏击，损失较重。该电同时催促总部抓紧时间动身出发。黄昏以后，左权又接到欧致富电话：由于日军组织的"益子挺身队"居高临下，据险抵抗，特务团没能将其击退或消灭。现该股敌人正借夜色向麻田方向流窜。

根据这一情报，左权感到，日军正向总部所在地步步进逼，八路军总司令部转移已事不宜迟。左权再次请示彭德怀应该立即转移，彭同意。在此之前，野战政治部、后勤部已分别由驻地向麻田、上口村、苏公村等地转移。

当时的情势是：西线日军步步进逼，我八路军总部已无退路；南边敌情不明，部队不宜贸然南移；东面大山横卧，队伍难以行动；而唯有北面，尚未发现日军活动的迹象。

形势极为严峻，部队犹如处在一个十字路口，何去何从？面对十万分之一的作战地图，左权和彭德怀陷入苦苦思考之中。谙熟日军作战企图和战术特点的左权和彭德怀，凭直觉感到，日军正在附近地区构筑对八路军总部的合击圈，而目前总部在太行抗日根据地内的回旋余地已非常有限，并且会越来越小。因此，必须当机立断，趁日军的合击圈尚未完全合拢之际，乘隙向"敌后之敌后"的冀西方向转移；然后利用敌重兵于我腹地，边缘地带兵少，后方空虚的机会，令已转入外线的八路军主力分遣有力部队进入合击圈，配合地方武装积极打击分散活动的日军，打破日军的包围圈，彻底粉碎敌人的"扫荡"。正所谓：跳圈必须靠圈，敌人碉堡下往往是最安全的地方。

左权和彭德怀毅然决定，仍按原计划向冀西方向东移。应该说，尽管此时对敌情尚未完全判明，但左权和彭德怀作出的这个决定仍不失为一种正确的选择。至 25 日拂晓，总司令部、北方局与野战政治部、后勤部的各路转移队伍，不期同时进入南艾铺地区。

陷入重围

在杀机四伏的战场上，作为八路军领率机关的八路军总部，虽然是在纵横驰骋、生死搏杀中指挥千军万马的首脑机关，可是自身并没有重兵保护，而一直自立于残酷战争前线，辗转周旋于敌军重兵之间。这种战争史上的特殊情形，固然是由于八路军没有巩固的后方，敌我态势犬牙交错所致，但更重要的，恐怕是中国革命战争的特殊实践所造就的一大批像朱德、彭德怀、左权这样的具有特殊智慧、特殊品格、特殊胆略的杰出将领使然。不过，在异常残酷而又复杂多变的游击战环境中，如何保证首脑机关的安全，并使首脑机关自身战斗化，却是一个新的不容回避的课题，这将留给人们以极其深刻的教训。

此时战场上的态势，正如左权所担心的，5 月 25 日，最危险的局面终于发生了。这天，已得知八路军首脑机关转移情况的日军第一军司令官岩松义雄，将其战斗司令部从太原进驻长治，并派出司令部参谋人员搭乘直接协助作战的飞机进行临空跟踪引导。在飞机的引导下，日军第三十六师团及独立混成第一旅团一部沿着清漳河、武涉公路构成的大弧形，以南艾铺为中心展开合击。与此同时，由辽县进至后庄、石灰窑的日军为防止八路军向东北突围，乃转兵至石灰窑东南的红岭子，与百草坪以西高地自武安出动负责堵截的日军连成一线,形成了一个新的包围弧圈。

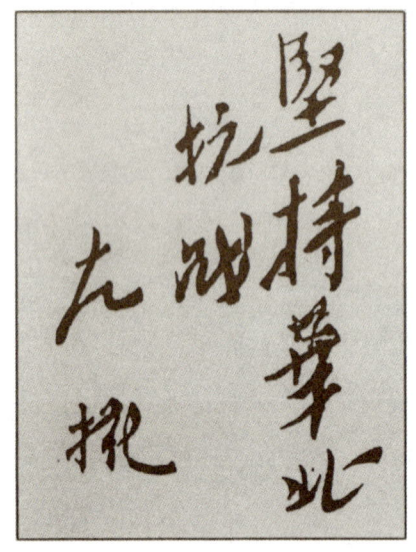
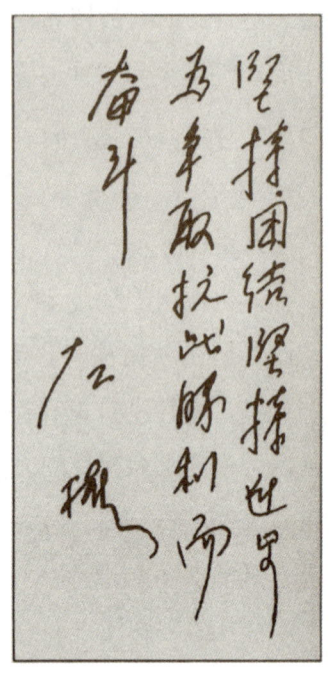

左权为战士题词

敌人的包围圈越缩越小,当天早晨在太阳还未出来的时候,八路军总部和北方局各路转移队伍就被日军飞机发现了,队伍不得不顶着飞机的轰炸、扫射继续前进。到达南艾铺地区以后,考虑到主要由骡马组成的后续队伍因日军飞机抑制而行动更为不便,且东西情况不明,彭德怀和左权只好命令各部隐蔽地疏散在南艾铺、高家坡一线的山沟里休息,待黄昏后再分路转移。

根据左权的命令,司令部发出了休息的号令,顿时山沟里、山坡上、地坎上、树丛中到处都挤满了疲惫的战士和随队撤退的人们,有的坐着交谈,有的躺下睡觉,炊事员们则忙着烧火煮饭。

　　本来已经十分疲劳的左权还是不顾疲倦，奔波于各单位之间了解敌情和部队行军情况，沿途不断叮嘱大家注意整理行装、检查文件，加强警戒。他来到北方局休息位置，特别叮嘱部队学员要多多关照北方局秘书长张友清和北方局党校校长杨献珍，他俩一个有病，一个年长。回来后，左权又指派两名参谋前去侦察附近敌情。

　　时间已经是午夜时分了。连续两天两夜未曾合眼的左权实在熬不住了，就嘱咐警卫员，如有情况随时向他报告，然后枕着一个小包袱睡下了。可刚躺下不久，左权就被一阵飞机的轰鸣声和炸弹的爆炸声惊起，只见一架红头飞机在南艾铺上空不断地低空盘旋，在投下两颗炸弹后飞离。他马上意识到这一定是前来侦察的日军飞机，转移队伍已暴露目标无疑。

　　正在这时，派出去的侦察参谋和郑国仲团长几乎同时来报：尖庙之敌已进至山庄，羊角之敌到达红土垴，麻田、偏城之敌也尾随总部转移路线追至近前。综合得来的情况，再清楚不过地说明，此时八路军总部已陷入了日军重兵的"铁桶封锁阵"之中。

　　左权刚刚作出判断，数架日军飞机就"嗡嗡"而至，疯狂地俯冲下来投弹和扫射。同时，羊角方向的日军也集中炮火向南艾铺附近的几个山头铺天盖地猛烈轰击。不一会儿，总部派出的侦察警卫分队和当地民兵开始同日军先头部队发生战斗，枪声很快由疏而密，由远而近。

　　突如其来的形势急转直下。总部和机关及部队的两千余人马挤在一起，如不紧急处置，后果将不堪设想，左权遂向彭德怀建议立即召集各单位负责人商讨对策。

第八章　战斗在抗日最前线

经彭德怀召集,在一片树丛中,彭德怀、左权、罗瑞卿、杨立三及北方局负责人等紧急碰头。大家认为,总部机关已处在日军的合击圈内,由于山区道路少,掩护条件差,机关人员多,目标太大,集中行动很困难,必须分路突围,各自为战。具体行动方案:一是总司令部、北方局由左权率领沿清漳河东侧向北突围;二是野战政治部由罗瑞卿率领向东南突围转武安方向;三是后勤部由杨立三率领向东北黄泽关、羊角方向突围。各路均由有作战经验的参谋带上电台和译电员跟随,以便随时联络。

部署确定之后,左权命令警卫部队立即占领阵地,坚决阻击敌人,并要求防御部队把几门山炮埋掉,当守则守,太行山压顶不动摇;当走则走,决不死打硬拼,一定要完成掩护总部突围的艰巨任务;等总部队伍翻过山去,他们再分散活动。

分路突围

考虑到担任掩护各路部队转移任务的战斗部队太少,很难争取突围战斗的主动权,左权又命令机关人员马上与特务团联络,要求其在外围向围攻总部的日军发起进攻,接应总部人员突围。但由于战场情况极为复杂,导致机关始终未能与特务团取得联系,没有得到外线部队的及时支援。

总部的突围命令下达后,各路队伍迅速行动。日军也觉察到八路军分路突围的意图,便急速地收缩包围圈,用更加猛烈的炮火向突围阵地轰击,数架飞机也轮番向突围队伍投弹、俯冲、扫射。一时间,缺少实战经验的非战斗人员和后方人员在炮火中跑来跑去,被炸伤的骡马肠子吊拖在地上还在乱蹦乱跳,各种物资丢得满地皆是。面对这漫山遍野的混乱场面,左权不顾日军的狂轰滥炸,登上一个高坡,镇定自若地指挥大家突围，并不停地喊着："同志们，不要怕，加快速度，冲出山口就是胜利！""同志们，快冲啊！"

听到左权的声音，人们慌乱的情绪很快稳定下来，队伍突围的速度大大加快了。直到下午2时许，越清漳河东犯的日军"挺身队"穿上改制的八路军服装，化装成八路军，悄悄进至十字岭，并由此横插过来，企图将八路军突围队伍拦腰截断。这大大出乎担任警戒任务的总部警卫连连长唐万成的意料。如果日军得逞，后果将会十分严重。幸好被左权及时发现，即命唐万成速带警卫连战士抢占了前面的山头。

接到命令以后，警卫连立即反击上去，占领了阻击阵地。这时，从十字岭右面一道坑梁的背后，也突然响起了激烈的枪声，炮弹也吭吭打了过去。一直在警卫连指战员头顶盘旋的四五架飞机也一齐飞向那边助战了。原来敌人还有一个更大的阴谋，他们刚才在停止进攻，摆出撤退模样的同时，又悄悄地来了个分兵合围战法：一支从左侧偷袭，另一支精锐部队则包抄到了警卫连的背后，企图切断八路军总部机关以及整个转移队伍的路线。

可是敌人的一切阴谋诡计全在左权副参谋长的洞察掌握之中，他早把政治部的警卫连摆在山垭口前的一条高耸的圪梁上，一直隐蔽待机，按兵不动，做好了阻击来攻敌人的准备。

战斗愈益激烈，局势也就异常危险。这时，左权首先想到的是彭德怀的安全。因为他是八路军副总司令，他的安全就是总部的安全，就是指挥的稳定，就是八路军的荣誉。所以，左权遂令作战科科长王政柱和两个参谋一起陪同彭德怀先行突围，由警卫连连长唐万成带一个排的兵力负责掩护。

太行区是华北抗日根据地领导机关最集中的地区，中共中央北方局、八路军总部、一二九师、《新华日报》社、冀南银行、晋冀鲁豫边区政府、边区参议会、太行行署等都驻扎在这里。

面对日军的大举进攻，八路军副总司令彭德怀、副参谋长左权、野战政治部主任罗瑞卿等首长，连日开会分析敌情，商讨行动方案。

5月20日午夜时分，左权在战前会议上分析了敌我态势。他说："面对日军重兵的多路合击，一二九师主力部队目前已转出外线，而中共中央北方局、八路军总部司令部、野战政治部、供给部、卫生部、军械部、军工部以及《新华日报》社等尚处在敌军的合击圈内。面对重兵压境的日军，合击圈内八路军能够应敌的兵力很少，只有为数不多的警卫部队，特务团已派出掩护侧翼，等待我们的将是极其残酷的战斗。"不过，左权提醒大家："从局部看，我们处在敌军的包围之中；但从全局看，敌人是处在根据地抗日军民的包围中。"他对担负主要掩护任务的总部警卫连连长唐万成说："你们连百分之八十是共产党员，百分之九十以上是老红军，相信你们一定能够完成这次任务。告诉同志们：太行山压顶也决不要动摇！"

"太行山压顶也决不要动摇！"这是左权将军发出的作战动员口号。

5月23日晚，八路军总部各部门奉命转移。

24日凌晨，总部驻地辽县麻田村附近发现敌人，负责掩护撤退的总部警卫连扼守着村旁的虎头山、前阳坡、军寨等阵地，警卫连仅仅200多人，顽强抵抗着2000多日军的轮番进攻。

为保证八路军总部的安全转移，左权不顾周围炮弹不断爆炸掀起的气浪，站在虎头山后面的山头上沉着指挥战斗。当他看到附近山上还有群众没有脱离险境时，命令警卫连长唐万成从已经十分吃紧的兵力中抽出一部分吸引敌军，以便让群众转移。

5月25日上午，八路军总部、中共中央北方局、北方局党校、新华社等的数千人马集结在涉县南艾铺、高家坡一线的山沟里，四周都是密集的枪炮声。

南艾铺一带山岭连绵起伏，地形复杂，左权命令警卫部队和刚刚赶到的一二九师385旅769团1营、385旅山炮连迅速占领南艾铺南面的几个山头，分西、南、北三面布防，控制绵延十多里的十字岭高地，阻击敌人，掩护转移。

这时，总部电台与冀西杨秀峰和一二九师师部取得联系，得知黎城方向敌人已渡过漳河，正由南向这一带急进；涉县一带的一二九师一部也与敌人遭遇，正在进行激战，日军已从东南方向包抄过来；西北方向敌人，在控制了太北区的制高点峻极关后，已进至上庄、下庄一带。附近的敌人也与我守卫部队接火，敌人万余人构成了对青塔、偏城、南艾铺地区的合围。

中午时分，一架日军的红头侦察机在头顶上低空盘旋着，然后掉头飞去。

彭德怀、左权、罗瑞卿和杨立三等领导同志在一块洼地里召开了紧急会议，大家认为：根据四周发现的敌情，统一行动目标太大，决定分路突围，各自为战。左权率司令部和北方局机关人员为一路，向西北突围；罗瑞卿率野战政治部直属队和北方局党校、《新华日报》社、朝鲜义勇军为二路，由警卫连掩护向东南突围；总后勤部部长杨立三率后勤部门为第三路，由后勤警卫大队掩护，向东北面突围。各路均由作战参谋带电台一部，随时联络。

左权提出要总部警卫连掩护彭德怀率先突围，对于左权的安排，彭德怀并不接受，也不同意，他说："战事这样紧急，我怎么能离开大家先走。"他坚持要同机关一块突围，就在双方争执不下的时候，左权严肃地对彭德怀说："事关重大，时间不允许争了。你是副总司令，你的安危，事关重大，你安全突围出去就是胜利，总部才能得救。由我直接指挥机关突围就行了。"随即命令警卫人员硬是把彭德怀扶上马。

彭德怀看着战友们，坐在马背上不动。左权急了，用强硬的口气命令唐万成："连人带马，给我推！"

战场上时间就是胜利，时机就是主动。而为争取更多的时间，为创造更有利的时机，警卫部队在顽强地阻击着日军的合围。彭德怀明白，总部的转移每拖延一分钟，就会丧失一分主动，就会增加一分危险，掩护部队就会造成更多的牺牲。在警卫排的掩护下，向西北方向奔驰而去。所以，彭德怀不忍心再坚持自己的意见了，沉默刹那，翻身上马。他勒马回头深情地望了一眼左权这位年轻的战友，在警卫排的掩护下，便纵马下坡，直冲十字岭，冒着密集的炮火驰往西北方向。

正当大家分头突围时，左权突然发现担文件箱的同志不见了，便立即对警卫员郭树堡说："快回去找，一定要把文件箱找回来，那是重要的机密！"

郭树堡请求说："参谋长，太危险了，我不能离开你，我的任务就是保卫首长的安全！"

左权不容分辩地说："你熟悉情况，不要为我担心，相信你能完成任务。你回来后，朝北艾铺方向找总部，我在那儿等你。"

左权对身边的参谋人员和警卫人员说："警卫员要保守警

卫总部的机密，要保护电台，保护机要人员。"让他们立即分散到总部电台和机要人员中去。

当左权交待完上述任务后，突然觉得有人拉住了胳膊，原来是负责掩护彭德怀突围的警卫连长唐万成跑了回来，拉住左权说："参谋长，快跟我走！"

他一看是唐万成，感到很惊奇，刚才不是安排这位警卫连长去保护彭总突围的吗？怎么小伙子又转回来了呢？左权惊诧地问："唐万成，你怎么回来了，彭总呢？"

唐万成说："彭总已经突破封锁线了，你快跟我走吧。"

左权拒绝了，坚决命令唐万成赶快去追上彭总。在他看来，彭总的安全远比自己的安全重要，这涉及到八路军的荣誉啊！现在自己的职责就是指挥突围。

左权大声说："不行，我有我的任务。唐万成，你不要管我，快跟上彭总，千万不能出事。"

看着身为八路军副总参谋长的左权将军，拖着虚弱的身子像普通战士一样在炮火中奔跑，唐万成实在不忍心。唐万成是1931年宁都起义时参加红军的老同志，作战经验十分丰富，当时左权是他所在的红十五军政委。多年来，他多次跟随左权，深知他在战场上从不顾及个人安危。但他是警卫连长，一定要保证左副参谋长安全转移。他执拗地紧紧攥住首长的胳膊不放。

左权气极了，拔出左轮手枪，喝令道："你要懂得，要是彭总有个三长两短，我要枪毙你！"唐万成看到左权将军着急的神情，只得松开手，眼里含着泪，掉转身朝彭总突围的方向赶去。

日军发觉了八路军分路突围的意图，迅速收缩合围圈，6

架敌机轮番投弹、扫射，一发发炮弹投向密集的人群。南艾铺附近的东阳坡上，已织成一张密集的火网。

面对危险处境，左权沉着指挥着大队人马的突围行动，尽全力招呼着每一个人。

十字岭为总司令部、北方局机关队伍向北突围的必经之处。这时，大部分人马还在十字岭南山坡上。左权冷静观察，果断处置，即命驮着辎重的骡马队伍走通向山顶的道路，徒手人员则分头经岭东绕道翻山通过。悬崖险路，光山秃岭。突围队伍沿着山坡，像数条长龙向十字岭北部蜿蜒伸去……

正在疯狂实施合围的日军发现了突围的总部队伍，便集中了几乎所有火力对准十字岭猛烈轰击。一架架在阳光照射下闪着刺眼亮光的红头飞机露出狰狞的面目，不断地怪叫着、俯冲着。十字岭上硝烟弥漫，山摇地动，人声、马声、枪炮声响成一片，队伍顿时失去控制，分散为无数股各路急奔。

左权一面沉着地指挥警卫连进行掩护，一面催促机关人员迅速突围。他看到几个年轻的译电员为躲避飞机扫射而跳到半山腰下的沟岔里，便大声招呼道："小鬼快走，不要怕飞机！不要光看到天上的敌人，还要注意地面上的敌人。"

十字岭将军殉国

17岁的女译电员罗健因贫血无力，实在走不动了，左权忙跑过去顺手拉着她走。罗健再三请求："首长，你还要照顾机关其他同志，我不能拖累你！"左权要照顾全局，确实不能走得太慢。但走了一段他不放心，又专门派一名有战斗经验的老同志回来收容掉队的人员。正是由于左权的悉心照顾，总部机要科的译电员们最终都一个不少地安全归队。

处在一个日军炮火打不到的山腰，左权又检查了一下队伍，发现挑夫没有跟上来，那文件箱里有机密文件和密码，绝不能落在日军手里。他叫警卫员郭树宝回去找。小郭犹豫着，觉得这种时候无论如何不能离开首长，便请求让另一名新派的警卫战士去找。

左权不容分辩地说道："党的机密比什么都重要！你熟悉情况，他还是新战士。不要为我担心，相信你能完成任务！"他向小郭要过左轮手枪别在自己腰间，并拍着小郭的肩膀补充道："回来后向北艾铺方向去找，我在那儿等着你。"

护送彭德怀突围后的警卫分队又急匆匆地返回来接应左权。左权知道，此时此刻，自己的一言一行都意味着给同志们以战斗的力量和胜利的希望，十字岭这个时候不能没有他，便毅然说道："我有我的职责，我不能离开战斗岗位！"并督促警卫分队快去追赶彭德怀。

太阳西斜了，仍有一些人被困在山坳里。左权非常着急，只要还有一个人突围不出去，他就决不离开指挥岗位，他要带领大家共同到达安全地带。他对率部坚守十字岭正岭的第七六九团第一营指挥员说："告诉全体指战员，坚持这个山岭很重要。现在，还有很多人在山下，丢了这个山岭的后果将不堪设想。你们一定要坚持到底，只要还有一个人没有出来，你们就不能撤退！只有所有人员全部转移出去，才是完全的胜利。"

此时的战场上是飞机轰鸣，炮弹横飞。很多人在枪弹横飞中趴下起来，起来趴下，不停地向前跃进。有的人趴下后就再也没有起来。

"不要害怕，快冲呀！翻过山梁就安全了！"左权声嘶力竭地喊着，率队来到十字岭西北的山垭口。这是最后一道山梁，翻过去就是通往北艾铺的山沟；这也是日军组织的最后一

第八章　战斗在抗日最前线

· 277 ·

个火力封锁区，冲出去就是胜利。

"冲啊，冲啊……"人们终于看到了希望，跟在左权身后组成的长长的队伍，有总部机要科的年轻译电员，也有北方局党校的干部、学员。

午后2时，左权站在十字岭高坡上，用嘶哑的声音向已极度疲劳的人们高喊着："同志们，不要隐蔽了，冲出山口就是胜利。大家不要慌，快往前冲啊！"

突然，一发炮弹在左权的附近爆炸，他迅速回过头来，冲着大家高喊一声："你们都卧倒，我过去没有事，你们再走！"说完，他独自一人依然继续前进，一步，两步……再有数十步，仅需几分钟，就可以翻过山冈，进入安全地带了。可谁也不曾想到，突如其来的却是一幅让人刻骨铭心的历史场面：第2发炮弹带着嘶嘶的怪叫声又飞了过来，在山梁上爆炸，一股黑烟像恶魔一样升起。随着硝烟散去，左权将军的身影却随之消逝了。左权不幸中弹，他仰面倒了下去。

党校的学员们和山西新军敢死队四纵队团参谋长李克林被惊呆了，大家都意识到发生了不幸，便不顾一切地奔向山冈，很快跑到了左权倒下的位置，发现左权的头部、胸部、腰部多处中弹。左权静静地躺在小路旁，右手抚在腰间他最喜爱的左轮手枪上——这是1935年11月直罗镇战役中缴获的国民党军第一〇九师师长牛元峰的战利品，身边的山土和小草已被他的鲜血浸红。

"参谋长！"

人们撕心裂肝地哭喊着，谁也不愿意相信这个现实。时间仿佛蓦然停止，殷红的热血映衬着夏日西斜的太阳，构成一个永恒的瞬间——1942年5月25日下午5时左右。如巨梁般横卧的十字岭，竟成为左权永生的地方！一代抗日名将，满怀报国之志壮烈死去，时年仅 37 岁。大家含着泪从左权将军身上取下左轮手枪，打开一个草黄色的背包，覆盖在左权将军的身上，然后将遗体藏在一块巨石旁边的灌木丛中。他们突出去后在一个村子里找到彭总，告之左参谋长已殉国，并呈上跟随左权多年的左轮手枪，彭总难过得没有转过身来更没有接枪……

敌人退出去了，总部警卫连指导员带战士登上十字岭，买了附近老乡的棺材，找到了将军的遗体并就地掩埋。没想到敌人又回来了，他们截获我方"左权失踪"的电报。刘志兰的弟弟刘志麟说："尸首一直到三四天后才有人埋（因为附近有敌人）。埋后又被敌人挖出，照了相发表在伪报纸上……。"

"舍生取义，尽忠职守"

在突围过程中，至少有两个可能的机会可以保证左权合理获生：

第一个机会是在通过第三道封锁线时，护卫彭总突围的总部直属部队连长唐万成率部返回专程接应左权。唐说彭总已突围出去了，北方局及党校领导及骨干也已大部突围，左权的掩护断后任务已完成，作为高级指挥员，左权应迅速撤离战场，并一再恳求左权跟他走。但左权一口回绝，并严令他原路返回保护好总部首长，唐只好遵命。

其时左权正为几件事焦急：一是清点人员时发现，挑文件的同志没有到，他已令贴身卫士郭树保去寻找，尚无消息；二是机要科的部分同志还没有冲出去，丢了文件就是丢了总部的机密，有一个机要员落入敌手，我方密码就可能被日军破译；三是敌军包围圈内尚有一些北方局机关、党校、新华社等单位的同志，左权认为此时离开就是失职！

第二次机会是左权率最后一批同志冲到距十字岭顶峰十几米处时，敌炮火十分密集，一颗炮弹在他身旁爆炸，飞溅的泥土劈头盖脸扬了他一身。作为一名老兵，他应知道紧接着会有第二颗炮弹射来，他应先卧倒，然后一个侧滚翻，就可避开第二颗炮弹，这个动作下意识就能做到。然而他没有这样做，而是连腰都没弯一下，站在高地上一直大声喊着指挥突围，完全将自身的安危置之度外。果然第二颗炮弹又向他射来，他的喊声戛然而止，硝烟过后，他的身影也从山口处消失了！而他当时所带领的同志都因他的嘱咐而安全突围。

解放后我住在彭德怀伯伯家时，彭伯伯他对这位亲密战友的牺牲进行了最好的诠释："你爸爸一定知道，那次敌人打的第一颗炮弹是试探性的，第二颗炮弹准会跟着来，躲避一下还是来得及的。可你爸爸为什么没有躲避呢？要知道，当时的十字岭上正集合着无数的同志和马匹，你爸爸不可能丢下部下，自己先冲出去。他是死于自己的职守，死于自己的岗位，死于对革命队伍的无限忠诚"。

左权关键时刻舍身取义，尽忠职守，放弃一切求生的机会，用生命证实自己对党的忠诚！

敌人的围攻被粉碎了，可是八路军也付出惨重的代价。八路军副参谋长左权、《新华日报》社社长何云、中共中央北方局政权工作部秘书张衡宇、八路军总部军工部政委孙开楚、总后政治部部长谢翰文、朝鲜义勇军领导人石正、陈光华等一大批抗日将领和党政机关领导人献出了宝贵的生命。其中《新华日报》社牺牲的编辑记者就达47人，中共北方局政策研究室11人全部牺牲。

毛泽东和朱德默然良久

1942年5月27日，即左权牺牲后的第三天，毛泽东、朱德得到确切消息。几天来，延安与八路军前方总部的联络完全中断。自25日夜，毛泽东、朱德收到第一二九师关于总部遭敌袭击，人员分路突围，左权下落不明的电报后，便牵挂万分，彻夜不眠，焦急地等待着太行前线的音讯。27日拂晓前，终于等来了第一二九师的报告："彭德怀率部由石灰窑西北方向突围，左权突围中阵亡，罗瑞卿、杨立三向黑龙洞方向突围后，再次与敌遭遇。"

毛泽东和朱德手持电稿，默然良久，他们既为彭德怀的突围而庆幸，同时又难抑对左权牺牲的悲痛。毛泽东当即提笔复电刘伯承、邓小平转彭德怀："感日五时电悉。总部被袭，左权阵亡，殊深哀悼……"

1942年6月初的一个傍晚，苏进将军（宁都起义军事干部、后任炮兵副司令员）散步经过毛泽东的窑洞，看见毛泽东坐在院子里，眼含泪水，表情凝重。

左权殉国后，当时八路军方面没有马上报道这一消息，因为如果立即如实报道，就会暴露总部被包围的不利情况，助长敌人的凶焰。而此时日军也不知道在十字岭合击的是八路军总部，以为合击了第一二九师师部，并在战报上大肆吹嘘了一番。为了迷惑日军，经彭德怀批准，有关人员在6月2日战报中增添了一则消息：左权副参谋长在太行军区第六军分区某地指挥伏击敌人的胜利作战中不幸牺牲。此后一段时间，延安和其他地方的中共报纸，均据此报道左权的牺牲日期。

按照毛泽东的意思，我党领导的所有宣传工具都大力宣传左权的英雄主义精神，党内军内主要领导人都题诗撰文纪念左权。

6月15日，延安《解放日报》在显要位置以《麻田血战英勇杀敌，左权同志壮烈殉国，华北军民同声哀悼誓复此仇》为标题，公开发表了左权牺牲的消息。同时，还发表了朱德的悼诗《吊左权同志在太行山与日寇作战战死于清漳河畔》和悼文《悼左权同志》。

朱德在这篇文章里对左权的一生作了高度的评价，其中指出：

"十余年来，左权同志为了中华民族的解放，为了中国人民的解放，在枪林弹雨间，出生入死，奋不顾身，从事武装战斗，成为我八路军最优秀的将领之一。然而今天，他与我们永别了！这自然是我们民族很大的损失，是中国人民很大的损失，是我们的很大的悲痛。"

"左权同志一生辛勤劳苦，为民族与人民的解放事业，贡献了他的毕生精力，直至他的生命，对于中华民族，对于中国人民，是有很高的功绩的。他曾长期担任高级兵团参谋长的工作，参与了我军许多重要战役和建军工作的规划与领导，特别是抗战以来，他在极残酷艰难的敌后环境下，忠心赤胆，为国为民，劳瘁的工作着。在他的策划之下，八路军发展成为数十万劲旅，全华北成为日寇所不能摧毁的堡垒，成为大后方安全的屏障。在军事理论、战略战术、军事建设、参谋工作、后勤工作等方面，他有极其丰富与辉煌的建树，是中国军事界不可多得的人才。左权同志的这些功绩，是永远不会磨灭的。中华民族、中国人民、中国军事界，千秋万代，将永远崇仰这个模范军人。"

1942年7月7日，朱德在延安各界举行追悼左权等阵亡将士大会上讲话。

对左权的不幸阵亡，中共中央负责人均沉痛异常。

周恩来闻讯从重庆特地发来专电，询问详情后，奋笔疾书："慨自抗战军兴，高级将领牺牲于前线者，前有郝梦龄、王铭章诸将军，后有张自忠、唐淮源诸将军，今左权将军以十八集团军副参谋长之地位，于敌后支撑抗战，将近五年，终至以身殉国，斯真不愧跻于高级将领之列，且是为高级幕僚争光。"

并于6月21日在重庆《新华日报》上发表悼念文章《左

权同志精神不死》。

周恩来在悼文中说:"左权同志不仅是革命军人,而且是革命党员。他加入中国共产党在黄埔时代,这成为他以后政治生活的准绳。他之牺牲,证明他无愧于他所信仰者,而且足以为党之模范。"

"左权同志死在壮年,以他的志行才力,经验学识,所能贡献于国家民族,尽力于革命军队者正大,今一旦壮烈牺牲,对于抗战事业,尤其是对于十八集团军和敌后人民,真是一个无可补偿的损失……左权同志又是一个有理论修养同时有实践经验的军事家。他在军中,居常喜欢研究,喜欢译著,同时,他又勤于工作,忠于职守。他善于游击战争,但他也不忘正规战术,所以他在军队正规化的口号下,尽了他最大的责任……左权同志已作先躯了,万千个左权同志的化身将继续起来,千百万的人民和军队将踏着他的血迹前进。"

在黄埔时,周恩来一共两次接见了他,一次是由他的入党介绍人陈赓将军引见;一次是周恩来直接接见的。接见时,周恩来亲切询问他的家庭情况,还赞扬说:"以湖南的革命前辈训练湖南的革命青年于革命策源地广东,真所谓相得益彰啊!你的信念,便由此而起。"

八路军总部在河北涉县莲花山下挑选了一块风景秀丽之处为左权修建了陵墓,彭总亲笔写了墓志。1942年10月10日为左权将军公葬日,参加公葬的除八路军总部和一二九师总部的全体同志外,尚有5000军民。

野战政治部主任罗瑞卿在墓前说:"给烈士们行礼并没有完事,今后还要做三件事情,第一件是报仇,第二件是报仇,第三件还是报仇。"一时间"为左权报仇,誓将抗日战争进行到底"

的呼声响彻天地,当场就有五百多青年报名参军成立独立营。

1951年11月1日,毛泽东结束南巡返京途中,专门在邯郸下车,到晋冀鲁豫烈士陵园的左权墓前脱帽致哀。

1942年10月10日,太行公葬左权及朝鲜义勇军革命烈士。杨秀峰、滕代远、李大章、罗瑞卿、邓小平、刘伯承等500多人参加了大会。

朱德《吊左权同志在太行山与日寇作战战死于清漳河畔》

朱德对左权的牺牲极感痛惜,"回忆起十余年战友的一生,不禁黯然",随即挥笔而作《吊左权同志在太行山与日寇作战战死于清漳河畔》的悼诗:

名将以身殉国家，
愿拼热血卫吾华。
太行浩气传千古，
留得清漳吐血花。

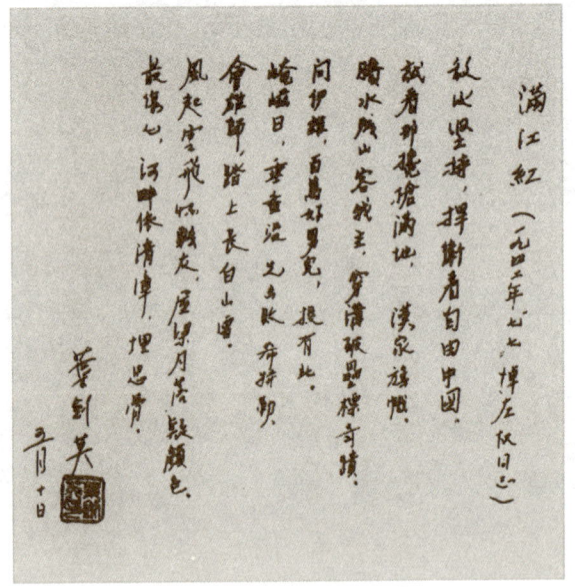

叶剑英悼左权同志词

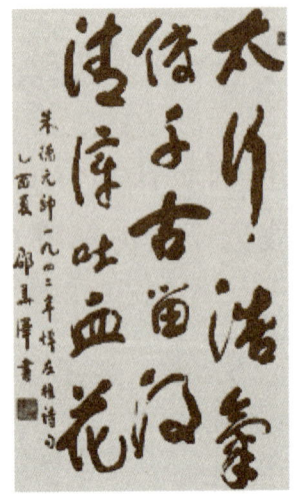

彭德怀《左权同志碑志》

"壮志未成,遗恨太行。露冷风凄,恸失全民优秀之指挥。"

祭左权同志——魏传统

巍巍太行山,转战在其间。
多谋对敌寇,善断左右边。
灌勃安可比,朱彭为之欢。
楷模众心喜,流芳不一般。
忠骨迎陵内,我曾祭邯郸。
为偿君宿愿,直奔两千年。

悼左权同志

(凌霄)

左权!亲爱的同志,
亲爱的战友,
你!
你躺下了!
在你鲜红的血泊中躺下了,

静静的无言的永别了。
我惭愧，我们本来是在一起的，
一起生活，
一起工作，
一起战斗。
然而当着你战死沙场的时候，
我却没有亲自在你旁边，
看着你、救护你、抚着你行将停止的
脉搏跳动的手，
握着你脉搏跳动停止了的手，
马革裹尸还葬你的遗体。
当着噩耗传来的时候，
我从谈笑中立刻转入了沉默，
堕入了沉思：
"这是巨大的损失！可惜一个忠勤
笃实的革命者啊！"

回忆，
何忍回忆！
何从回忆！
但又何能抑制这自然的回忆？
大概是1931年吧！
我们第一次认识是在一个办公室内，
你坐在办公桌旁正在孜孜地书写。
你是那么谦虚，毫无一点骄气，
你完全大别于当时某些留洋回来的人们，

第八章 战斗在抗日最前线

神气十足,鄙视别人是狭隘经验论者的习气。
然而你在国外学习的成绩却是很好的,
你在黄埔一期也是一个卓越的。
1932年我们东征打下了漳州,
这是我们共事的开始。

在工作中你显出了良好的品质,
你不说空话,
你忠心干实事。
后来回师江西的时候,
忽然一个政治谣言竟然撤去了你的军职。
你从容地、泰然自若地回到后方,
那时我们就此分别了。
然而一个忠勤笃实的印象深留在我的脑子里。
在前方常看到你的一些有益的译述,
我们非常地欢喜。
在五次"围剿"时你被调到同我们一起工作,
这时恰是红军最艰苦时期的开始。
从此无限繁难的工作昼夜围在你的周边,
敌人逼得我们是那么的紧,
只要我们一丝疏忽,就要无益地丧失成千成万同志的生命,
就会放过了毁灭成千成万敌人的良机。
你所处理的事情是最繁的事情,
你真正尽了组织战斗的重任,
白天行军作战,
夜间又要计划周详,指挥有方,

电话机子成了你枕旁经常的陈设,
电话的铃声一夜不知多少次地催你醒来。
你倦极了,
清醒的神志到底抵不过过度的疲劳,
电话,一次再次的电话!
过度的繁劳使你好说梦话,
你的梦话我常听到,
你所说的句句都是战斗的安排。
见你过度的疲劳,我心中常在不忍,
然而你的战友也是困倦不堪的,
又何能替你分劳!

记得吧?
亲爱的同志!
多少次的险恶的战斗,
只差一点我们就要同归于尽,
好多次我们的司令部投入混战的漩涡,
不但在我们的前方是敌人,
在我们的左右后方也发现了敌人,
我们曾各自拔出手枪向敌人连放,
拦阻溃烂的队伍和敌人反扑,
子弹炮弹炸弹,
在我们的前后左右纵横短乱落,
杀声震荡着山谷和原野,
炮弹炸弹的尘土时常扑在你我的身上,
我们屡次从尘土中浓烟里滚了出来,

第八章 战斗在抗日最前线

我们是越打越起劲的，
当着人们面色苍白失去智慧的时候，
我们却更加奋发聪明起来，
也更加有点野蛮起来了。
在这样的时候我们忘记其他一切，
你在这时常警告着别人隐蔽身体，
一颗耿耿的忠心，
至今想来犹使人忍不住感激的泪。

无泪的，
左权同志！
你虽然死了！
但你的灵魂仍然活着，
活在我们的心间，
活在千千万万革命战士的心间，
无疑的！
我们，
千千万万的革命战士，
坚持着，
继续前进，
我们一向所欲解决的问题，
是一定要解决的，
一定会解决的，
你瞑目吧！
我们会做好的！

称职的辅佐者

他是中央红军中两位最主要的指挥官的主要辅佐者,一位是红一军团的军团长林彪,另外一位是八路军的副总司令兼八路军前方的主要负责人彭德怀。左权先后成为了我军两员著名战将林彪和彭德怀的参谋长,而且在这两个人身边都得到了极大的信任。

左权是在红一军团最严峻的时候,就是第五次反"围剿"开始的时候担任红一军团参谋长的,直接与军团长林彪配合。很多与林彪共过事的人都有这样的感觉:与林彪配合不太容易。林彪这个人最大的特点就是眼光比较高,一般人他不愿意跟你说太多话,而左权与林彪那么长时间的合作中,没有听林彪说过左权这个不行那个不行。

红军历史上,高级将领中有两位"年轻有为,文武双全"的人,这就是林彪和左权。两人同庚,都是黄埔毕业生,都深得毛泽东喜爱和重用,因而毛泽东将红一军团交给他们二人掌管(林为军团长,左为参谋长),两人共事近5年,配合默契,情谊深厚。

左权和林彪的军事才能各有所长,性情和处事差别也很大。左权"心路宽,言路窄",考虑问题很细致,从来没有废话,开会很少发言,但一说便击中要害。

左权和林彪二人共事时的工作习惯也不一样。左权有空就读书,爱总结爱写东西,他短暂的一生仅军事论著就有30多万字。

第八章 战斗在抗日最前线

左权和林彪的性格差异反使他们工作中能互补，两人的合作期正是我党历史上最艰难的时期，他们带领的红一军团在毛泽东有指挥权时几乎保持了不败纪录，红一军团为党中央和中央红军胜利到达陕北立下汗马功劳。

左权牺牲后，林彪非常难过，他对左权的夫人刘志兰说："左权从黄埔毕业后要是不去苏联就好了！"这委婉地表达出他认为左权是因到苏联才"沾了托派的包"，政治上的"紧箍咒"与左权的牺牲有关。轻易不动笔不动情的"三猛将军"林彪，当着刘志兰的面，一口气写下了"悼左权同志"的抒情长诗，风格另类，情感真挚。以"凌霄"的笔名发表在1942年6月19日的延安《解放日报》上，这是迄今为止见到的林彪惟一的长诗。林彪曾当面念给左权的夫人刘志兰听。

左权与彭德怀的配合也是这样。在八路军的百团大战和反"围剿"作战中，左权的配合把整个战役的部署安排得井井有条，达到了"运筹帷幄之中，决胜千里之外"。连当时北平的日军报纸也评论说，此次华军出动之情景，实有精密之组织。

所谓精密之组织与左权作为司令部的主要负责人是分不开的。他协助彭德怀出色地指挥了关家垴等战役。在最关键的关头，左权命令指挥所所有同志向前推进，犹豫等于死亡。左权的这种魄力和极大的勇气极大地鼓舞了当时在关家垴战斗中的八路军将士，结果重创了日军。

左权就资格来说是很老的，他是黄埔一期的，而林彪是黄埔四期的，他当林彪的参谋长，我们从这里可以看到左权作为一个革命者的赤诚与无私。而且更难能可贵的是，作为辅佐者，左权在配合首长的决心这方面，也表现了非常强的工作素质。

第九章

最后一个贡献

■ 《开展反对敌人"蚕食"政策的斗争》

《开展反对敌人"蚕食"政策的斗争》

1942年5月,左权在一篇文章中感叹目前处于"黎明前的黑暗"。一些公开的史料对当时的"黑暗"有着详尽的记载。此时的日军对我军所在的太行地区春季"大扫荡"失败后,虽然暂停了大规模"扫荡",但是又用一种新的、更加残酷的军事策略在抗日根据地实施。这就是"蚕食"政策。

日军的步步逼进,使得整个太行抗日根据地的形势变得日趋严峻,面积减少了五分之一以上,人口由240万减为150万。因此,打破日军的"蚕食",扭转敌进我退的局面,已是刻不容缓。

华北敌后军民所处的最艰苦,最困难阶段让彭德怀、左权心急如焚。

5月4日,由左权执笔,以中共中央北方局和华北军分会名义作出的《关于反对敌人蚕食政策的指示》迅速发向华北地区的共产党、八路军,后被称为"五四指示"。

"五四指示"明确指出:反"蚕食"的基本方针应该是以武装斗争为中心,发挥党、政、军、民的整体力量,把政治斗争与军事斗争、隐蔽斗争与公开斗争有机地结合起来,展开全面的对敌斗争,正规军应以1/3或1/2的力量,以连、营为单位,分散到边沿区,与党政机关密切配合,灵活地开展游击活动,并充分发挥武工队的作用,针对日军的"蚕食"的每一步骤,予以及时,有效地打击,以坚持根据地。

1942年5月10日左权又发表文章《开展反对敌人"蚕食"政策的斗争》。

他指出："什么是敌人的"蚕食"政策？简单地说，敌人"蚕食"政策的本质，就是改变它速战速胜的政策为逐渐的侵占，逐渐扩大其占领区，缩小我之抗日根据地，以达到其所谓"确实掌握占领区"与殖民地化中国的基本目的。敌寇这种"蚕食"政策，并不是突如其来的，而是在敌基本"灭亡中国"的不变方针下的一个阶段中之具体政策。"

左权对"蚕食"政策的残酷性有着清晰的判断。他认为，日军以一种"较缓和的、隐蔽的、波浪式的同时还是逐渐的方式"加紧向各抗日根据地"蚕食"，而其所造成的危害，比起"扫荡"和"清剿"，有过之而无不及。

左权在文章中详细讲解了日军对我太行根据地进行"蚕食"政策的特点、手段、具体表现及实施阶段的划分。并指出"敌人在其"蚕食"政策的实施中，他"蚕食"的手段与方法，又因各个根据地的具体情况的不同而有所差异"。他特别强调："敌人对山地、平原，即便是在同一个根据地因工作强弱，敌我力量对比之不同，亦采取不同的手段。"

对在反"蚕食"的斗争中对某些地区出现的右倾和左倾偏向性错误及时进行了纠正，使根据地的干部战士对反"蚕食"有更加深刻的认识和对党的政策的坚定信心，防止这些错误对党造成严重的损害。

左权在文章中分析了敌我双方势态，分别说明了反"蚕食"政策的基本策略和武装斗争的指导方针。努力提高根据地全体军民必胜的信念。他说："目前的困难是拂晓前的黑暗，我们能够战胜这些困难，走上光明的坦途。"

他在文章最后指出：华北战局正在急剧发展，已经走进空前艰苦、空前困难的阶段，敌人的"蚕食"政策，也就正是侵占我根据地的毒辣手段，成为今天与今后复杂战局的重要因素之一。因此，我华北全党、全军必须深刻认识，反"蚕食"斗争是今天全党、全军紧急的任务。必须以一切力量去完成，必须克服反"蚕食"斗争中任何困难，咬紧牙关，同舟共济，渡过这拂晓前的艰难与黑暗，为完成击败敌人"蚕食"政策而斗争。

"五四指示"及反"蚕食"政策一文，很快在八路军华北各战略区得到贯彻执行，对于粉碎日军"蚕食"政策起到了重大作用。

彭德怀的秘书李琦曾回忆说："在边沿地区和游击区，把合法斗争和非法斗争结合起来，表面应付敌人，实际为我服务，用两面政权粉碎敌人的强化治安，这种反蚕食战术最早是左权提出来的。"

1943年1月26日，邓小平在中共中央太行分局高干会议上的报告中，针对本区的情况说："特别是北方局，军分会提出的反'蚕食'斗争之后，收效很大。所以1942年5月以前，根据地还始终是退缩的，5月以后则完全改观。"

左权始终掌握整个敌后抗战的全局。毛主席发表《论持久战》后，左权特别认真地研究了，作了好多报告到处讲。他给国民党的将领也讲。《论持久战》的观点，怎么把它变成实际，真正能打仗，这就是左权的任务了。所以左权当时写了好多埋伏战术、袭击战术的文章。

左权的埋伏战术凸显了出来，他说："（在）任县游击队，他们知道日本鬼子见到妇女就是追赶强奸的野兽行为，他们就抓住这一点来打击敌人。于去年（1938年）年底的时候，他们先选择埋伏的地方，配置了自己的兵力，然后用队员穿着红绿的衣服，化妆为女人扭扭捏捏的去种庄稼，日本鬼子一见就来追赶。于是被引诱到设埋伏的地方，我们的战士冲过去缴了鬼子的枪，用这种方法俘虏了很多的日本鬼子。

左权阅读了许多政治理论、军事理论的书籍，对八路军的军队建设、军事理论建设作出了突出的贡献。

在左权的著作里，经常出现的都是专业的军事词汇，并对这些军事术语进行专业的概念普及，他说，"一般来说，袭击、急袭、伏击三者，统属于袭击范围，而此三者之中，以埋伏最为容易取得胜利。……伏击通常分为'待击'与'诱击'两种。"

由于左权对战术的研究迭有创新，周恩来称左权是"一个有理论修养，同时有实践经验的军事家"。

然而，反"蚕食"政策的胜利只能是左权所能做的最后一个贡献，令人痛心的是，左权没能看见自己辛勤劳动后的收获。

左权作为一个军事理论家的真正建树，不是在书斋里实现的，而是在抗战前线的炮火中完成的。整个太行山是他搬不起来的书桌，长流不息的漳河水是他蘸不尽的墨汁，永不停止的炮火是他不费能源的烛光。他的主要军事论著源源不断地写出来，成为毛泽东军事思想的重要组成部分，成为中国军人一笔厚重的财富。

左权同志勤于思考，刻苦钻研，根据中国革命战争和人民军队不断发展壮大的实际，积累和总结了丰富的战争经验和军事理论，为发展毛泽东军事思想做出了重要贡献。

1950年10月20日,《人民日报》刊登的《左权烈士传略》中最后一段这样写道:"左权同志是我国有数的军事家之一（建国后被认为是中国革命杰出的36个军事家之一）,他在战略战术方面的成就,实融合了1925～1927年大革命时代、内战时代及苏联红军最先进的战术,为中国著名游击战术创造人之一。他对于坚持华北敌后抗战,有其永不可灭的功绩。他的死,不仅是中国共产党和人民解放军的重大损失,同时也是中华民族和中国人民不可弥补的损失。"

第十章
百年只是一瞬间

■ 文韬武略功勋著 赤胆忠心英名长——纪念左权同志诞辰 100 周年

文韬武略功勋著　赤胆忠心英名长

——纪念左权同志诞辰100周年

（军事科学院）

（一）

左权同志文韬武略，赤胆忠心，把毕生的精力献给了党、献给了人民，为人民军队的发展与壮大，为中华民族的独立与解放，建立了卓著的历史功勋。

左权早年投身革命，具有远大的革命理想和信念。1905年3月15日，左权出生于湖南醴陵县黄猫岭村一个贫苦的农民家庭。青少年时期，他追求进步，积极参加各种爱国活动。1915年正在小学读书的左权得知袁世凯接受丧权辱国的"二十一条"的消息，当即写下"毋忘五·九国耻"的标语，在村中进行反对日本帝国主义和卖国贼袁世凯的宣传。读中学时，他参加了校内由中共党员领导的社会问题研究社，开始接触马克思主义，经常和思想进步的同学讨论各种社会问题，并立志从戎，决心为打倒帝国主义、打倒军阀，为变革中国社会而努力。

1923年冬，左权考入孙中山大元帅府大本营军政部主办的广州陆军讲武学校，1924年11月转入黄埔军校第一期学习。1925年2月，左权光荣地加入了中国共产党。在黄埔军校学习期间，他参与组织了中国青年军人联合会，团结进步的青年军人，与国民党右派及反动分子进行针锋相对的斗争。3月，左权从黄埔军校毕业，同年秋被调到以程潜为司令、林伯渠为党代表的攻鄂军，在司令部卫队营任队长。攻鄂军改编后，任卫队营的连长。在广州期间，左权积极投身于大革命的洪流，参加了平定商团叛乱、平定杨希闵刘震寰叛乱、讨伐军阀陈炯明的两次东征等一系列重大革命斗争和军事行动，并出色地完成了任务，受到周恩来的提名表扬和苏联军事顾问的传令嘉奖。是年12月，左权作为优秀的革命军人，被程潜、林伯渠送到苏联莫斯科中山大学学习。1927年秋，他又根据党组织的指示，转入伏龙芝军事学院学习。

1930年6月，左权从苏联回国后，先后任中国红军军官学校第一分校教育长、新编红军第十二军军长、红一方面军司令部参谋处长、中革军委总参谋部作战科科长等职，为培养红军干部、保卫闽西苏区、推动红军参谋工作的发展，发挥了积极作用。

1931年12月，左权奉命参与联络、指导国民党第二十六路军举行宁都起义。之后，起义部队被改编为红五军团，左权任该军团第十五军政治委员，后任军长兼政治委员。为教育改造起义部队，他努力贯彻古田会议决议精神，大力加强部队的思想政治工作，对其逐步转变为新型的人民军队发挥了重要作用。此后，在赣州、漳州等战役中，他率部英勇作战，表现出了很强的组织能力和军事指挥艺术。

1932年6月后，左权相继担任红军学校军事教官、中革军委总参谋部作战局副局长、红军总司令部兼红一方面军司令部作战局局长、红一军团参谋长等职，参加了中央苏区的反"围剿"作战。1934年10月中央红军开始长征，他参与指挥红一军团突破国民党军四道封锁线、占领施秉城、攻打腊子口等一系列战斗，并多次率领部队执行佯动任务，掩护红军主力的行动，为中央红军长征的胜利做出了突出贡献。长征到达陕北后，他又率部参加直罗镇战役和东征战役。1936年5月，左权任红一军团代理军团长，与政治委员聂荣臻一起率部参加西征作战，扩大了陕甘革命根据地，并为迎接红二、四方面军北上创造了有利条件。

同年11月他与聂荣臻指挥红一军团和红十五军团一部参加山城堡战役，迫使国民党军停止了对陕甘宁革命根据地的进攻，促成了西安事变的发生。1937年2月，左权调任红军前敌总指挥部参谋长，协助总指挥彭德怀、政治委员任弼时对红军部队进行有计划、有步骤的政治教育和军事训练，为红军改编和出师抗日做了必要的准备。

全国抗战爆发后，左权出任八路军副参谋长、前方总部参谋长，后曾兼任八路军第2纵队司令员，协助朱德、彭德怀指挥八路军在华北开展敌后游击战争，扩大抗日武装，创建抗日根据地，为中华民族的独立与解放建立了不朽的功勋。

1937年8月，红军主力改编为八路军后，他随同朱德、彭德怀奔赴华北抗日前线，协助指挥八路军进行战略展开。1938年2月，八路军总部由山西临汾地区向晋东南挺进途中与西犯日军遭遇，左权亲率总部特务团仅两个连200余人的兵力在府城阻敌，与数千余日军激战四昼夜，掩护了总部机关和群众的安全转移。4月他参与筹划、指挥八路军在晋东南地区粉碎日军的"九路围攻"，巩固、扩大了晋东南抗日根据地。7、8月间，朱德、彭德怀先后回延安参加中共六届六中全会，左权受命主持八路军总部的全盘工作。

在此期间，他根据中央军委和朱、彭的指示，指挥八路军胜利地粉碎了日军对晋察冀抗日根据地的大举围攻，进一步巩固了晋察冀抗日根据地；主持召开了由八路军总部、第一二九师和中共晋冀豫区委参加的主要干部会议，对晋冀豫抗日根据地军民及时做好反"扫荡"的准备工作，起到了非常重要的作用。中共六届六中全会以后，他积极协助朱、彭贯彻中央军委关于"巩固华北"的战略方针，指挥八路军分别进入山东、冀中、冀南和冀鲁豫等平原地区，广泛开展游击战争，扩大各抗日根据地。作为八路军前方总部参谋长，左权为八路军的各项业务建设做出了突出贡献。

1938年12月和1939年6月，他先后主持召开了八路军晋东南部队参谋长会议和参谋工作会议，制订并完善了八路军各级司令部暂行工作条例，健全了司令部的工作机构。与此同时，为提高部队的军政素质，从1939年起，他先后三次协助八路军总部组织整军，并注重对部队官兵的政治、军事和文化教育，为八路军的发展壮大奠定了坚实的基础。

从1940年8月起，他协助彭德怀指挥八路军在华北敌后发动了震惊中外的百团大战，仅前三个半月就毙伤俘日伪军4万余人，沉重地打击了日军的"囚笼"政策，遏制了国民党的投降逆流，振奋了全国人民争取抗战胜利的信心。敌后抗战进入到严重困难阶段后，他协助彭德怀领导敌后军民积极响应中共中央、中央军委的号召，展开大规模的生产自救运动和精兵简政工作，为敌后军民逐步渡过难关奠定了基础。

1942年5月，日军对八路军总部所在地太行抗日根据地进行"铁壁合围"大"扫荡"。25日，左权在山西省辽县十字岭指挥部队掩护八路军总部等机关突围转移，不幸中弹，壮烈殉国，时年37岁。为了纪念左权，晋冀鲁豫边区政府决定将辽县改名为左权县，从此左权的英名便镶刻在中国的地图上！

(二)

左权同志勤于思考，刻苦钻研，根据中国革命战争和人民军队不断发展壮大的实际，积累和总结了丰富的战争经验和军事理论，为发展毛泽东军事思想做出了重要贡献。

左权善于运用马克思主义的战争观和方法论，研究战争的特点和规律，提出了许多重要的作战指导思想。左权强调，在敌强我弱的形势下，我军要取得作战的胜利，必须坚持战略上的持久战与战役战术上的速决战、战略上的防御战与战役战斗上的进攻战、战略上的消耗战与战役战斗上的歼灭战的统一；要实行正确的内线作战中的外线作战，注意反围攻与围攻作战的统一与协同，避免孤军作战；要争取战略、战役及战术上的主动，善于发现、创造并抓住敌人的弱点，同时应发扬自己的优点，消灭自己的弱点；注重发挥地方军、民兵的作用，使其积极有效地配合正规军的作战，反对限制、削弱群众武装的错误做法；在组织战斗时，要灵活地使用兵力，善于大踏步地进退，善于分散与集中，善于组织各种力量参加战斗；一切军事行动都应与民众的革命斗争有密切联系；军事斗争要与政治、经济、文化等其他各种斗争形式密切结合，反对单纯的军事主义；要注意积蓄力量，不能只顾打仗而不进行积蓄力量的工作，也不能借口积蓄力量而不打仗或少打仗，在力量使用上要善于保存力量等。

左权注重从客观实际出发，提出了一系列适用于中国革命战争的战术原则。在抗日战争时期，他根据我军基本的是游击战，但不放松有利条件下的运动战的战略方针，提出了许多与之相适应的战术原则。他指出：要经常地把眼睛看着敌人，了解敌人，保持经常充分的战斗准备；必须建立消灭敌人的信心与决心，多打战术上的歼灭战；要积极主动地寻求战机与敌作战，特别是向运动之敌或立足未稳之敌作战；除特殊情况外，不进行单纯的防御作战和持久作战；要加强战斗保证，严密侦察警戒，封锁消息，坚壁清野；必须善于利用地利、天候等自然条件，经常以小股兵力接近敌人，侦察与扰乱敌人；无论大小战斗，都应有周详之考虑与计划，以期必胜，不应仓促应战；保持部队的神速与秘密，提高与发扬战斗发起之突然性，出奇制胜；要集中兵力，以优势兵力突击敌之弱点，反对平均使用兵力；作战中要英勇顽强，连续作战，一鼓作气地歼灭敌人；不打无把握之仗，不进行毫无胜利希望的进攻，不可留恋无把握的胜利，不要与敌打相持不下的阵地战等等。

左权重视人民军队的建设，强调必须按照新型人民军队的要求来建设部队。关于建军目标，他提出要"建设铁的党军"。他批驳了军队是"超阶级的"，"军队不应该干涉政治"等错误观点，指出：我军必须"保证中国共产党政治上、组织上的绝对领导，并且坚持共产党的政治路线"；必须能够"军民一致"、"官兵一致"、"上下一致"；必须有较高的军事政治文化水平；必须有铁的纪律。关于军队的教育训练，他认为既要重视军事教育，更要重视政治教育，又不能忽视科学文化教育。军事教育的主要目的是提高官兵的军事技能及战术水平，政治教育主要是为了提高部队的政治素质，而提高官兵的文化水平是"增进一切知识之钥匙"，"了解自然科学又成为学习军事、政治理论的必要基础"，所以加强官兵的科学文化教育，对于提高战斗力，对于建设强大的军队，具有重要的意义。关于政治工作，他认为："政治工作不能不是军队的生命线，必须反对轻视政治工作的态度"。因为政治工作保证了共产党对军队的绝对领导和部队在政治上的质的优良，保障了部队的团结和巩固，发扬了官兵的牺牲性和创造性，提高了部队的战斗意志和战斗力。关于司令部建设，他提出要以"建设政治工作之精神来健全各级司令机关的组织与工作"；严格司令部条例，提高司令部的威信；加强参谋人员的教育与训练，提高其业务水平。关于后勤工作，他强调了其在建军上的重要地位。"军队组织越复杂，技术越发达，后勤工作的地位也越重要"；没有健全的后勤工作，"就没有正规军"，"就不会有前方的胜利"。后勤工作总的任务是：保证军队一切物质需要，以物质的保证，巩固军队，提高战斗力，战胜敌人。因此，要巩固后勤工作的各种制度，健全后勤部门的组织与工作，提高后勤工作人员的素质，处理好后勤机关与司令部、政治机关的相互关系。

左权重视人民群众在战争中的作用，主张开展有广大民众参加的人民战争。他说，民众中蕴藏着"战争的最深厚的伟力"，要善于将其"发掘出来"。因为要取得革命战争的胜利，不光靠我们有多少军队，军队仅是战胜敌人的一个力量，"主要的还要依靠民众的力量"，把军队的力量与民众的力量有机地统一与共同地发挥出来，"这是最伟大的不可战胜的力量"，也是争取战争胜利"所最依靠的"。左权强调，在革命战争中要"广泛地动员民众，组织民众，把一切无组织的民众组织起来，武装起来"；党、政、军、民四位一体要密切配合，组织各种不同性质的民众武装，开展广泛的民众性的武装斗争；加强民众的军事教育，给民众武装更多的帮助与培植，使其学会革命战争的方法与艺术；加强民众战斗性的组织与训练，提高民众斗争热情，使民众的革命斗争与军队行动统一起来。要动员民众，进行人民战争，必须实行民主政治，改善人民生活。同时，又必须体恤民众，合理使用民众力量。要善于发动民众，又不能违背民众意愿与民主精神，不浪费民力；要能领导民众进行英勇斗争取得胜利，但又不给民众过多的损失与牺牲。

左权重视军事理论研究，提出要创造中国马列主义的军事思想、军事科学。左权认为，"军事是一种科学"，它的基础是社会经济条件，因而军事科学的发展离不开社会经济的发展。同样，一切军事思想也都是随着社会经济条件而变化的，并受当时社会上层建筑的影响，然而一定时间与一定地点的经济条件，是起着主导作用的。虽然中国的军事思想随着社会经济而向前发展，但由于受唯心主义、形而上学及机械唯物论等错误观点的影响，从而严重妨碍了其进步。

为此，我们必须用"新的方法"、"新的观点"，创造"新的马列主义的军事思想"，"以代替旧的思想"。要创造中国马列主义的军事思想，既不能从外国照搬，也不能凭空创造，而只能在中国一定的客观环境内，用马克思主义的科学方法来指导中国的革命战争，使其"逐渐从斗争中产生起来"。同时，要加强对战争经验、军事理论的学习与研究。要学习马列主义及马列主义关于战争的学说，要研究我军长期战争的经验教训，研究古今中外战争历史和军事理论，继承中国革命的传统，吸收中国历代军事思想的进步的优点，借鉴先进国家成熟的军事思想，从而把我国的军事理论推向前进，创造"中国光辉的马列主义军事科学"。朱德曾指出：左权"在军事理论、战略战术、军事建设、参谋工作、后勤工作等方面有极其丰富与辉煌的建树，是中国军事界不可多得的人才"。

（三）

在近二十年的革命斗争中，左权同志表现出了大无畏的革命精神，崇高的思想品德和优良的作风，充分展示了一个共产党员应有的精神风貌和无产阶级革命家的高贵品质。

他具有坚定的共产主义信念，对党、对人民无限忠诚，毕生为无产阶级革命事业而奋斗。左权20岁加入中国共产党，此后便义无反顾地投身于中国革命，并以坚定的信念、炽烈的热情，为无产阶级革命事业而奋斗。1930年夏，他在给大哥的信中曾写道："我虽回国，却恐十年不能还家，老母赡养，托于长兄，我将全力贡献革命。"全国抗战爆发后，他在给母亲的信中又表示："为了民族国家的利益，过去没有一个铜板，现在仍然是没有一个铜板，过去吃过草，准备还吃草。"为协助朱德、彭德怀指挥八路军开展华北敌后游击战争，他几乎每天都要工作十几个小时以上，许多日子彻夜不眠，有时甚至连吃饭的时间都没有。八路军总部下发的命令、指示、通报等文电，许多都是由他亲自起草的。

朱德回忆说："就是在昼夜不断的战斗与行动中，就是在几天几夜不合眼的疲劳中，他都从来没有表现过倦怠、疏忽、放任与暴躁。他在不断地解决问题，叮咛部署，起草命令，检查工作，甚至有时疲乏过度，梦中也在打电话和吩咐工作。左权同志这样工作，十余年来从未有过一句怨言，从未要求过一天休息。"

那时左权不怎么睡觉，他特别能抽烟，因为他太累了，有

第十章 百年只是一瞬间

时候他看地图抽烟，看着看着睡着了，烟灰就把地图烧个洞。百团大战打了那么多天，左权对百团大战的战斗一次次进行总结。李达是一二九师的参谋长，他说左权给他们发的电报，一天就几千字。

左权的警卫员曾对李达说："每天晚上，别人都睡下很久了，我还见他在办公桌上写东西，要么就是看书。有时我一觉醒来，天快亮了，还见他端着灯在看地图。"

为了党和人民的事业，他真正做到了鞠躬尽瘁，死而后已。

他是非分明，襟怀坦荡，顾全大局，具有坚强的党性原则。左权在大是大非面前，旗帜鲜明，敢于同各种错误倾向作斗争；工作中有了失误，也从不推诿回避，勇于承担责任。为了党和人民的事业，他更是忍辱负重，正确处理个人利益与革命利益的关系，一切以大局为重。在中央苏区工作时，因受王明错误路线的影响，左权被说成有"托派"嫌疑，被撤销红十五军军长兼政治委员的职务，改任红军学校的军事教员。尽管如此，他"没有苟安"，"也没有消极"，党无论安排他做什么工作，他都是二话不说，愉快地服从，并尽职尽责地做好党交给的每一项任务。数十年后，已是国务委员兼国防部长的耿飚在回忆此事时这样写道："作为他的下级，我们许多人都不知道这件事，也没有一点感觉左权是蒙受不白之冤、受过委屈的人。"左权虽然长期地忍受着精神上的痛苦，但他受得住委屈，经得起考验，从未动摇过对党对革命事业的坚定信念，始终如一地为党、为人民的事业而奋斗，直至血染太行。他以崇高的党性，表现了他对党和人民事业的无比忠贞；他以无愧的人生，证明了他是中国共产党一名忠诚而优秀的好党员。

他勤奋好学，笔耕不辍，始终保持谦虚谨慎的美德。左权一生酷爱学习，持之以恒。他常说："书本是知识的海洋，学习是进步的阶梯。一个人不愿学习是可怕的。"即使在戎马倥偬的战斗生涯中，他仍坚持学习与写作，经他起草、撰写或翻译的文电、论著及译著就达数十万字，他的刻苦学习精神在全军都是有名的。尽管左权地位高，知识渊博，对参谋工作十分内行，但他从不夸夸其谈，从不藐视别人，也从不突出自己，一直保持着谦虚谨慎的美德，遇事总是尽可能地征求多数人的意见，不搞一个人或少数人说了算；工作中有了成绩，部队作战取得了胜利，他总是强调广大指战员或人民群众的作用，强调上级领导的正确，从不谈个人。

他为人清廉，生活俭朴，始终保持艰苦奋斗的作风。左权虽然长期担任军队的高级领导职务，工作繁多，也很劳累，但在生活上却从来不搞特殊化，处处严格要求自己。1939年八路军总部移驻山西武乡县砖壁村，由于当地民房不宽裕，左权就住进了村中的一个破庙里。冬天到了，破庙四面透风，战士们不忍心参谋长挨冻，要与他换一下住处。可左权却说："你们那房子里住着一个班，而我是一个人，怎么能让一个人住暖屋，叫十几个战士受冻呢！"由于长期超负荷的工作，左权的身体逐渐地消瘦下来。一次，炊事员将部队喂养的鸡杀掉炖给他吃，可是他却让炊事员将那只鸡送给了伤病员吃。平时他身上穿的衣服、鞋袜，睡觉盖的被褥都是补丁贴补丁，从来不肯随意换新的。在指导修建黄崖洞兵工厂的防御设施时，他经常在山上爬来爬去。当他带的布鞋和草鞋都破得不能再穿，警卫员劝他换一双新鞋时，他坚决不同意。他将已磨烂的布鞋的鞋帮撕下来，将其钉在补好的草鞋底上。然后便穿上自己亲手做成的"新鞋"继续爬山。战士们无不为其艰苦奋斗的作风所感动。

他关心部属,爱护群众,始终保持与人民群众的血肉联系。左权对自己严格要求,对战友、对人民群众却处处给以可能的关照。一次,有位战士的爱人来部队,没有地方住。左权知道后,就让他们夫妇在自己的房间休息。到了晚上,他就睡在这位战士原来睡的草铺上。总部管理科一副科长得了肺结核病,左权特别交代卫生部门要好好给他治疗,并经常带着自己舍不得吃的补品去看望他、安慰他。左权还经常把缴获来分给他的营养品送给伤病员或值夜班的同志。对战友,他关怀备至;对人民群众,他更是充满了真挚感情。左权曾说:人民是水,我们是鱼,水多了,鱼也活跃了;离水的鱼儿难得活。正是出于对这种军民关系的深刻认识,左权时刻关心人民的疾苦,注意维护群众的利益。每当日寇"扫荡"时,他总是指示部队要掩护好群众安全转移;群众有困难时,他总是指挥部队竭力相助。他带领八路军指战员与人民群众一起开荒地,栽树木,种庄稼,打水井,筑蓄水池、拦洪坝。1941年敌后抗战进入到严重困难阶段后,他和彭德怀带领部队与驻地群众在清漳河畔展开了大规模的生产自救运动,同群众吃住在沙滩。1942年春,他又和彭德怀带领广大军民共同完成了清漳河中段筑堤工程,增加肥田400余亩,被当地群众传为美谈。

左权同志的一生是革命的一生、战斗的一生。我们纪念左权同志,缅怀他的光辉业绩,就要学习他勇于追求革命真理,坚持党性原则,为共产主义奋斗终身的坚定信念;学习他对党的事业高度负责,勤勤恳恳,任劳任怨,无私奉献的革命精神;学习他热爱党,热爱人民,严于律己,廉洁奉公,艰苦奋斗的优秀品质；学习他勤奋学习，刻苦钻研，理论联系实际，勇于创新的良好学风；学习他顾全大局，不计个人得失，舍生取义的高尚情怀。

（四）

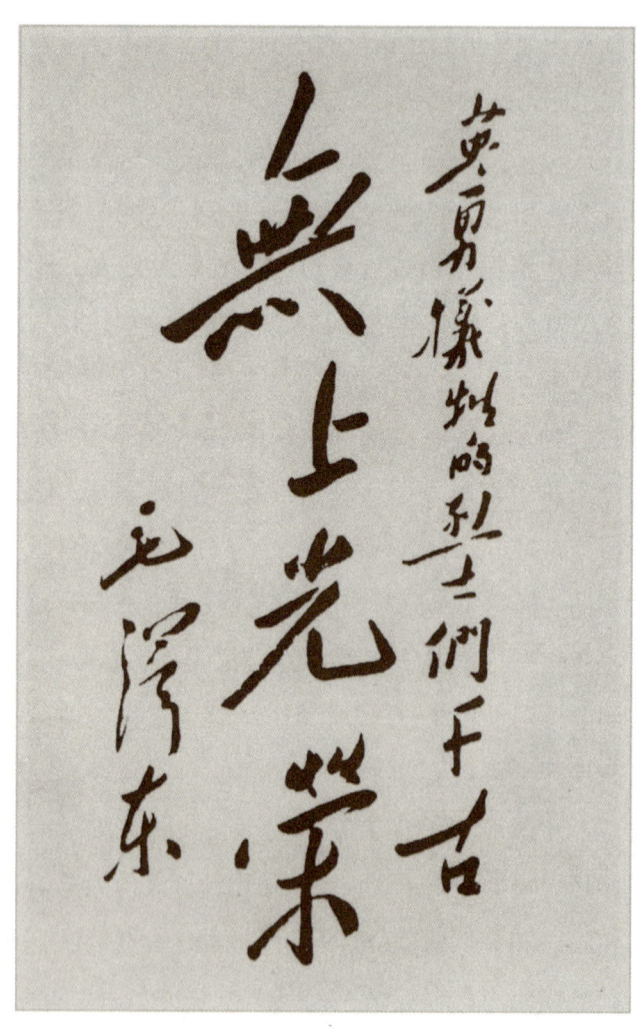

毛泽东为晋冀鲁豫烈士陵园题词

第十章　百年只是一瞬间

贺龙为左权将军移葬暨晋冀鲁豫烈士陵园落成题词

1942年10月10日，中共北方局、八路军总部、一二九师、晋冀鲁豫边区政府、晋冀鲁豫边区参议会、太行区各界人士及民众五千余人，在清漳河畔新落成的晋冀鲁豫抗日殉国烈士公墓前结成一个巨大的方阵，隆重举行"左权将军及诸烈士公葬典礼"。墓上矗立着左权将军的巨幅画像。

辽县人民为纪念这位英雄，将县名改为"左权"县。解放后，在邯郸晋冀鲁豫烈士陵园，为左权将军建造了陵墓，周恩来总理亲手写下了"左权将军之墓"，以示永久纪念。

太行人民怀着十分敬重的心情，选址半年，在涉县石门村

· 315 ·

北精心修造了晋冀鲁豫抗战殉国烈士公墓,占地面积20000多平方米。在此葬有左权将军、冀南银行行长高捷成、《新华日报》社社长何云、北方局政权工作部秘书张衡宇、冀南银行第二任行长赖勤及其夫人、朝鲜义勇军领导人陈光华和石鼎等8位烈士。

左权将军陵墓北依太行,面临清漳,建在上下有台阶相连的3个台地的最上层。第一层台地的中间有一荷花池,第二层台地的中间建有左权将军纪念塔,左权墓在第三层。陵墓用青石筑成,呈长方形。墓碑上刻有"左权将军墓"5个大字。左权将军纪念塔的正面刻有朱德总司令的悼念左权将军的题词:

　　名将以身殉国家,愿拼热血卫吾华。

　　太行浩气传千古,由得清漳吐血花。

彭德怀副总司令亲自撰写和手书的《左权同志碑志》,镌刻在左权将军纪念塔的左侧。

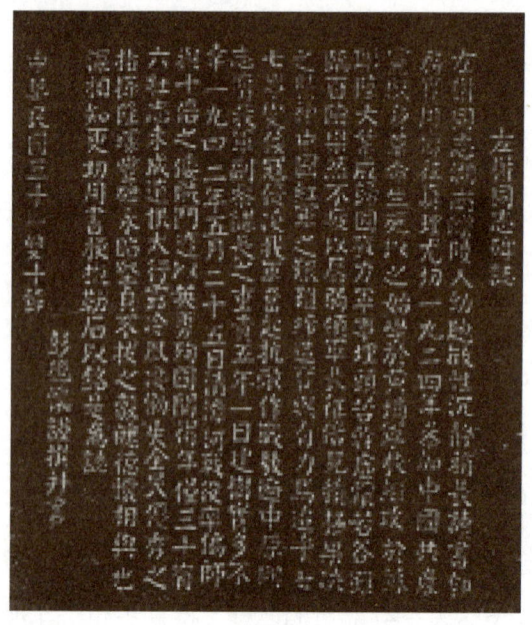

第十章 百年只是一瞬间

朱德悼左权诗

人民解放事业的胜利,是无数先烈用自己的鲜血换得的。追念我们的先烈,不但要我们珍贵这个事业,巩固这个胜利,更重要的是发扬他们艰苦卓绝、英勇奋斗和自我牺牲的精神,继承他们的遗志,为达成中华民族和中国人民的最後最澈底解放而奋斗!

晋冀鲁豫烈士陵园 纪念

邓小平 敬题 一九四九年一月 於中原前线

邓小平为晋冀鲁豫烈士陵园题词

第十章 百年只是一瞬间

陆定一纪念左权同志题词

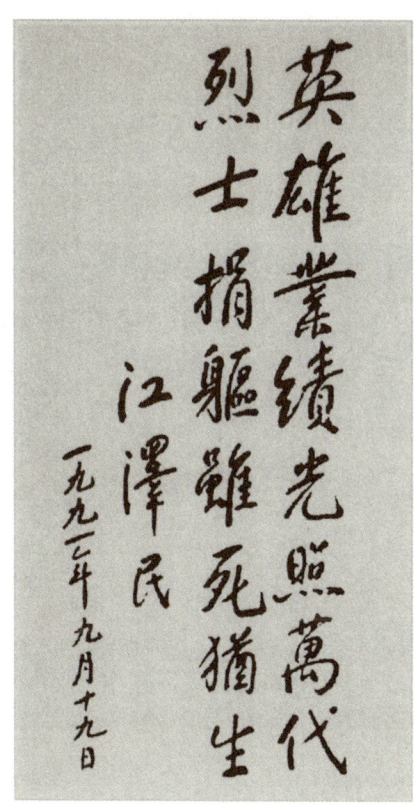

江泽民为晋冀鲁豫烈士陵园题词

左权将军的遗物和书信,全都陈列在晋冀鲁豫烈士陵园里。其中有一只闪放金光的金戒指。这是左权将军牺牲以后,八路军总参谋长叶剑英,受毛泽东主席的重托,几经周折,用三百元港币买来,慰问左权将军的母亲的;母亲舍不得用,珍存到她去世,由后代赠给烈士陵园。还有左权将军给母亲和叔父的信件。

左权将军给叔父的信,是在1937年9月18日,他率领八路军东渡黄河后,途经山西省稷山县,就着小油灯写的。他拜托叔父照料他的家,关心他的母亲,抒发自己对伟大事业的伟大抱负和必胜信念。

左权将军最优秀的品质,就是一心为党,一心为国,一心为民,从不考虑个人利益。他一心扑在工作上,顾不上成家,34岁才结婚。爱女太北出世不久,组织上为了安全,把妻女送到延安去,他仍戎马倥偬转战在太行山上。他只过了几个月

1949年9月,解放军部队途经湖南醴陵县时,派员慰问左权将军的母亲。

的家庭生活，他在给妻子的信中深切地期望有那么一天，小太北依偎在父母中间，一会儿扑向爸爸，一会儿又喊妈妈，她活泼，淘气，该多幸福啊！左权正是为了千百万儿童和父母幸福，才放弃、牺牲了自己最起码的幸福！

　　1958年国庆节晚上，我在天安门城楼上看焰火时，周总理看见我问："你就是左权同志的女儿太北吗？长得真像你爸爸，你要好好向你爸爸学习！"

　　我回答说："我一定不辜负革命老前辈对我的期望，让爸爸生前立下的宏愿预言：ّ我们一定会胜利！共产主义一定会实现'永远鼓舞我向前进！"

　　……

　　中国革命的先烈们永垂不朽！

左太北在父亲左权将军墓前

附　左权同志碑志

　　左权同志，湖南醴陵人，幼聪敏，性沉静。稍长读书，即务实用，向往真理尤切。1925年参加中国共产党，献身革命，生死以之。始学于黄浦军校，继攻于苏联陆大。业成归国，戮力军事，埋头苦干，虚怀若谷，虽临百险，乐然不疲。以孱弱领军长征，倍见积极果决之精神。中国红军之艰难缔造，实与有力焉。适于七·七事变，倭寇侵凌，我军奋起抗敌，作战几遍中原。同志膺我军副参谋长之重责，5年如一日，建树实多。不幸1942年5月25日清漳河战役，率偏师与10倍之倭贼斗，遽以英勇殉国。闻得年仅30有7，壮志未成，遗恨太行。露冷风凄，恸失全民优秀之指挥；隆冢丰碑，永照坚贞不拔之毅魄。德怀相与也深，相知更切。周书梗概，勒石以铭。是为志。

彭德怀敬撰

1942年10月10日

整理编辑：晓东、柏辰

2012年11月30日于北京

图书在版编目（CIP）数据

我的父亲左权：一个抗日英雄的成长史 / 左太北著. —北京：中国书籍出版社，2013.10
（红色年轮丛书）
ISBN 978-7-5068-3783-5

Ⅰ.①我… Ⅱ.①左… Ⅲ.①左权（1905~1942）—传记 Ⅳ.①K825.2

中国版本图书馆 CIP 数据核字（2013）第 233540 号

我的父亲左权——一个抗日英雄的成长史

左太北　著

特约编辑	小　东
责任编辑	邹攀峰
责任印制	孙马飞　张智勇
封面设计	上智博文
出版发行	中国书籍出版社
地　　址	北京市丰台区三路居路 97 号（邮编：100073）
电　　话	（010）52257143（总编室）　　（010）52257153（发行部）
电子邮箱	chinabp@vip.sina.com
经　　销	全国新华书店
印　　刷	三河市国源印刷有限公司
开　　本	710 毫米×1000 毫米　1/16
字　　数	194 千字
印　　张	21.5
版　　次	2014 年 1 月第 1 版　2014 年 1 月第 1 次印刷
书　　号	ISBN 978-7-5068-3783-5
定　　价	46.00 元

版权所有　翻印必究